ザイの人気連載14話が1冊に!
どこから来て
どこへ
行くのか
日本国《にっぽんこく》

ノンフィクションマンガ!

めちゃくちゃ売れてる
マネー誌ザイZAiが作った

日本の「老後」が崩壊する日

漫画＝西アズナブル

ダイヤモンド社

いや…このままいくと預金封鎖が起こる可能性は否定できない——
ええっ!?
封鎖
次回、真壁教授が指摘する最悪のシナリオとは

ノンフィクションマンガ!
めちゃくちゃ売れてるマネー誌ザイZAiが作った
日本の「老後」が崩壊する日

ゴゴゴゴゴ

そもそも不動産の活用以前に
マンションは節税マンションと増税マンションに二極化しています

私 年金もらえるんでしょうか…

登場人物の紹介

ザイ編集部

西山和也

40代前半で妻子持ち。結婚が遅かったため、娘がまだ小さい。独身時代に計画的な資産形成ができておらず、給料が伸びない中で、娘の教育資金と老後資金を同時に貯めることに、プレッシャーを感じている。

ザイ編集部

加藤香織

20代女性で独身。マネー関連の知識はこれからだが、好奇心は旺盛。生まれ育った地域が年々さびれて、シャッター商店街化が進んでいるのが悩み。地元にいる両親や祖父母の暮らしを心配する優しい一面も。

※漫画内の編集部員は架空の人物です

EPISODE 1

日本政府により私たちの預金封鎖が起こる日 前編

終戦直後の日本でも預金封鎖が起こり資産課税が行なわれた過去が！

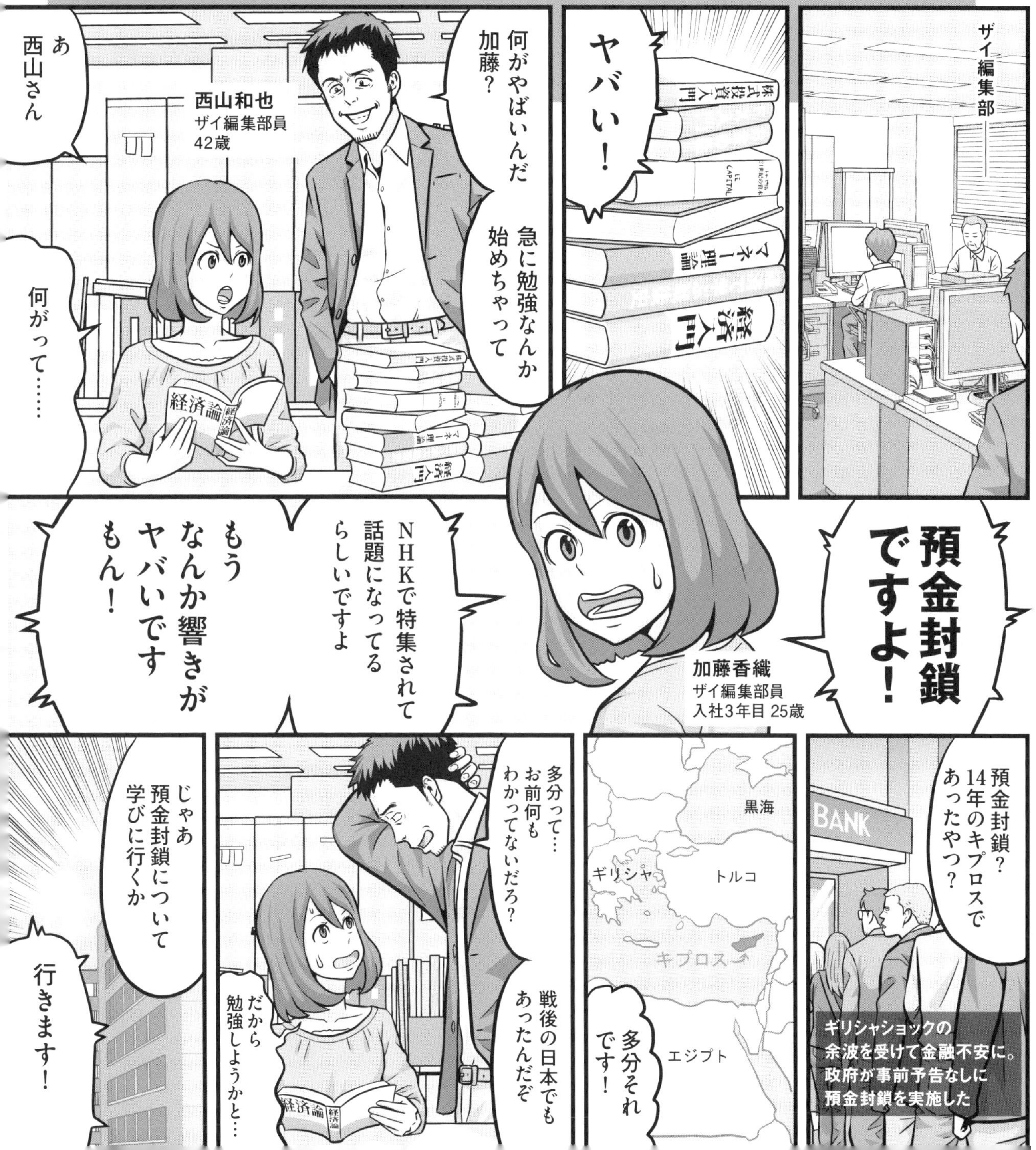
ザイ編集部
ヤバい！
株式投資入門
マネー理論
経済入門
何がやばいんだ加藤？
急に勉強なんか始めちゃって
西山和也
ザイ編集部員
42歳
あ 西山さん
何がって……
経済論
預金封鎖ですよ！
加藤香織
ザイ編集部員
入社3年目 25歳
NHKで特集されて話題になってるらしいですよ
もう なんか響きがヤバいです もん！
BANK
預金封鎖？ 14年のキプロスであったやつ？
ギリシャショックの余波を受けて金融不安に。政府が事前予告なしに預金封鎖を実施した
黒海
ギリシャ
トルコ
キプロス
エジプト
多分それです！
多分って…お前何もわかってないだろ？
戦後の日本でもあったんだぞ
だから勉強しようかと…
経済論
じゃあ預金封鎖について学びに行くか
行きます！

株価2万円
株価21世紀最高
トヨタベア4千円
アベノミクス
なんか
日本は景気よさそう
ですけどね
現代日本で
預金封鎖とか
ありえない
ですよね？
うーん…
ね？ね？
でもなぁ…
NEWS
16年度予算
過去最高。
え…
ありえるんですか…？
ガァーー
まぁその辺りは
きっと今から会いに行く
真壁先生が
教えてくれるから

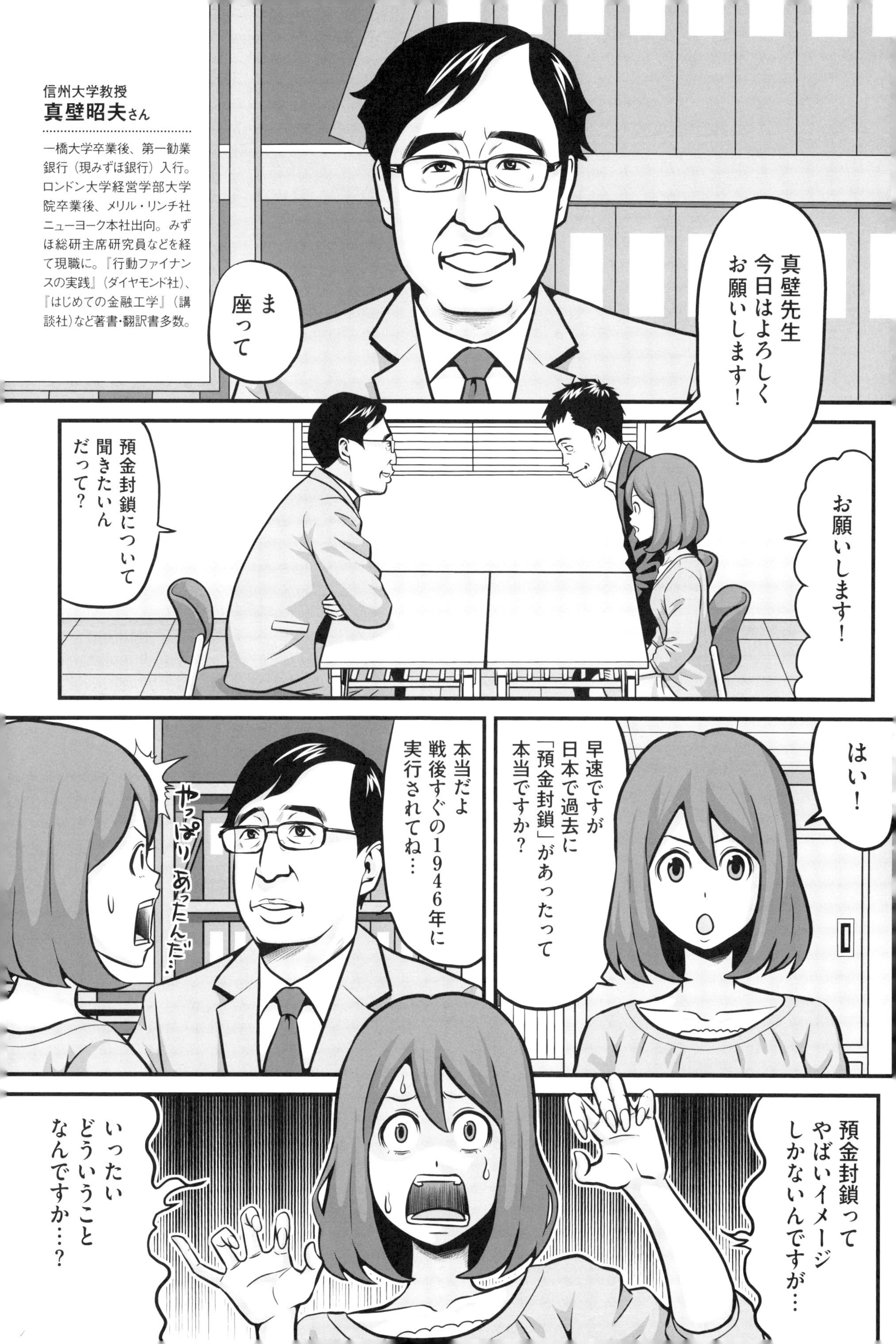
信州大学教授
真壁昭夫さん
一橋大学卒業後、第一勧業銀行（現みずほ銀行）入行。ロンドン大学経営学部大学院卒業後、メリル・リンチ社ニューヨーク本社出向。みずほ総研主席研究員などを経て現職に。『行動ファイナンスの実践』（ダイヤモンド社）、『はじめての金融工学』（講談社）など著書・翻訳書多数。
真壁先生 今日はよろしく お願いします！
ま 座って
お願いします！
預金封鎖について 聞きたいんだって？
はい！
早速ですが 日本で過去に 「預金封鎖」があったって 本当ですか？
本当だよ 戦後すぐの1946年に 実行されてね…
やっぱり あったんだ…
預金封鎖って やばいイメージ しかないんですが…
いったい どういうこと なんですか…？

簡単に言うと銀行預金や不動産などの資産を
ある日突然国が没収することだね
ちょっ…簡単に没収とか…やめてください!!
おちつけ…
でもこれは実際にあったことなんだよ
年収が100万円とすると借金が260万円ってことだな
に
2・6倍ですか?
でもなんでそんな…
1944年度末で国の債務残高がGDPの260%に達していた
第2次世界大戦の戦費調達で国債を乱発して急激に財政が悪化したんだ
日本の債務残高(対GDP比)
借金がGDPの2倍以上に!
250%
200
150
100
50
0
1885年
95
1905
15
25
35
45

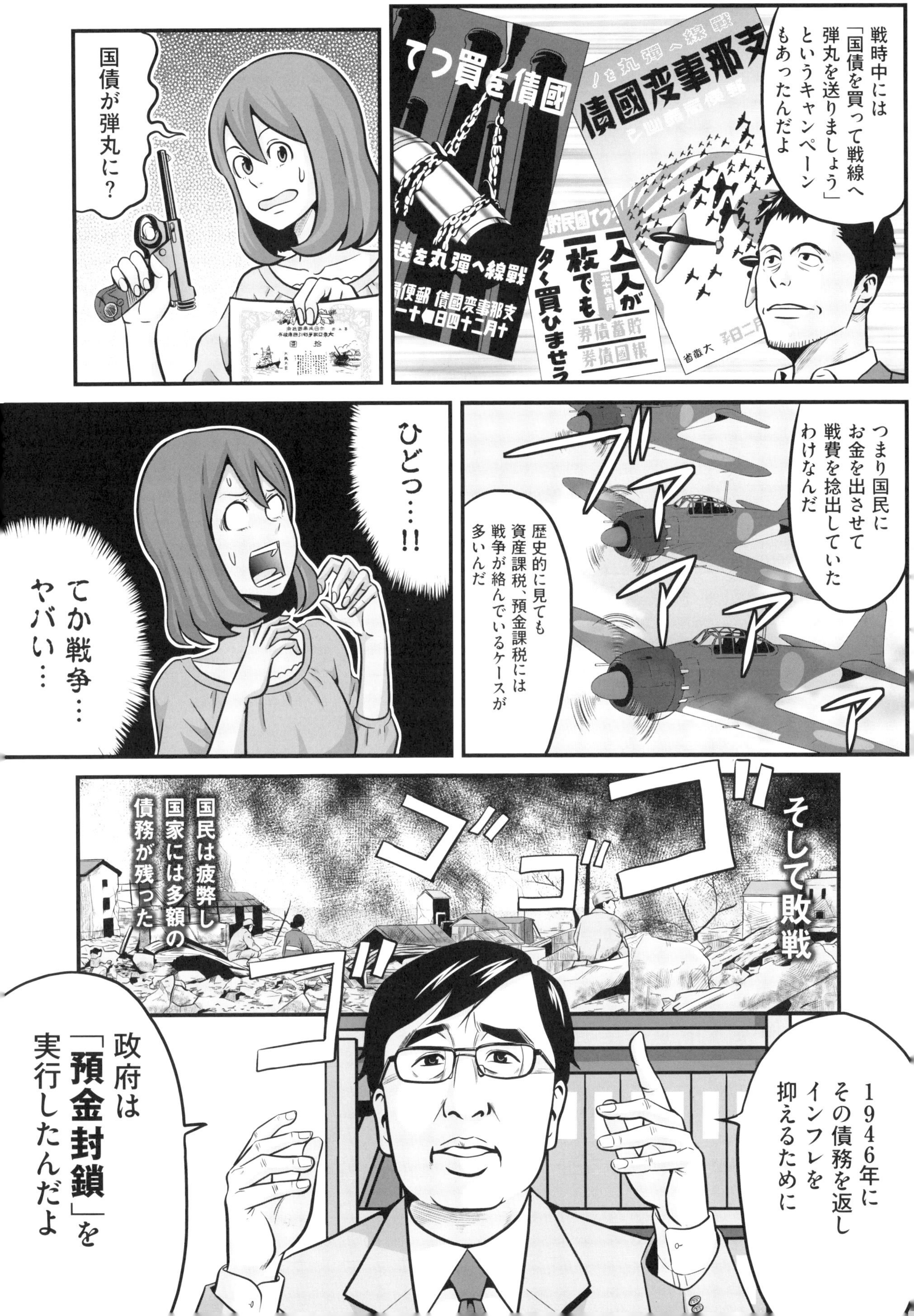
戦時中には「国債を買って戦線へ弾丸を送りましょう」というキャンペーンもあったんだよ
支那事変國債
國債を買って
一人が一枚でも多く買ひませう
貯蓄債券
報國債券
国債が弾丸に？
つまり国民にお金を出させて戦費を捻出していたわけなんだ
歴史的に見ても資産課税、預金課税には戦争が絡んでいるケースが多いんだ
ブアアアア
ひどっ…!!
てか戦争…ヤバい…
そして敗戦
ゴゴゴゴ
国民は疲弊し国家には多額の債務が残った
1946年にその債務を返しインフレを抑えるために
政府は「預金封鎖」を実行したんだよ

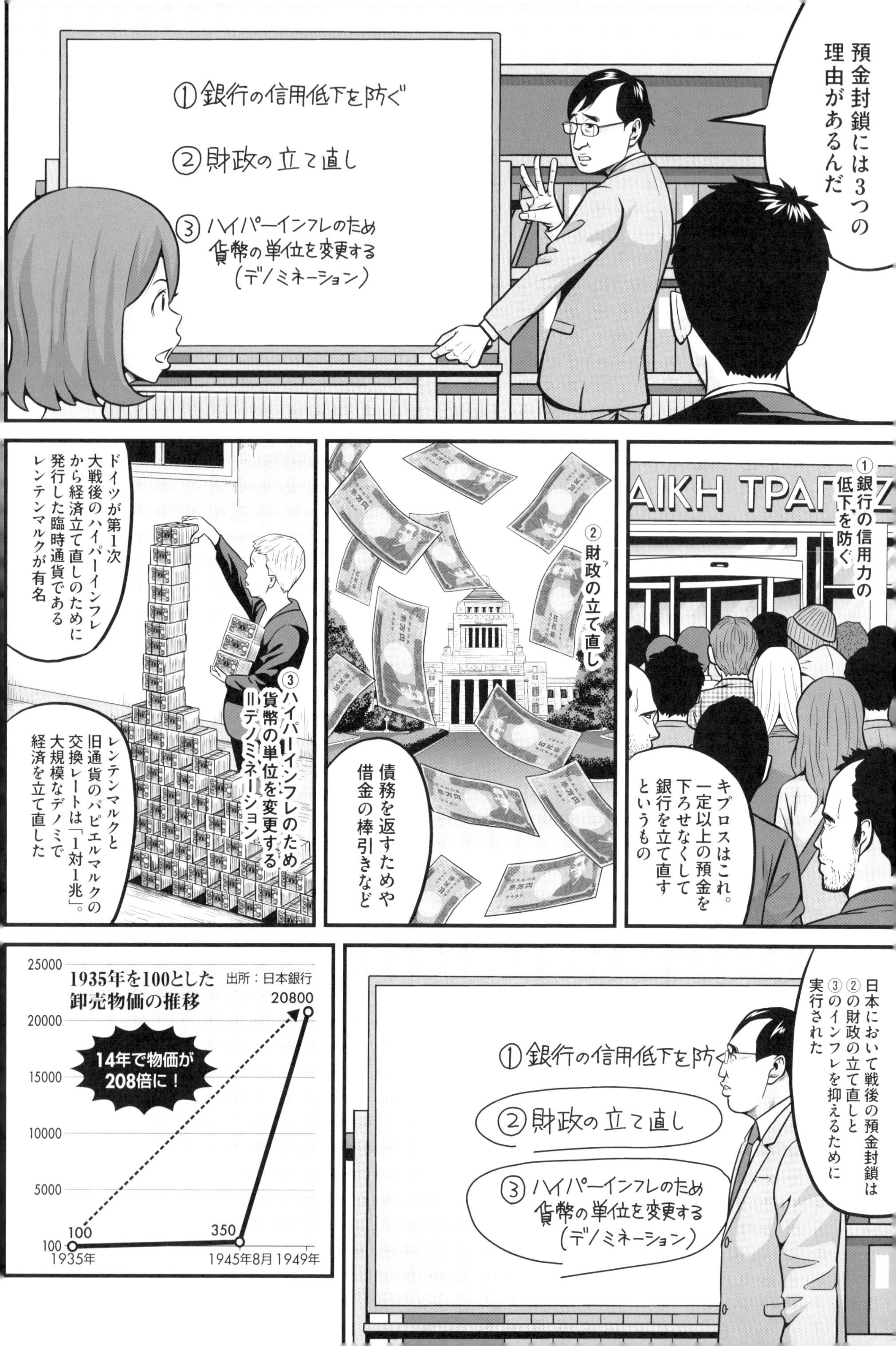

預金封鎖には3つの理由があるんだ
①銀行の信用低下を防ぐ
②財政の立て直し
③ハイパーインフレのため
貨幣の単位を変更する
（デノミネーション）
①銀行の信用力の低下を防ぐ
キプロスはこれ。一定以上の預金を下ろせなくして銀行を立て直すというもの
②財政の立て直し
債務を返すためや借金の棒引きなど
③ハイパーインフレのため貨幣の単位を変更する＝デノミネーション
ドイツが第1次大戦後のハイパーインフレから経済立て直しのために発行した臨時通貨であるレンテンマルクが有名
レンテンマルクと旧通貨のパピエルマルクの交換レートは「1対1兆」。大規模なデノミで経済を立て直した
日本において戦後の預金封鎖は②の財政の立て直しと③のインフレを抑えるために実行された
①銀行の信用低下を防ぐ
②財政の立て直し
③ハイパーインフレのため
貨幣の単位を変更する
（デノミネーション）
1935年を100とした
卸売物価の推移
出所：日本銀行
14年で物価が
208倍に！
25000
20000
15000
10000
5000
100
100
350
20800
1935年
1945年8月
1949年

だからって国が個人の預金を差し押さえるなんて…
ひぃぃぃ
どういう手法で行なわれたんですか？
日本銀行券
百圓
食糧、生必品、勞務に亙る綜合施
けふから預金封鎖
解除は財産税徴収後
月額三百圓「百圓」
封鎖預金の現金拂ひ
本日ハ終了
まず政府は預金を封鎖して資産を引き出せなくした
同時に旧円から新円に切り替えた
え？新円？なんでまた？
自宅にお金を隠している人や直前に銀行から引き出した人の脱税を防ぐためなんだ
新券引換受付
新券御渡所
そして旧円を強制的に銀行へ預金させ市場流通を差し止めた
うわぁ～…超本気じゃないですか…
ずぅーん…
徹底していますね

＊計算式についてはこのページの左下の図を参照

預金封鎖をしている間に資産を確認して
その約半年後に10万円を超える部分に25%から90%の財産税をかけた
広く国民全体が負担したが特に1500万円以上の資産家には90%の税金がかけられた
普通預金
お取引内容
お支払金額(円)
お預り金額(円)
差引残高(円)
*30,000,000
ザイサンゼイ
25,616,000
*4,384,000
90%って…ほぼ全部じゃないですか！
ビフォー
アフター
差しおさえ

それって絶望ですよね…
まあおれたち資産家じゃないけどな…

預金封鎖は周到に準備されていた！

1946年2月 預金封鎖&新円切り替え → **1946年11月 財産税法公布**

財産税法の税率

資産	税率	資産	税率
10万円超部分	25%	30万円超部分	60%
11万円超部分	30%	50万円超部分	65%
12万円超部分	35%	100万円超部分	70%
13万円超部分	40%	150万円超部分	75%
15万円超部分	45%	300万円超部分	80%
17万円超部分	50%	500万円超部分	85%
20万円超部分	55%	1500万円超部分	90%

預金を返さないってデフォルト（債務不履行）じゃないんですか？
ふみ倒し!!
借
金
形式的にはデフォルトではなくて徴税権を行使した形になっている
税
税
なんか納得いかない…
それって国民の預金で借金を返したようなものですよね…
あぁー
預金通帳
そんなヒドイことして肝心の庶民の暮らしはどうなっちゃったんですか？
預金封鎖中は世帯主で毎月３００円しか引き出せなかった
（当時の初任給は５００円程度）
そして預金封鎖が終わった後には資産が国に没収されていたと…
生活は相当苦しくなったんですね…

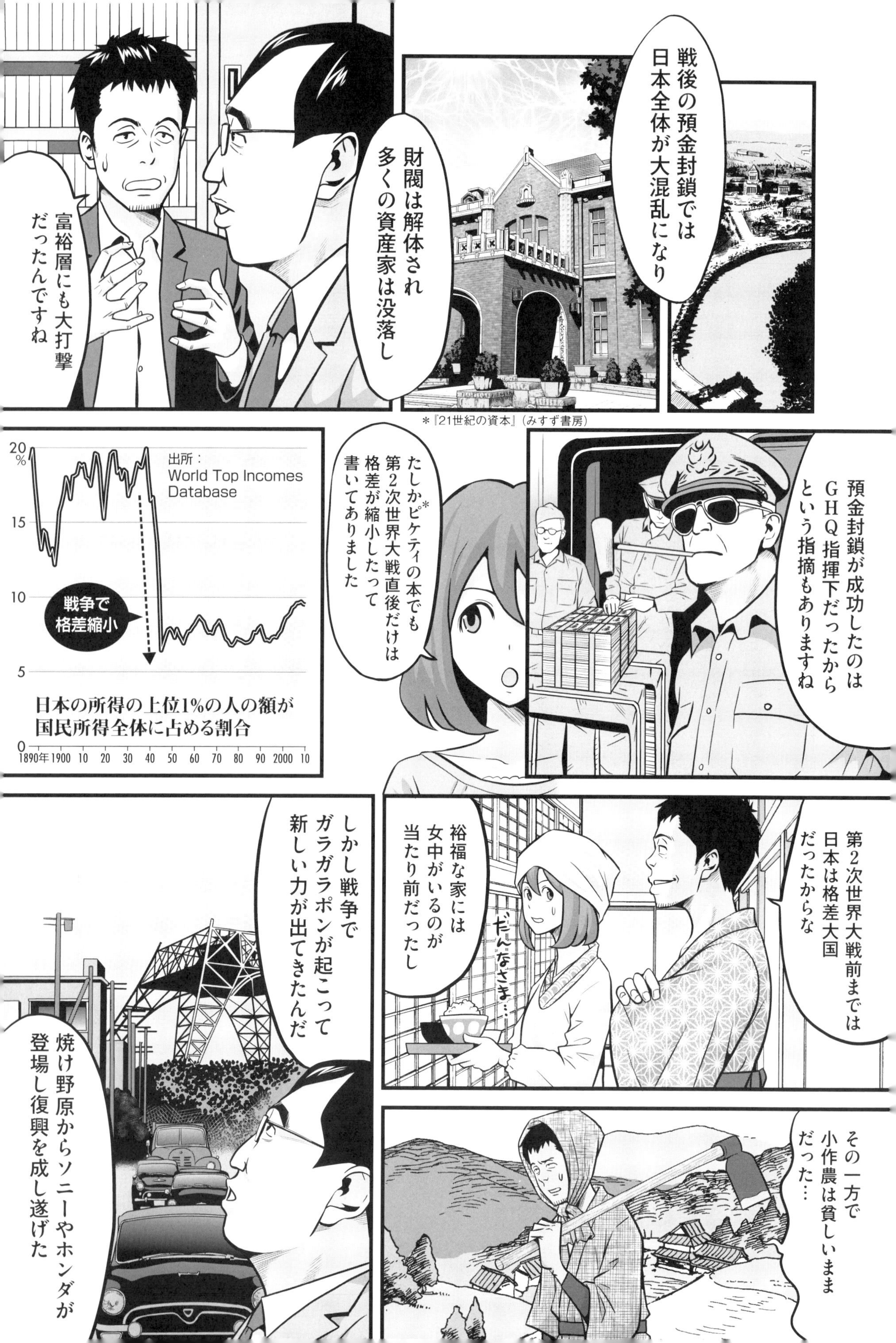
戦後の預金封鎖では日本全体が大混乱になり
財閥は解体され多くの資産家は没落し
富裕層にも大打撃だったんですね
預金封鎖が成功したのはGHQ指揮下だったからという指摘もありますね
たしかピケティ*の本でも第2次世界大戦直後だけは格差が縮小したって書いてありました
20%
15
10
5
0
出所：World Top Incomes Database
戦争で格差縮小
日本の所得の上位1%の人の額が国民所得全体に占める割合
1890年 1900 10 20 30 40 50 60 70 80 90 2000 10
第2次世界大戦前までは日本は格差大国だったからな
裕福な家には女中がいるのが当たり前だったし
だんなさま…
その一方で小作農は貧しいままだった…
しかし戦争でガラガラポンが起こって新しい力が出てきたんだ
焼け野原からソニーやホンダが登場し復興を成し遂げた

*『21世紀の資本』（みすず書房）

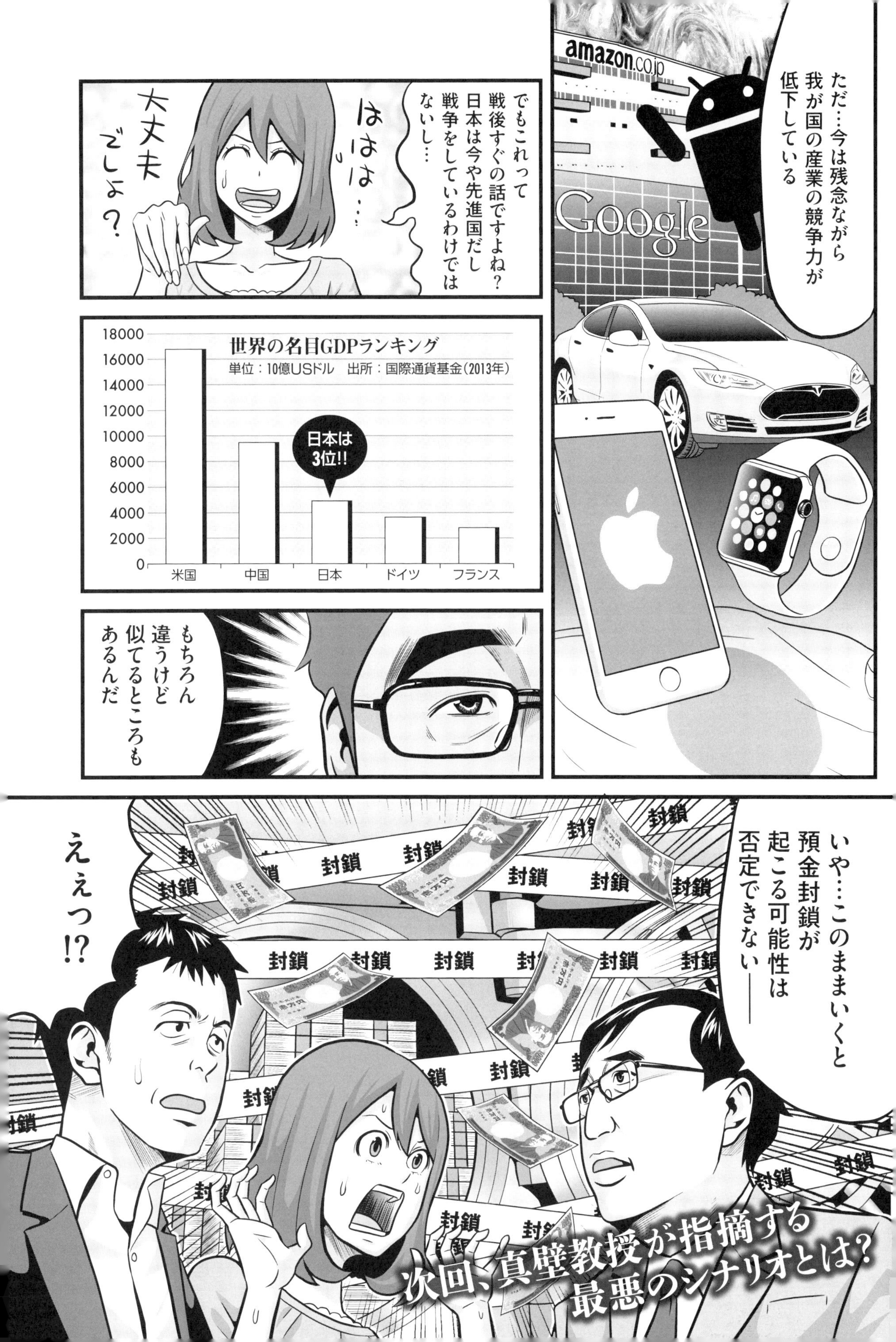
amazon.co.jp
Google
ただ…今は残念ながら我が国の産業の競争力が低下している
でもこれって戦後すぐの話ですよね？日本は今や先進国だし戦争をしているわけではないし…
ははは…
大丈夫でしょ？
世界の名目GDPランキング
単位：10億USドル　出所：国際通貨基金（2013年）
18000
16000
14000
12000
10000
8000
6000
4000
2000
0
米国
中国
日本
ドイツ
フランス
日本は3位!!
もちろん違うけど似てるところもあるんだ
いや…このままいくと預金封鎖が起こる可能性は否定できない――
ええっ!?
封鎖
次回、真壁教授が指摘する最悪のシナリオとは？

EPISODE ❶

日本政府により私たちの預金封鎖が起こる日（前編）のまとめ

1 日本でも戦後すぐの1946年に預金封鎖が実行された。

2 預金封鎖の目的は
「銀行の信用不安」
「財政立て直し」
「インフレ抑制」の3つ。

3 このままでは将来預金封鎖が起こる可能性を否定できない。

EPISODE 2

日本政府により私たちの預金封鎖が起こる日 後編

金利上昇が引き金となるハイパーインフレや資産課税は対岸の火事ではない!

銀行
今月もなんとか給料日まで乗り切れた…
お金をおろして焼き肉でも…
キラーーーン
通帳
紙幣
休止中
って…えええっ!?
お金はおろせないよ
預金封鎖されてるからね…
信州大学教授
真壁昭夫さん
まさか…!!
今の日本は政府債務残高、つまり借金が多すぎです
債務残高は1000兆円を突破し対GDP比で246%まで拡大している
政府債務残高の推移
1200兆
1000兆
700兆
400兆
2000
2004
2008
2015(年)
戦時中とほぼ同じってこと?
預金封鎖して国民の貯蓄で政府の借金を返すしかないということなんですか?
個人の金融資産を没収して国の債務を帳消しにするというわけです
えええええ〜〜〜〜〜っ!!
焼き肉が…

…とか いうことになる 可能性って あるんですか？
ハァ
やきにく…
ハァ
ハァ
おまえなぁ…
今のところは 大丈夫だが 将来的には 可能性がある
国債の消化原資は １６００兆円ある 個人の金融資産
それだけあれば 安心じゃないんですか？
ただ １６００兆円のうち ４００兆円程度は 両建てだ
両建て？
住宅ローンなどの負債が ４００兆円程度あるので 実質資産は１２００兆円程度
個人の金融資産１６００兆円
負債と同額 ４００兆
実質資産１２００兆
国債 ８４０兆
残り ３６０兆
７割程度はすでに 国債に回っているとすると
残りは３６０兆円 ってことですか？
だいたい 1年に増える借金は 40兆円弱だから このまま国債を乱発すると…
そう あと10年程度で 枯渇する
10年で!!
そっ…そうなると どうなるんですか？
？？
国内で消化できない 国債を海外の投資家に 買ってもらう 必要があるが…
プリーズ
No!!
国債
マイナス金利では 買ってくれない
なんとかふくらんだ債務残高を 減らす方法はないんですか

債務残高を減らす方法は4つだけ
①税収をアップする
②歳出を削減する
③インフレをおこす
④預金封鎖
orデフォルト
安倍政権はこの①〜③をやろうとしているがうまくいっていない
王道は①の経済成長による税収アップだが難しい
総合特区予定エリア
新宿駅周辺地域
東京都心・臨海地域
渋谷駅周辺地域
品川駅・田町駅周辺地域
日本の名目GDPはこの20年
名目GDPの推移
(兆円)
600
500
400
300
200
100
96 98 00 02 04 06 08 10 12 14 (年)
ほとんど増えていないですしね…
税収アップは増税でもいいが
消費増税で景気失速
増税は反発が大きいし短期的に景気は悪くなる
増税ハンターーイ!!
No増税
……
②の歳出削減もやろうと思えばできるがこれも反対が強い
自民党、公明党、民主党(旧)が「社会保障と税の一体改革」を決めたものの…
社会保障と税の一体改革
みんなの安心をもっとずっと。
消費税は8%に。
消費税率の引上げ分は全額、社会保障の充実と安定化に使われます
現実は消費税や相続税など税金だけ上がって社会保障は削減できていない
年金引き下げ反対

15年度予算は96兆円と過去最高だったようですね
今年度税収増
一部には税収が増えたという記事もありましたが…
歳入(円)
96.3兆
95.9兆
36.9兆
国債
41.3兆
4.9兆
その他
4.6兆
54.5兆
税収
50.0兆
2015年度
2014年度
それでも約54兆円の税収に対して新規の国債発行が約37兆円
それって家計に例えると
うちの世帯収入って500万よね…
大丈夫！400万借金してるから900万の生活できるぞ！
毎日焼き肉でもOK!!
借金に頼るのはやばいでしょ…
このろくでなし！
ちょっ勝手に妄想するなよ！
……
高齢化で社会保障費は31兆円を突破し過去最高
仮に全額削っても予算は65兆円…50兆円の税収だけでは不足する
高齢者の人口が多いから
既得権に切り込む規制緩和や成長戦略もほとんど出ないですよね
本来は社会保障制度を現実的な制度に変えないといけない
高齢者
若者
このままいくと…
破綻…
投票箱
その意味では選挙権を18歳に引き下げたことは多少有効だ

ところで③のインフレってのはどうなんですか？
①税収をアップする
②歳出を削減する
③インフレをおこす
④預金封鎖 orデフォルト
なんでインフレになると借金が減るんですか？
借金の額は変わらないけど価値が目減りする
1個100円のリンゴが・・・
100円
100円
インフレに なると・・・
500円
100円
同じリンゴなのに100円で買えない！
だから必死に日銀が異次元の金融緩和など
リフレ政策（お金をジャブジャブにしてインフレにする政策）をしているわけなんだ
リフレについては意見が分かれますが・・・
そう インフレはコントロールが難しい
でもいいじゃないですか！借金減るんですよね？
おまえの貯金の価値も減るけどな・・・
ええっ・・・!!
もしこのまま緩和を続けどこかで円が急落して一気にインフレが加速したら・・・
預金が百万円で・・・
普通預金 残高
＊1,000,000
幕の内弁当
￥500000
弁当が五十万円・・・
最悪の場合
ハイパーインフレに
ゴゴゴ
ゴゴゴゴ
ひぃぃぃ・・・今の貯金では何も買えない・・・・・・

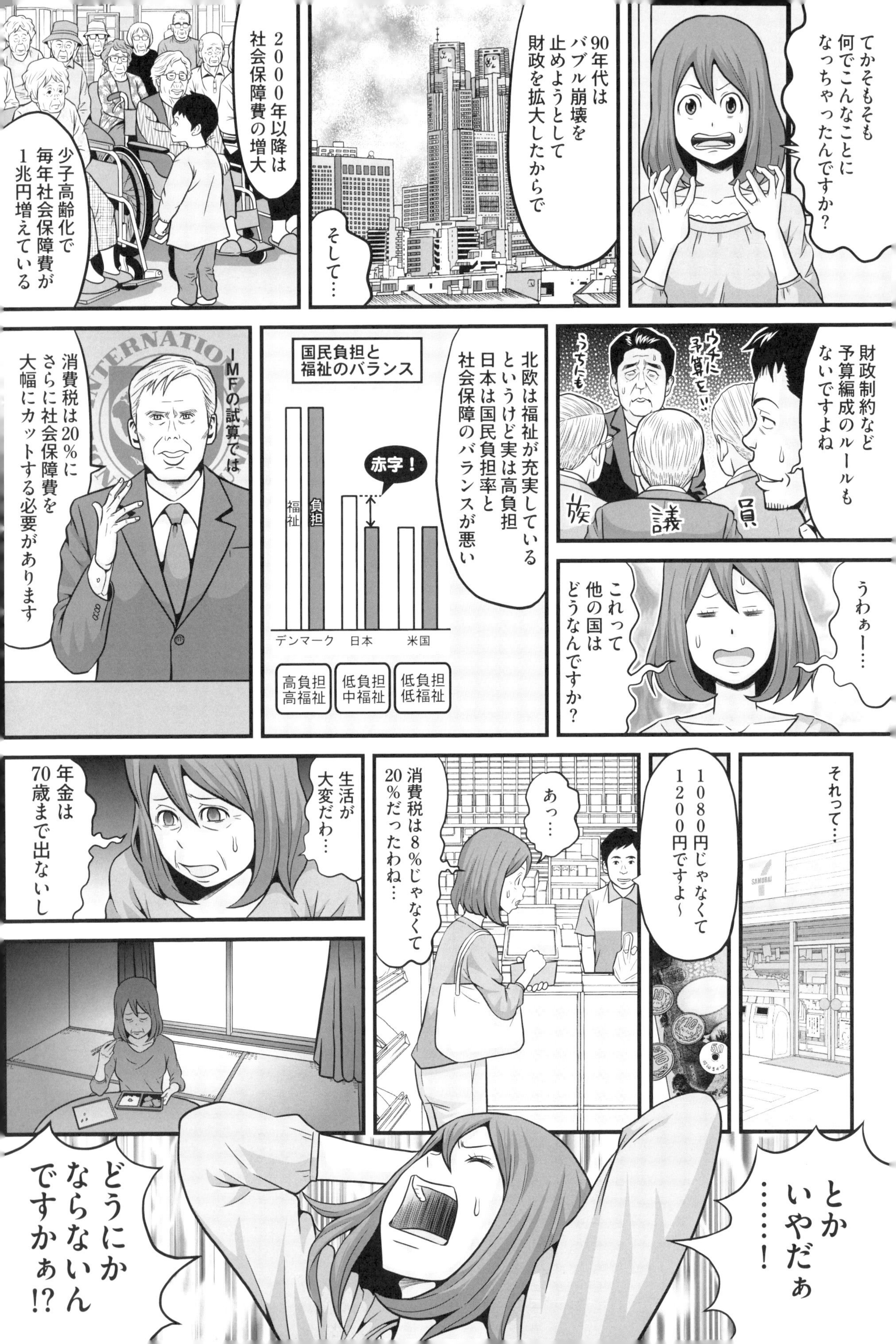
てかそもそも何でこんなことになっちゃったんですか？
90年代はバブル崩壊を止めようとして財政を拡大したからで
そして…
２０００年以降は社会保障費の増大
少子高齢化で毎年社会保障費が１兆円増えている
財政制約など予算編成のルールもないですよね
ウチに予算を!!
うちにも
族
議
員
うわぁー…
これって他の国はどうなんですか？
北欧は福祉が充実しているというけど実は高負担日本は国民負担率と社会保障のバランスが悪い
国民負担と福祉のバランス
赤字！
福祉
負担
デンマーク
日本
米国
高負担高福祉
低負担中福祉
低負担低福祉
IMFの試算では
消費税は20%にさらに社会保障費を大幅にカットする必要があります
それって…
１０８０円じゃなくて１２００円ですよ～
あっ…
消費税は8%じゃなくて20%だったわね…
生活が大変だわ…
年金は70歳まで出ないし
とかいやだぁ……!
どうにかならないんですかぁ!?

まずは「プライマリーバランス（ＰＢ）」を均衡させること
その後利払い費を含めた「財政収支」を均衡に近いところまでもっていく必要が
ちょっと待って下さい
プ…プライマリーバランスってなんですか…??
基礎的財政収支、つまり過去の債務の元利払い以外の支出と公債発行などを除いた収入との収支のこと
う～ん…
なるほど
わからん…
要は国の政策的な支出を税収等でどれだけ賄えているかという指標なんだよ
日本の現状は政策的な支出が税収等を上回っていてＰＢは赤字となっている
ＰＢが赤字
（歳入）
（歳出）
借金
債務償還費
財政収支（赤字）
利払い費
ＰＢ（赤字）
税収等
政策的支出
ＰＢが均衡したとしても利払い費分だけ債務残高は増加するので
ＰＢが均衡
（歳入）
（歳出）
借金
債務償還費
財政収支（赤字）
利払い費
ＰＢ（均衡）
税収等
政策的支出
ＰＢに一定の黒字幅を持たせるのが理想なんだ
ＰＢが黒字
（歳入）
（歳出）
借金
債務償還費
利払い費
ＰＢ（黒字）
財政収支（均衡）
税収等
政策的支出
つまり、さっき言った財政収支を均衡に近いところまでもっていくっていうのはそういうことなんだ
なるほど支出と収入のバランスってことなんですね
財政健全化ができればＩＭＦの試算を覆せますよね！
いや現実的には難しい
INTERNATIONAL MONETARY FUND

IMFといえば韓国も一度デフォルト寸前までいきましたが、預金封鎖がおきたのですか？
韓国ウォンの対米ドル為替レート
（ウォン/1ドル）
600
800
1000
1200
1400
1600
1800
2000
97年
98年
97年だね
INTERNATIONAL MONETARY FUND
このときは厳しい改革を条件にIMF（国際通貨基金）が資金援助に乗り出してギリギリでデフォルトを回避した
IMFは財閥を解体し箸の上げ下げまで指導したんだ
それで韓国は急場をしのいで2000年にかけてITバブルで何とか復活
LG
でも預金封鎖はされなかったんですよね？
日本もIMFに助けてもらえないんですか？
色々言われているんだし……
残念ながら無理…
日本は規模が大きすぎてIMFでは助けられない
ラガルドIMF専務理事
大きすぎが問題とは…
はあ…
悲観的になってもしょうがない…
できる対策をやるしかないんだから
繰り返すけど預金封鎖は今すぐではない
今の状況を放置すると10年、20年先にその可能性があるということ
そのトリガーとなるものは…

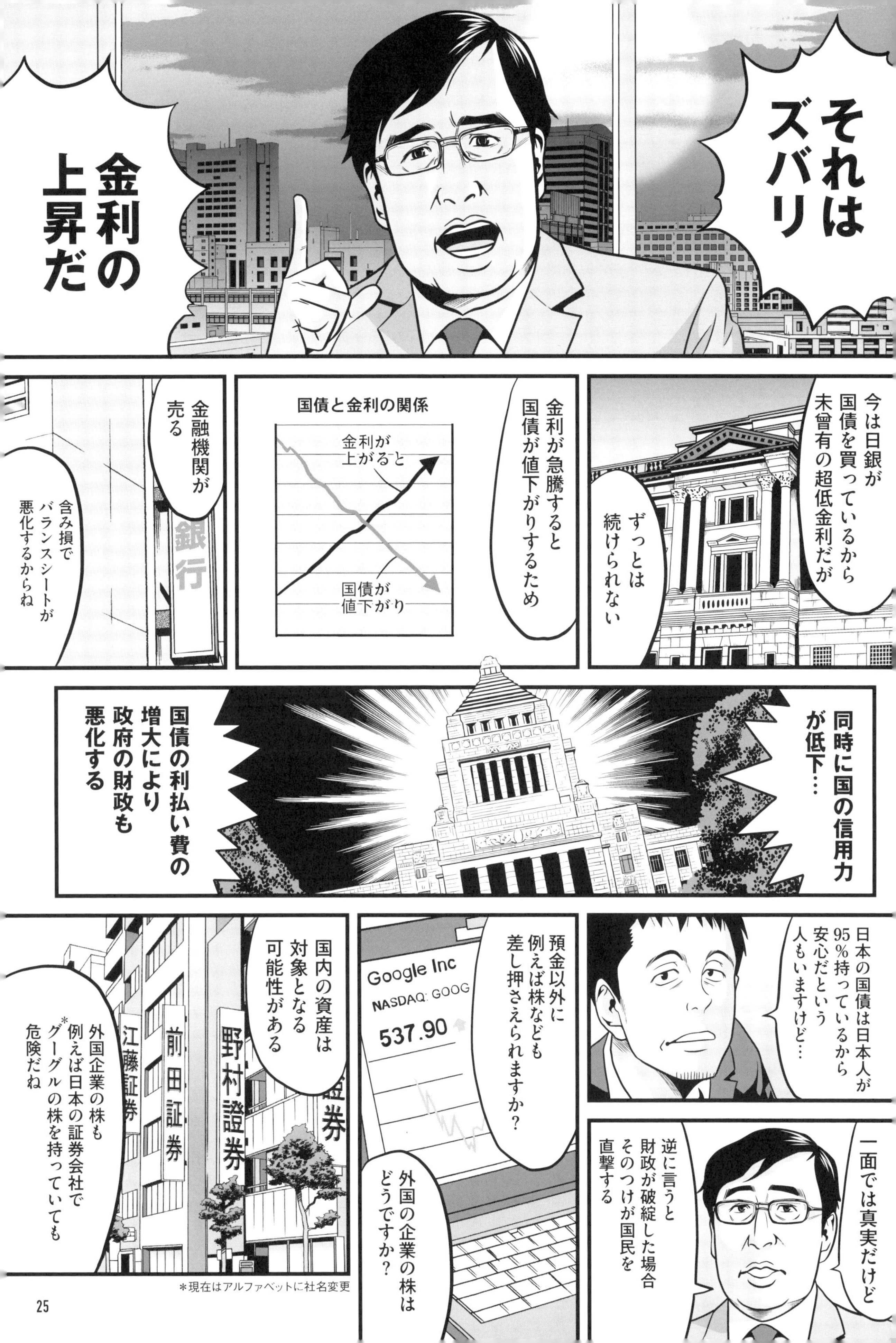
それはズバリ
金利の上昇だ
今は日銀が国債を買っているから未曾有の超低金利だが
ずっとは続けられない
金利が急騰すると国債が値下がりするため
国債と金利の関係
金利が上がると
国債が値下がり
金融機関が売る
銀行
含み損でバランスシートが悪化するからね
同時に国の信用力が低下…
国債の利払い費の増大により政府の財政も悪化する
日本の国債は日本人が95%持っているから安心だという人もいますけど…
一面では真実だけど
逆に言うと財政が破綻した場合そのつけが国民を直撃する
預金以外に例えば株なども差し押さえられますか？
Google Inc
NASDAQ: GOOG
537.90
外国の企業の株はどうですか？
国内の資産は対象となる可能性がある
野村證券
前田証券
江藤証券
外国企業の株も例えば日本の証券会社で＊グーグルの株を持っていても危険だね

＊現在はアルファベットに社名変更

対策は海外に移住するとか…
ゴォォォォォ
CREDIT SUISSE
中国人の富裕層のように資産を海外に移すとか…
実物の金を隠し持つとか…
GOLD
甘い!
お前の資産は国に把握されてるぞ!
ど…どうしてここが!?
マイナンバー制度だよ
ファァ
16年から導入された日本に住む1人1人に識別番号を付けることで社会保障や税の情報を効率的に管理する制度だ
18年にはマイナンバーの預金口座への適用を始める(任意)と閣議決定された
ピッ
1234
プライバシーの侵害じゃないんですか
ハッ…
預金封鎖への布石なんじゃ…
可能性としてはありえる
日本の場合ギリギリまでいったらまず預金封鎖、そして資産課税しかない

個人的には政府はそこまで馬鹿じゃないと信じたい…
ただ…今の金融緩和がいつまでも続くわけはなく
バブルは突然終わるということは頭に入れておきましょう
年金支給開始年齢の引き上げ、消費税アップ……
負担増加は避けられそうにないですね…
個人レベルでの対策は給料を増やすか節約するか資産運用するかの3つのどれかしかない
一体どうすればいいんですかね？
それを考えるために今は勉強するしかないな
今からお金のこともっと真剣に勉強します
もし預金封鎖されたとしても知識までは国に没収されないからな
預金封鎖対策はやっぱり資産運用かな♪
オレよりも若いオマエが有利だしな！

EPISODE ❷

日本政府により私たちの預金封鎖が起こる日（後編）のまとめ

1 **債務残高を減らす方法は「税収増」「歳出削減」「インフレ」「預金封鎖・デフォルト」がある。**

---

2 **増え続ける社会保障費が財政を圧迫している。**

---

3 **金利の上昇が預金封鎖のトリガー（引き金）になる。**

EPISODE 3

急激な少子高齢化によって東京がスラム化する日

すでに高齢化した地方より、これから高齢化する東京が危ない！

あの本屋なくなったの？
閉店
歓迎
中學同窓会 御一行様
まあ母校が統合されてなくなる時代ださげな
イオンさあるべ
…
少子高齢化だけんども子供の未来のためにも何とかしねえど
香織は結婚しねえの？
いやあ私はまだ…ほら相手もいねえし
東京はオリンピックもあっし
これからウハウハでねえの？
いいよなーこちとら過疎化でお先真っ暗だっつーのに
活性化のために企業誘致するべ！
香織に出世してもらって大企業引っ張ってきてもらわねどー
だ…だね！
アハハ…

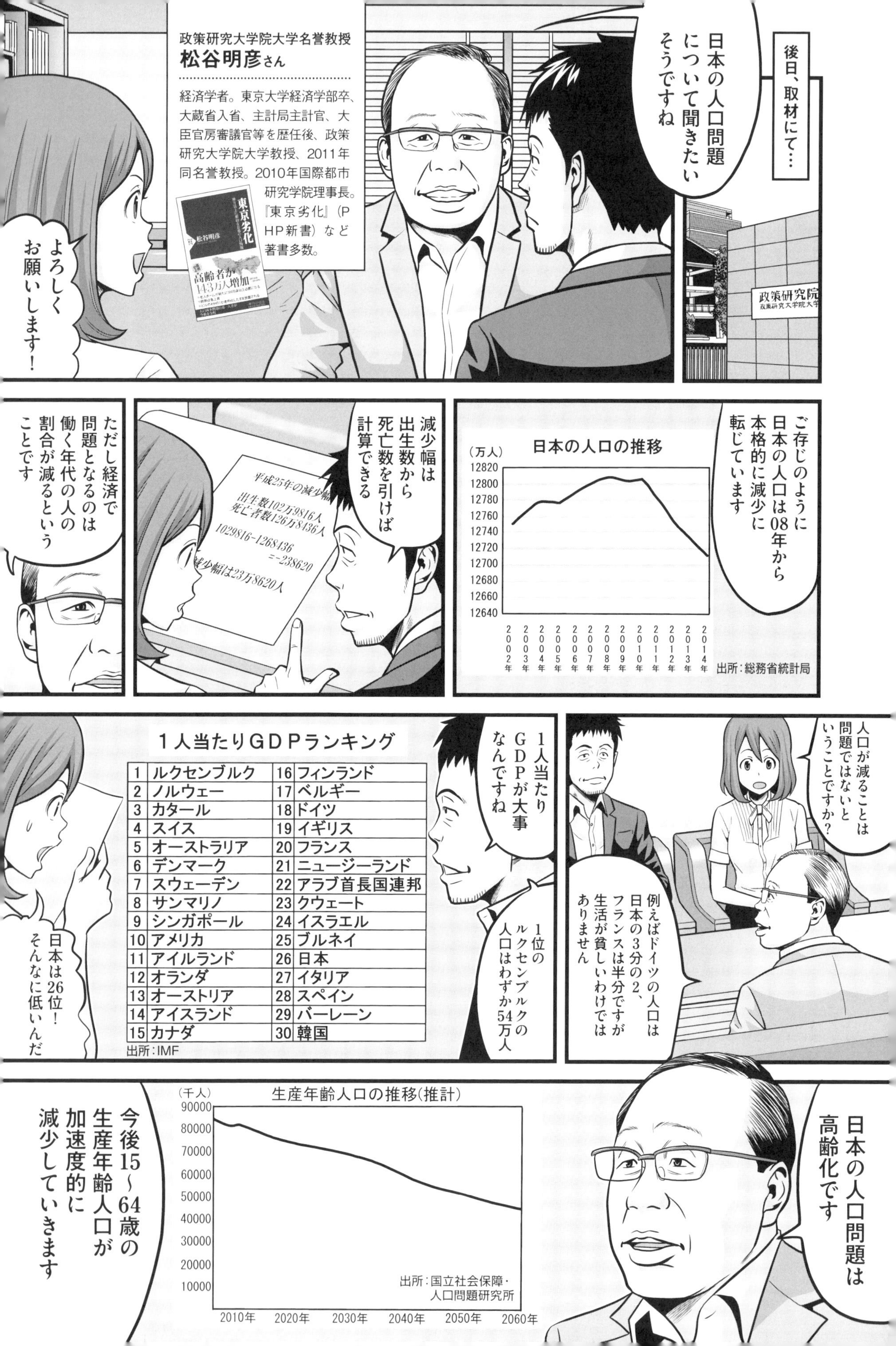
後日、取材にて…
日本の人口問題について聞きたいそうですね
政策研究院
政策研究大学院大学
政策研究大学院大学名誉教授
松谷明彦さん
経済学者。東京大学経済学部卒、大蔵省入省、主計局主計官、大臣官房審議官等を歴任後、政策研究大学院大学教授、2011年同名誉教授。2010年国際都市研究学院理事長。『東京劣化』（PHP新書）など著書多数。
東京劣化
松谷明彦
高齢者が143万人増加
よろしくお願いします!
ご存じのように日本の人口は08年から本格的に減少に転じています
日本の人口の推移
（万人）
12820
12800
12780
12760
12740
12720
12700
12680
12660
12640
2002年 2003年 2004年 2005年 2006年 2007年 2008年 2009年 2010年 2011年 2012年 2013年 2014年
出所：総務省統計局
減少幅は出生数から死亡数を引けば計算できる
平成25年の減少幅
出生数102万9816人
死亡者数126万8436人
1029816−1268436
=−238620
減少幅は23万8620人
ただし経済で問題となるのは働く年代の人の割合が減るということです
人口が減ることは問題ではないということですか?
例えばドイツの人口は日本の3分の2、フランスは半分ですが生活が貧しいわけではありません
1人当たりGDPが大事なんですね
1位ルクセンブルクの人口はわずか54万人
1人当たりGDPランキング
1 ルクセンブルク
2 ノルウェー
3 カタール
4 スイス
5 オーストラリア
6 デンマーク
7 スウェーデン
8 サンマリノ
9 シンガポール
10 アメリカ
11 アイルランド
12 オランダ
13 オーストリア
14 アイスランド
15 カナダ
16 フィンランド
17 ベルギー
18 ドイツ
19 イギリス
20 フランス
21 ニュージーランド
22 アラブ首長国連邦
23 クウェート
24 イスラエル
25 ブルネイ
26 日本
27 イタリア
28 スペイン
29 バーレーン
30 韓国
出所：IMF
日本は26位! そんなに低いんだ
日本の人口問題は高齢化です
今後15〜64歳の生産年齢人口が加速度的に減少していきます
生産年齢人口の推移(推計)
（千人）
90000
80000
70000
60000
50000
40000
30000
20000
10000
2010年 2020年 2030年 2040年 2050年 2060年
出所：国立社会保障・人口問題研究所

税金を払い年金・福祉を負担する人の割合が減ります
これこそが戦後最大の問題です
2013年には32年ぶりに生産年齢人口が8000万人を割り込んだ
すべての女性が輝く社会づくり推進室
だから移民、外国人労働者、女性、高齢者の活用を主張する人が増えているんだ
なるほど…
年金も介護も若い人の負担が増えるなかで給付水準の低下は避けられません
働く人の比率が減るから税収の伸びも難しくなりますね
負担増
給付水準低下
1955年から2005年までの50年間で1人当たりの税金は物価上昇を除いても10倍になり
同時に1人当たりの財政支出も10倍になりました
10倍！
豊かになったんですね
だが今後は戦後一貫して拡大してきた福祉路線の大転換が必要です
増税では対応できませんか？
働く人の割合が減るため生産性が向上しても税収は横ばい程度です
一方で財政支出は右肩上がりのため増税では焼け石に水
財政支出
税収
支出を横ばいにする仕組みを作るほかはありません
実は先日地元に帰る機会があったのですが…
地方は特に厳しいですよね
過疎化が進みやがて消滅…ですか？
心配で…
いや…多くの人が誤解しているんですよね

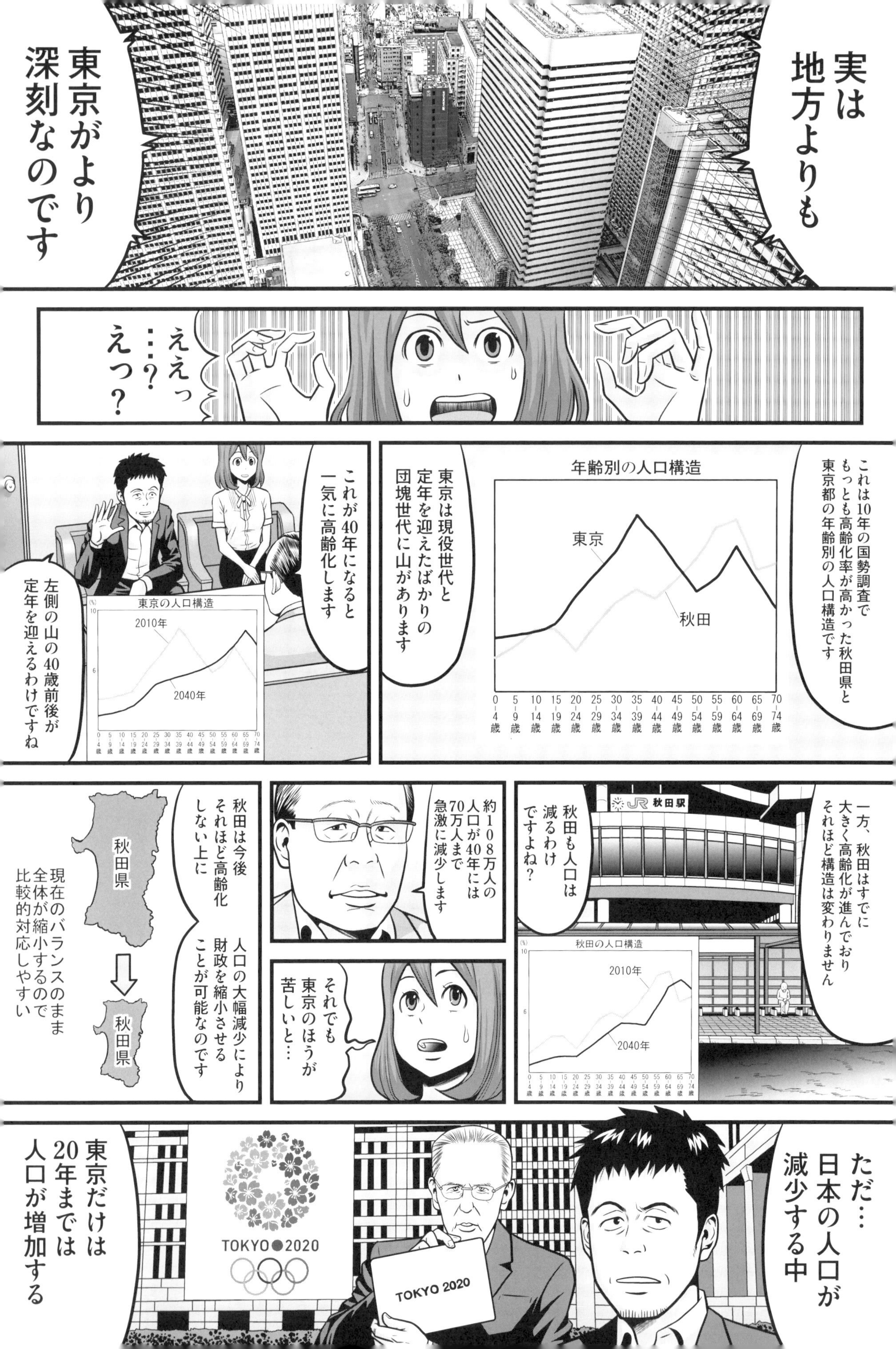

実は地方よりも
東京がより深刻なのです
ええっ…？えっ？
これは10年の国勢調査でもっとも高齢化率が高かった秋田県と東京都の年齢別の人口構造です
年齢別の人口構造
東京
秋田
0～4歳 5～9歳 10～14歳 15～19歳 20～24歳 25～29歳 30～34歳 35～39歳 40～44歳 45～49歳 50～54歳 55～59歳 60～64歳 65～69歳 70～74歳
東京は現役世代と定年を迎えたばかりの団塊世代に山があります
これが40年になると一気に高齢化します
東京の人口構造
2010年
2040年
左側の山の40歳前後が定年を迎えるわけですね
一方、秋田はすでに大きく高齢化が進んでおりそれほど構造は変わりません
JR 秋田駅
秋田も人口は減るわけですよね？
秋田の人口構造
2010年
2040年
約108万人の人口が40年には70万人まで急激に減少します
それでも東京のほうが苦しいと…
秋田は今後それほど高齢化しない上に
人口の大幅減少により財政を縮小させることが可能なのです
秋田県
秋田県
現在のバランスのまま全体が縮小するので比較的対応しやすい
ただ…日本の人口が減少する中
東京だけは20年までは人口が増加する
TOKYO 2020
TOKYO 2020

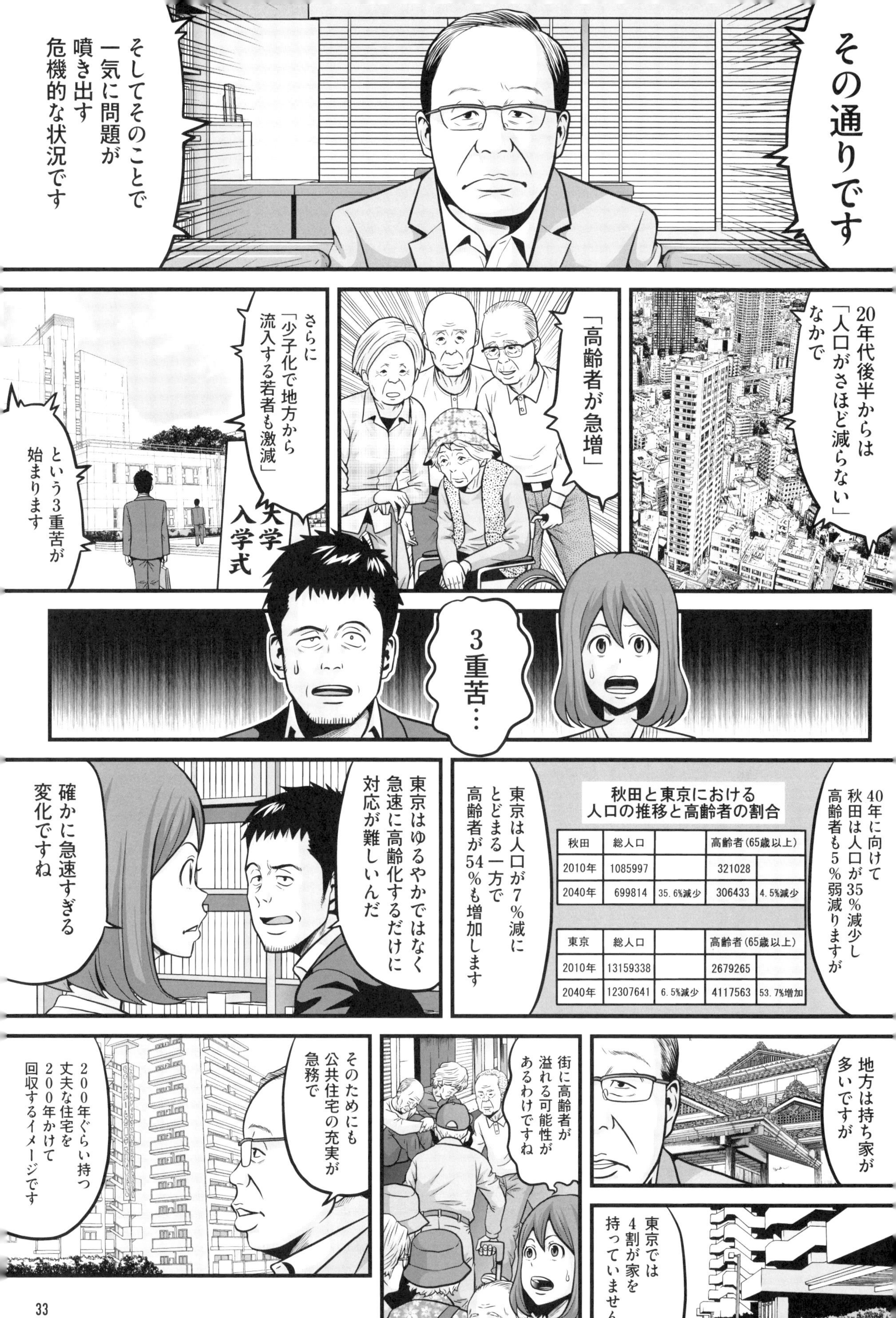
その通りです
そしてそのことで一気に問題が噴き出す危機的な状況です
20年代後半からは「人口がさほど減らない」なかで
「高齢者が急増」
さらに「少子化で地方から流入する若者も激減」
大学入学式
という3重苦が始まります
3重苦…
40年に向けて秋田は人口が35％減少し高齢者も5％弱減りますが
秋田と東京における人口の推移と高齢者の割合

秋田	総人口		高齢者(65歳以上)	
2010年	1085997		321028	
2040年	699814	35.6%減少	306433	4.5%減少

東京	総人口		高齢者(65歳以上)	
2010年	13159338		2679265	
2040年	12307641	6.5%減少	4117563	53.7%増加

東京は人口が7％減にとどまる一方で高齢者が54％も増加します
東京はゆるやかではなく急速に高齢化するだけに対応が難しいんだ
確かに急速すぎる変化ですね
地方は持ち家が多いですが
東京では4割が家を持っていません
街に高齢者が溢れる可能性があるわけですね
そのためにも公共住宅の充実が急務で
200年ぐらい持つ丈夫な住宅を200年かけて回収するイメージです

とはいえ地方もさらに厳しくなりませんか？
東京より楽とはいえ
現在の疲弊した地域経済では今後の高齢社会は乗り切れないでしょうね
…
今日は同窓会楽しかったなぁ
みんな変わってなくて安心した
居酒屋
シャッター商店街は増えたけどな
ホントに大企業が来てくれっといいんだけど
それで解決するのかな…
地方が再び活性化するには産業を呼び込むしかないですか？
経済学者でも勘違いしている人が多いのですが
戦略もなく地方に大都市の企業を誘致してもメリットはありません
どうしてですか？
企業は企画開発など利益率が高い部門は東京に置いたままで
会社本社ビル
地方に移すのは低賃金の単純労働部分なので
雇用が増えても大きな格差が生まれるだけです
つまり、地方自身で産業を興さなければなりません
リーマンショックなど危機が起こると真っ先に首を切られますしね
「地方は大企業を呼べばいい」
と安直に考えてはいけないのですね
閉店

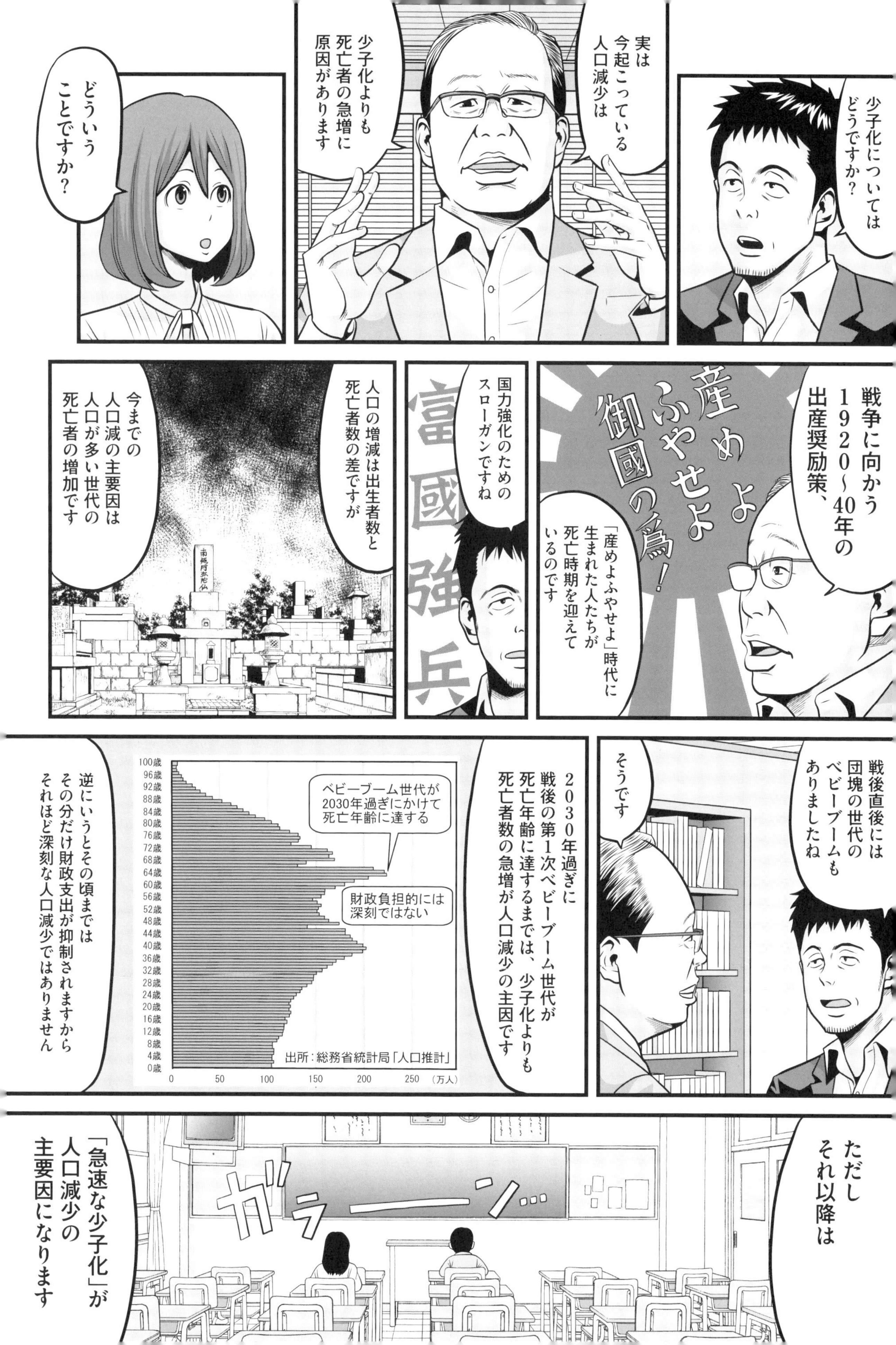

少子化についてはどうですか？
実は今起こっている人口減少は
少子化よりも死亡者の急増に原因があります
どういうことですか？
戦争に向かう1920～40年の出産奨励策、
産めよふやせよ御國の爲！
「産めよふやせよ」時代に生まれた人たちが死亡時期を迎えているのです
国力強化のためのスローガンですね
富國強兵
人口の増減は出生者数と死亡者数の差ですが
今までの人口減の主要因は人口が多い世代の死亡者の増加です
戦後直後には団塊の世代のベビーブームもありましたね
そうです
2030年過ぎに戦後の第1次ベビーブーム世代が死亡年齢に達するまでは、少子化よりも死亡者数の急増が人口減少の主因です
ベビーブーム世代が2030年過ぎにかけて死亡年齢に達する
財政負担的には深刻ではない
100歳 96歳 92歳 88歳 84歳 80歳 76歳 72歳 68歳 64歳 60歳 56歳 52歳 48歳 44歳 40歳 36歳 32歳 28歳 24歳 20歳 16歳 12歳 8歳 4歳 0歳
0 50 100 150 200 250 （万人）
出所：総務省統計局「人口推計」
逆にいうとその頃まではその分だけ財政支出が抑制されますからそれほど深刻な人口減少ではありません
ただしそれ以降は
ガラーーン…
「急速な少子化」が人口減少の主要因になります

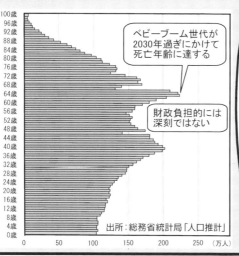

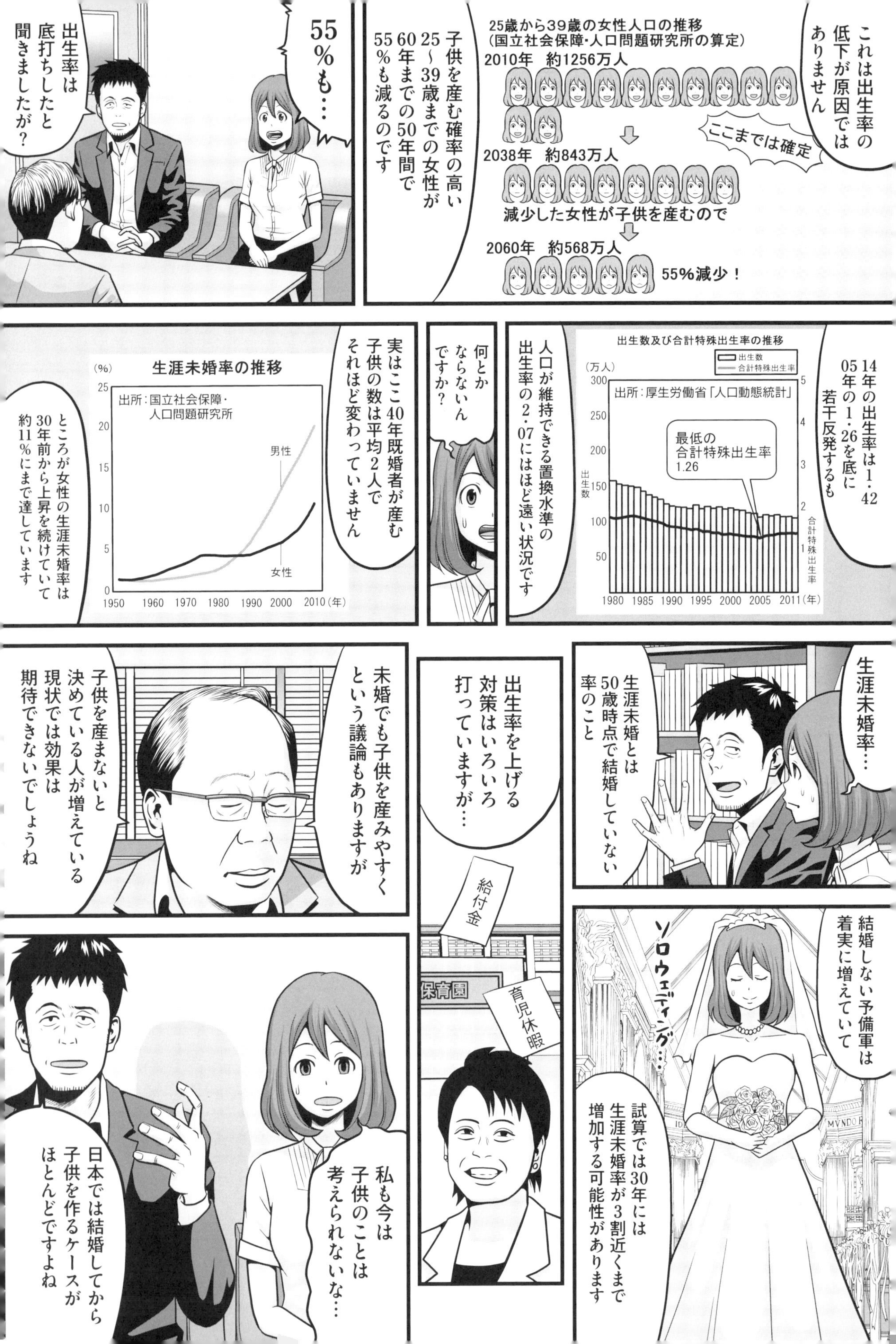

これは出生率の低下が原因ではありません
25歳から39歳の女性人口の推移
（国立社会保障・人口問題研究所の算定）
2010年　約1256万人
ここまでは確定
2038年　約843万人
減少した女性が子供を産むので
2060年　約568万人
55%減少！
子供を産む確率の高い25～39歳までの女性が60年までの50年間で55％も減るのです
55％も…
出生率は底打ちしたと聞きましたが？
14年の出生率は1・42 05年の1・26を底に若干反発するも
出生数及び合計特殊出生率の推移
出生数
合計特殊出生率
（万人）
出所：厚生労働省「人口動態統計」
最低の合計特殊出生率 1.26
出生数
合計特殊出生率
300 250 200 150 100 50
5 4 3 2 1
1980 1985 1990 1995 2000 2005 2011（年）
人口が維持できる置換水準の出生率の2・07にはほど遠い状況です
何とかならないんですか？
実はここ40年既婚者が産む子供の数は平均2人でそれほど変わっていません
生涯未婚率の推移
（%）
出所：国立社会保障・人口問題研究所
男性
女性
25 20 15 10 5 0
1950 1960 1970 1980 1990 2000 2010（年）
ところが女性の生涯未婚率は30年前から上昇を続けていて約11％にまで達しています
生涯未婚率…
生涯未婚とは50歳時点で結婚していない率のこと
出生率を上げる対策はいろいろ打っていますが…
給付金
保育園
育児休暇
未婚でも子供を産みやすくという議論もありますが
子供を産まないと決めている人が増えている現状では効果は期待できないでしょうね
結婚しない予備軍は着実に増えていて
ソロウェディング…
試算では30年には生涯未婚率が3割近くまで増加する可能性があります
私も今は子供のことは考えられないな…
日本では結婚してから子供を作るケースがほとんどですよね

2・07を達成するには7割の人が3人産まないといけません
長期的な人口の推移と将来推計
（万人）
14000
12000
10000
8000
6000
4000
2010
2030
2050
2070
2090
2110（年）
出生率回復・移民受け入れケース
出生率回復ケース
出生率現状ケース
出所：国立社会保障・人口問題研究所の推計
出生率を上げて人口が1億人を切らないようにすると政府は言いますが現状では不可能です
それは事実ですが適齢期の女性が激減する日本とはレベルが違います
米仏の場合
米国やフランスは年金を負担する人が2人強、もらう人が1人で安定する見込みです
先進国はどこも※出生率が下がってますね
日本の場合
日本はいずれは1人弱で1人を見なければなりません
1人弱で1人？
万が一2020年に出生率が1・8、30年に2・07まで回復したとしても
出生率回復後に生まれた子が成人するまで人口は減少するんですね
50年までは高齢化が進行し人口減少は60年まで続く
増税や年金負担増で今の水準のサービスを維持し財政も収支均衡までもっていく場合
60年には所得の91・5%を負担しないとなりません
91%！
給料も減り続けているのに…
給料が減っているのは日本の企業の利益率が下がってきているためです
最近ROE（株主資本利益率）が注目されているけどそれ以前に売上高経常利益率が下落しているんだ
年金などの公共サービスは子供の数を増やして解決する方向ではなく
子供の数は減る前提で考えないといけません

	日本	米国	フランス	ドイツ	イタリア
1950年	3.65	3.02	2.92	2.05	2.52
1960年	2.00	3.64	2.72	2.34	2.31
1970年	2.13	2.46	2.47	2.01	2.43
1980年	1.75	1.84	1.99	1.46	1.61
1990年	1.54	2.08	1.78	1.45	1.33
2000年	1.36	2.06	1.88	1.38	1.26
2012年	1.41	1.88	2.01	1.38	1.40

※出所：日本は厚生労働省「人口動態統計」。日本以外はUN, Demographic Yearbook（ドイツは1990年までは旧西ドイツの数値）

20年には東京オリンピックも控えていますが？
一時的に景気はよくなるかもしれませんが
インフラやビルを造りすぎると将来大変なことになります
どうしてですか？
税収不足や経済の縮小で十分な維持・更新ができなくなります
豪邸ほど維持管理費がかかるってことだね
五輪に向けた大規模な施設建設で「経済効果は●●億円」などと喜んではいけないのですね
まさにその通りです
人口減少社会なのですから既存設備の活用なり改修なりで対応すべきなのです
そうしないと将来放置されるインフラやビルが急増し
ゴゴゴゴゴ
東京が急速にスラム化します
新国立競技場建設予算が大幅に超過！

今までは新しい施設ができると無邪気に喜んでいたけどこれからは…
東京オリンピックに向けた国立競技場の建て替えや築地市場の移転などインフラ造りが目白押しだ
近年でもっとも成功したロンドン五輪でも総事業費は当初予算の3倍の1兆円まで膨らんだ
東京五輪は建設費だけですでに1兆円だ
1兆円！
ロンドン五輪はできるだけ既存施設を利用し終了後は公園にするなど工夫しているんだけどね
新国立競技場の建て替えも当初予算の1300億円が
設計通りに造ると3000億円まで膨らむため計画を変更しました
五輪の8万人収容のスタンドは3万人を仮設にする話もありますが…
さらに1500億円の整備費のうち500億円を都民が負担するという話も突然出てきた
場当たり的だと予算がどんどん膨らむ…
周辺整備に数百億円かかり競技場の維持にも年間数十億円かかる
人口減少時代ゆえに箱モノへの投資はシビアにチェックするとしても
人口減少もオリンピックも必ずやってくる未来ですよね？
だったら私はせめて前を向きたいです
人口が減少するならその分一人ひとりが頑張るしかないですよね！
そうなのかもな…

EPISODE ❸

急激な少子高齢化によって東京がスラム化する日のまとめ

1 15歳から64歳の生産年齢人口が加速度的に減少していく。

2 今後、高齢化が深刻化するのは地方よりも東京である。

3 人口が減る前提で公共サービスを再構築する必要がある。

EPISODE 4

超高齢化社会の現実化で介護難民が深刻化する日

介護業界の低賃金による人手不足も加わり虐待を受ける老人も！

家計の見直し相談センター代表
藤川 太さん
ファイナンシャルプランナー。CFP認定者。宅地建物取引士。慶応義塾大学大学院理工学研究科修了後、自動車会社での燃料電池自動車の研究等を経て独立。ベストセラーとなった『サラリーマンは2度破産する』（朝日新書）など著書多数。
突然だけど、サザエさんの波平さんっていくつか知ってますか？

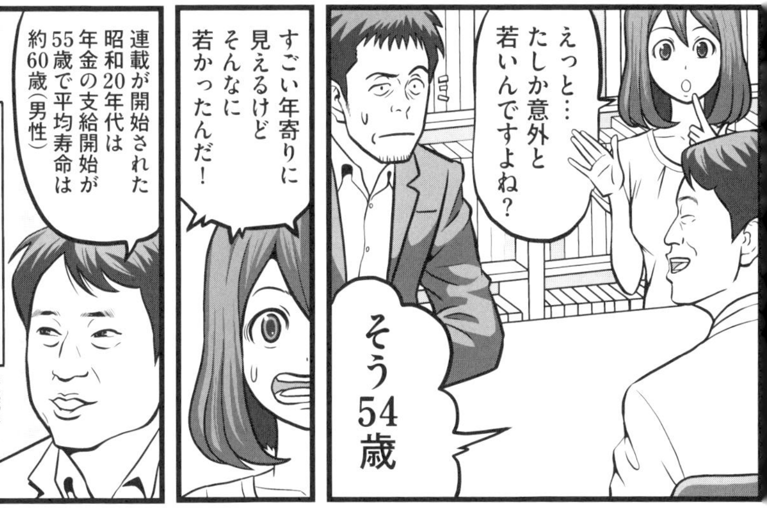
えっと…たしか意外と若いんですよね？
そう54歳
すごい年寄りに見えるけどそんなに若かったんだ！
連載が開始された昭和20年代は年金の支給開始が55歳で平均寿命は約60歳（男性）

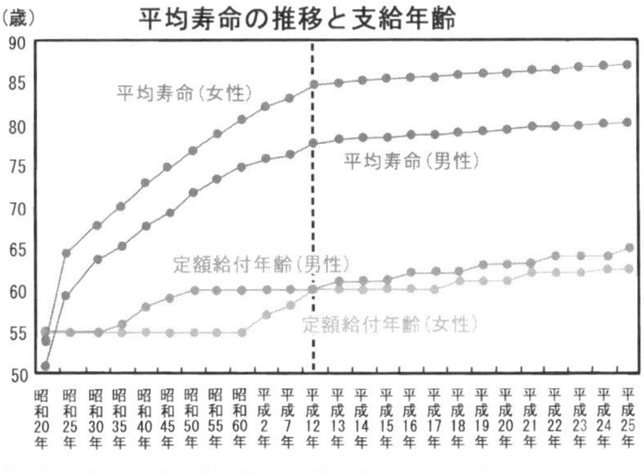
平均寿命の推移と支給年齢
（歳）
90
85
80
75
70
65
60
55
50
平均寿命（女性）
平均寿命（男性）
定額給付年齢（男性）
定額給付年齢（女性）
昭和20年 昭和25年 昭和30年 昭和35年 昭和40年 昭和45年 昭和50年 昭和55年 昭和60年 平成2年 平成7年 平成12年 平成13年 平成14年 平成15年 平成16年 平成17年 平成18年 平成19年 平成20年 平成21年 平成22年 平成23年 平成24年 平成25年

出所：平均寿命は平成25年簡易生命表

その当時は平均で年金を5年間しか支給しなくてよかったのですね
今は女性だと65歳からでも平均余命が約24年もある
いずれ70歳までは働く時代が来ます
あと45年も働かないといけないのか…

主な年齢の平均余命

年齢（歳）	男性	女性
	平成25年	平成25年
0	80.21	86.61
5	75.45	81.84
10	70.49	76.81
15	65.52	71.89
20	60.61	66.94
25	55.77	62.01
30	50.93	57.09
35	46.09	52.19
40	41.29	47.32
45	36.55	42.49
50	31.92	37.74
55	27.44	33.07
60	23.14	28.47
65	19.08	23.97
70	15.28	19.59
75	11.74	15.39
80	8.61	11.52
85	6.12	8.19
90	4.26	5.53

出所：平成25年簡易生命表

そして今は63%ある所得代替率が5割まで下がることが決まっています
「所得代替率」?
標準的な厚生年金の所得代替率
（平成26年度）
34.8万円
現役男子の手取り収入
21.8万円
夫の厚生年金 9.0万円
夫婦の基礎年金 12.8万円
所得代替率 62.7%
比例:25.9%
基礎:36.8%
現役男性の手取り平均収入に対する年金の給付水準の割合（モデル世帯）です
モデル世帯とは「専業主婦世帯」で平均的な収入で40年間働いたサラリーマンの夫と40年間ずっと専業主婦の妻の世帯のこと
モデル世帯
40年間 サラリーマン （年収約418万円）
夫
年金額約185万円 （年間）
40年間 主婦
妻
年金額約77万円 （年間）
合計額　約262万円
所得代替率　約62.7%
大雑把ですが14年度のモデル世帯の年金額は夫の年金額が年間約185万円（＝月額15・4万円）妻が年間約77万円（＝月額6・4万円）
合計約262万円（＝月額21・8万円）ですね
ただしこれはあくまでも平均で200万円未満の年金者は55%
150万円未満も40%もいます
ちなみに国民年金だけだと80万円しかもらえない
さらに今後の成長率が想定より下がると所得代替率が5割以下になる可能性もあります
年金崩壊を煽るニュースもありますが?
年金崩壊
じつは年金は厳しくはなりますが潰れることはありません
日本年金機構
支給開始年齢を遅らせ価値を減らして制度を維持するのですね
その通りです

むしろ見逃されがちですが
問題は介護と医療です
どうしてですか?
医療費の半分は70歳以上が使用しています
高齢者がさらに増えるのに払う人はどんどん減る
受付
年金と同じですね
厚生労働省の資料を見ると医療の高度化で年1～2%高齢化で年1・5%程度ずつ増えていっています
毎年着実に増加!
医療費の推移
出所:厚生労働省
保険料率は上がってますよね?
それでも若者は減って収入も増えないので全体の保険料収入は横ばいで
社会保障給付費は右肩上がりです
社会保障給付費
保険料収入
対策としては何かありませんか?
入院日数の短縮化さらに病床数を減らす
高齢者向け体操などは効果ありそうですね
でもこれぐらいでは…
抜本的な解決にはなりませんよね
医療界は利権構造も複雑でなかなか本格的に進展しない

医療費の推移	
平成7年度	約24兆円
平成22年度	36.6兆円
平成23年度	37.8兆円
平成24年度	38.4兆円
平成25年度	39.3兆円
平成26年度	40.0兆円

尊厳死についても議論されていますが？
延命治療は長期化すると費用が数百万円かかるケースがザラにあるようで尊厳死が医療費削減の観点から実現するかもしれません
ただし
あなたの保険では治療できないが尊厳死の薬はあげられます
というように二極化の象徴になりかねない
医療費削減に直接的に効くのは窓口負担の増加
負担率
資産
あとは資産に応じて負担率を変えること
いずれにしても負担が増えるんですね
福祉が充実している北欧はどうなんですか？
誤解している人が多いんだけど高福祉で有名なスウェーデンは医療費を削減するために努力をしています
なかなか診察してくれないんですよね？
そう
基本的には大病院は高度医療や専門医療に集中まずは地域の診療所にかかる必要がある地域の診療所といってもなかなか診察の予約が取れない
大病院
専門医
紹介
直接受診不可
地域の診療所
直接受診不可
まず受診
患者
風邪程度は「2～3日様子を見て……」で終わりということも多い
日本は病院を好きに選べるフリーアクセス制度ですが
スウェーデンは診療所からの紹介があって初めて大病院で受診できるのですね
いずれにせよ現状の財政の中では医療も介護も年金以上に厳しくなっていきますよ

実家に高齢の親がいる身としては今の話は切実だったな…
私も祖母が老人ホームに入っていて…
老人ホーム
あら香織来てくれたのかい…
おばあちゃん元気にしてた？ここの生活慣れた？
まあなんとかやってるよ
最初は抵抗もあったけど友だちもできたし
ここの人たち良くしてくれるし…
まあ若いもんに面倒かけたくないしね…
……
身近な問題だよな…
藤川先生が指摘したもう一つの介護も気になります
介護も専門家に話を聞こう
はい

東洋大学
介護保険が制度化されたのは２０００年です
東洋大学ライフデザイン学部准教授
高野龍昭さん
社会福祉士・介護支援専門員。島根県生まれ。医療ソーシャルワーカーとして勤務後、在宅介護支援センターでのソーシャルワーカーや居宅介護支援事業所での介護支援専門員（ケアマネジャー）としての活動を経て現職。著書多数。
意外と新しいんですね
核家族化が進み女性の社会進出が進んだため
元々あった医療と介護の高齢者支援施策を一本化しようとして介護保険制度ができたのです
介護保険の基本的な仕組みを教えてください
40歳以上の人は強制加入になります
介護保険の仕組み
市町村（保険者）
費用の９割分の支払い
請求
サービス事業者
１割負担
サービス利用
保険料 年金から天引き
健康保険料
第1号被保険者 65歳以上
第2号被保険者 40歳～64歳
被保険者（40歳以上強制加入）
出所：厚労省資料をもとに作成
介護保険料は65歳以上の人は年金から天引き
64歳までは保険料は健康保険料と一緒に徴収されます
会社によって給与明細の健康保険料に含まれるケースと別に項目を立てる会社があります
支払った保険料が介護に使われるわけですね？
実際の介護は半分が介護保険料半分が税金で支払われます
介護保険制度の財源構成
＊2015～2017年度分
調整交付金 5%
国庫負担金 20%
都道府県負担金 12.5%
市町村負担金 12.5%
第１号保険料 22%
第２号保険料 28%
保険料 50%
公費 50%
介護保険料はいくらぐらい取られるのですか？
所得に応じて違いますが直近は全国平均で月に５１５０円
現役世代も65歳以上もほぼ同じと考えてください

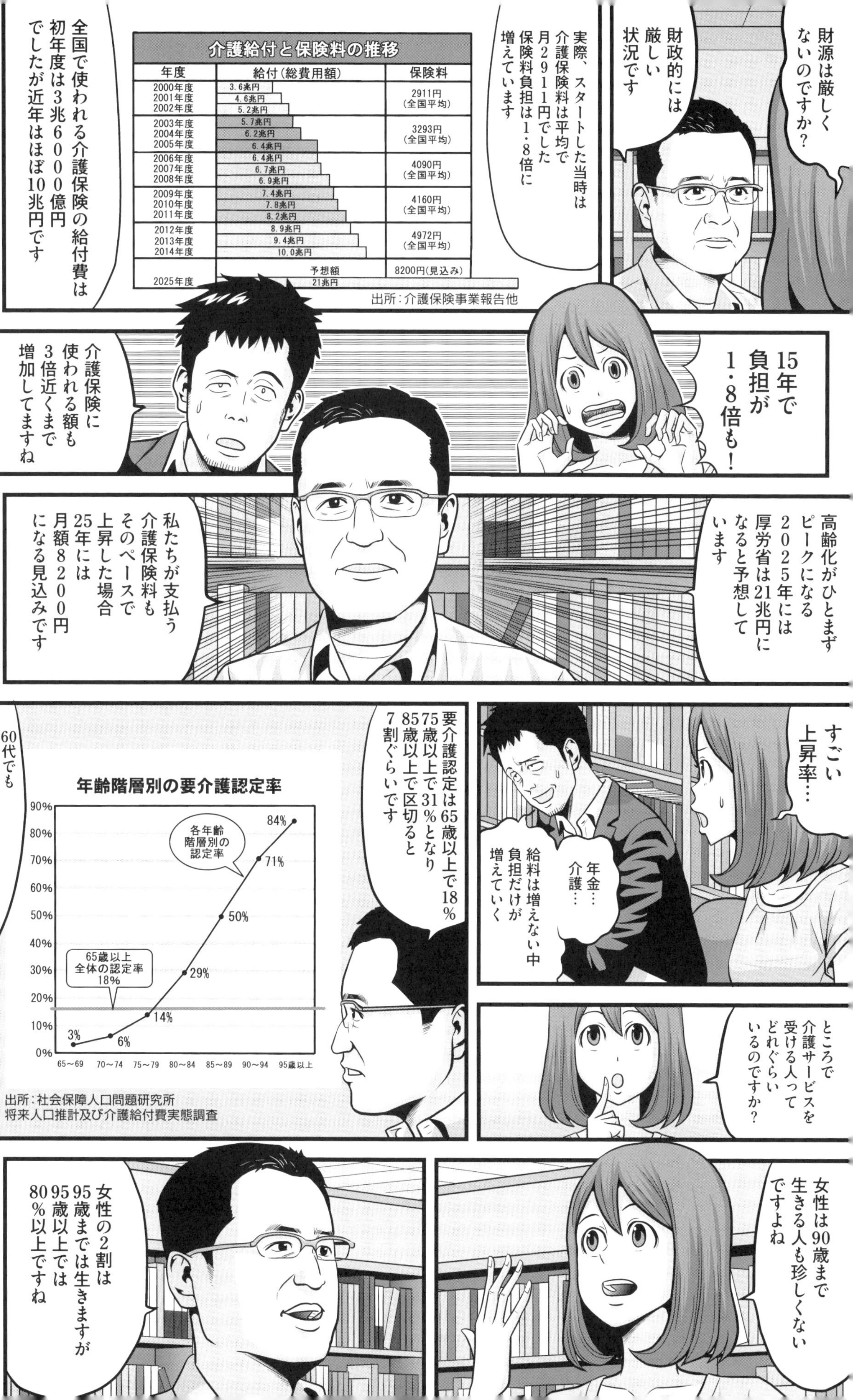
財源は厳しくないのですか?
財政的には厳しい状況です
実際、スタートした当時は介護保険料は平均で月2911円でした 保険料負担は1・8倍に増えています
全国で使われる介護保険の給付費は初年度は3兆6000億円でしたが近年はほぼ10兆円です
介護給付と保険料の推移

年度	給付（総費用額）	保険料
2000年度	3.6兆円	2911円（全国平均）
2001年度	4.6兆円	
2002年度	5.2兆円	
2003年度	5.7兆円	3293円（全国平均）
2004年度	6.2兆円	
2005年度	6.4兆円	
2006年度	6.4兆円	4090円（全国平均）
2007年度	6.7兆円	
2008年度	6.9兆円	
2009年度	7.4兆円	4160円（全国平均）
2010年度	7.8兆円	
2011年度	8.2兆円	
2012年度	8.9兆円	4972円（全国平均）
2013年度	9.4兆円	
2014年度	10.0兆円	
2025年度	予想額 21兆円	8200円（見込み）

出所：介護保険事業報告他
15年で負担が1・8倍も!
介護保険に使われる額も3倍近くまで増加してますね
高齢化がひとまずピークになる2025年には厚労省は21兆円になると予想しています
私たちが支払う介護保険料もそのペースで上昇した場合25年には月額8200円になる見込みです
すごい上昇率…
年金…介護…
給料は増えない中負担だけが増えていく
ところで介護サービスを受ける人ってどれぐらいいるのですか?
要介護認定は65歳以上で18% 75歳以上で31%となり85歳以上で区切ると7割ぐらいです
年齢階層別の要介護認定率
90%
80%
70%
60%
50%
40%
30%
20%
10%
0%
各年齢階層別の認定率
65歳以上全体の認定率18%
3%
6%
14%
29%
50%
71%
84%
65～69
70～74
75～79
80～84
85～89
90～94
95歳以上
出所：社会保障人口問題研究所
将来人口推計及び介護給付費実態調査
60代でも介護を他人事と思っている人がいますがまったく他人事ではないのです
女性は90歳まで生きる人も珍しくないですよね
女性の2割は95歳までは生きますが95歳以上では80%以上ですね

国からの財源も増加しますが大丈夫なのでしょうか？
国の借金が多いのはご存じのとおりそのためたびたび介護保険の制度が見直されています
負担が増えるということですか？
以前は誰でも1割の負担で介護サービスを受けられました
第1号被保険者
本人の合計所得金額が160万円以上
下記以外の場合
2割負担
同一世帯の第1号被保険者の年金収入＋その他の合計所得金額 ＜ 単身:280万円 2人以上:346万円
1割負担
本人の合計所得金額が160万円未満
1割負担
出所：厚労省資料をもとに作成
ところが15年の8月から一定以上の所得がある人は2割負担になります
2倍ですね
だいたい高齢者全体の収入の上位2割で線を引いたようです
医療も介護も給付の範囲が狭まる一方で負担は増えていくのですね
他にも変更点はありますか？
個人の所得だけでなく今後は配偶者の収入や資産がある人からはたくさん負担額を払ってもらう流れとなってきました
フロー（収支）だけでなくストック（資産）も見るわけですね
フロー（収入）
ストック（資産）
フロー（支出）
現在は介護が必要な状態の高齢者の資産を把握するのは難しいですが
個人番号
マイナンバー制が機能すると本人の申請なしに確認でき、実現度が高まります
今の高齢者はお金を持っているといいますが…
はいおこづかい
政府は高齢者世帯は2000万円近く金融資産があるといいますがあくまでも平均です
60歳以上の世帯の金融資産
平均値 2467万円
中央値 1649万円
中央値とは貯蓄額を並べた時に中央に位置する世帯の数字
一方で・・・
貯蓄100万円以下も6%超
生活保護世帯も増加中！
二極化が進展！
出所：総務省の2014年の家計調査「貯蓄・負債編」
多くの高齢者にとっては月数万円の負担でも厳しい

介護サービスを受けるにはどうすればいいのですか？
介護保険課
窓口
まずは区市町村に申請を出して要介護認定を受ける必要があります
主治医の意見書と心身の状態に関する調査などをもとに判定されます
主治医意見書
介護保険
要介護認定・要支援認定
要介護更新認定・要支援更新認定
申請書
介護レベルによって使える枠が違うわけですね？
要介護度が重いほど月あたりたくさんの介護サービスが使えます
要介護・要支援の区分
重くなる

	状態	支給限度額（月額）
要支援1	一部に支援が必要 介護サービスを適応に利用すれば 心身の機能の改善が見込まれる	5003単位
要支援2	要介護１と同様だが、介護サービスを 適応に利用すれば心身の 機能の改善が見込まれる	10473単位
要介護1	立ち上がりや歩行が不安定 排せつや入浴に部分的な介護が必要	16692単位
要介護2	立ち上がりや歩行が自力では困難 排せつや入浴に一部または 全面的な介助が必要	19616単位
要介護3	立ち上がりや歩行が自分ではできない 排せつや入浴、衣服の着脱の 全面的介護が必要	26931単位
要介護4	日常生活のうえでの能力の低下が みられ、排せつや入浴など全般に 全面的な介助が必要	30806単位
要介護5	日常生活全般に介助が必要 意思の伝達が困難な場合も含む	36065単位

1単位は10円が原則
参考：高野龍昭『これならわかるスッキリ図解 介護保険第2版』（翔泳社）
認定調査の時にきちんと状況を伝えることが重要です
それだけで不足することはないのですか？
もちろんあります
月あたりの限度額を超えた部分のサービスは全額が自己負担になります
他の安価なサービスを探す方もいます
具体的に教えてください
例えば社会福祉協議会からボランティアを紹介してもらうなどがあります
介護も格差…ですね
財務省では将来的には要介護2までは介護保険から外すという議論が本格的に始まっています
数年のうちに政府はその実現に向けて動き出すはずです
財務省
先生のような専門家から見てどうなんでしょうか？
トンデモナイ話だと思う一方で財政的な面を考えると致し方ない面もあります
要介護2までは地域のボランティアにお願いするか自分の財布を使って自費で介護サービスを使うか
それができないと
介護難民化することも否めません
ゴ
ゴ
ゴ
ゴ

難民化…
うちのおばあちゃんは恵まれてるほうなのかなぁ…
要介護度の軽度の人は専門家よりも地域のボランティアや一般企業によるサービスなどの安いサポートでという政策も進行しようとしています
「かかりつけ医」や「ゲートキーパー制」みたいなものですね
その通りです
あ…医療と同じだ
要支援までは安いサービスを各自治体・地域で作って自宅で暮らしましょうという方向に進むはずです
自宅で介護できなくなった場合はどうなりますか？
入所施設にはいろいろありますが特別養護老人ホーム（特養）のベッド数は50万
一方で特養の入所待ちの人は52万人いて3～4年の待機が必要となっています
特別養護老人ホー
ダイヤモンド
えっ！
とりあえず仕方なく費用が高い有料老人ホームに入所しても長期間いるには高額なお金が必要です
そのため法定外の行政が関与しない劣悪な環境の老人アパートに入り虐待を受けているような事件もしばしば起こっています
最近在宅死がすすめられていますがそれも関係していますか？
いやむしろそれは医療機関のベッド数との関連ですね
死亡者数が1980年以降増え続け、2030年には170万人になります。医療機関のベッドの整備が困難だという背景が関係していますね
死亡者数の年次推移と将来推計
実績
推計
180万人
160万人
140万人
120万人
100万人
80万人
60万人
40万人
20万人
1975
1980
1985
1990
1995
2000
2005
2010
2015
2020
2025
2030
（年）
出所：厚労省「人口動態統計」。2015年以降は国立社会保障・人口問題研究所「人口統計資料集（2006年度版）」から厚労省が推計
人口の多い団塊の世代が死亡年齢になるわけですね

当然ベッド数が不足しますが政府はむしろ病院のベッド数を減らす方向です
医療費を抑えるために自宅や老人ホームでという啓発をしているともいえます
特養を増やさないといけませんね
いや国は特養をさほど増やす気はないし介護保険の給付は絞る方向です
ザザ…
ええっ…
そんな…
このままでは劣悪な環境で虐待を受ける人や
行き場のない介護難民が増えてしまいます
ゴゴゴゴ
つづく

EPISODE❹
超高齢化社会の現実化で
介護難民が深刻化する日のまとめ

1 要介護認定は75歳以上で31%。
85歳以上だと7割程度。
決して他人事ではない。

---

2 特別養護老人ホームの入所には
3〜4年の待機が必要な場合も。

---

3 国は介護給付を絞る方向で
行き場のない介護難民が
増える可能性が高い。

EPISODE 5

家族の介護の日常化で老後の貯金が消える日

介護離職や自宅での介護へのこだわりは捨てよ！

このままでは劣悪な環境で虐待を受ける人や
行き場のない介護難民が増えてしまいます
でも対策は難しい…
特に都会では
特養（特別養護老人ホーム）は増えていかないでしょうね
特別養護老人ホーム
ダイヤモンド苑
特養は15年4月から入所するための条件が要介護3以上になったと聞きましたが？
特養の数は増えないけど要介護3以上の人は入りやすくはなるってことですか？
確かに条件が厳しくなったのですが
東洋大学ライフデザイン学部准教授
高野龍昭さん
社会福祉士・介護支援専門員。島根県生まれ。医療ソーシャルワーカーやケアマネジャーとして勤務後、現職。著書多数。
何かが極端に変わるとは思えません
すでに「特養の入所は優先度を考えるように」という趣旨の通達が出ていて
今までも要介護3以上など特に介護が必要な方を優先していたのです
中央合同庁
内閣府
厚生労働省
社会保険庁
環境省
大まかな目安として要介護2とはギリギリ自分で歩けるがお風呂は1人では難しいというレベルで
要介護3は車いすが必要というレベルです
特養以外の施設はどうなんでしょうか?
介護付きの施設について教えてください

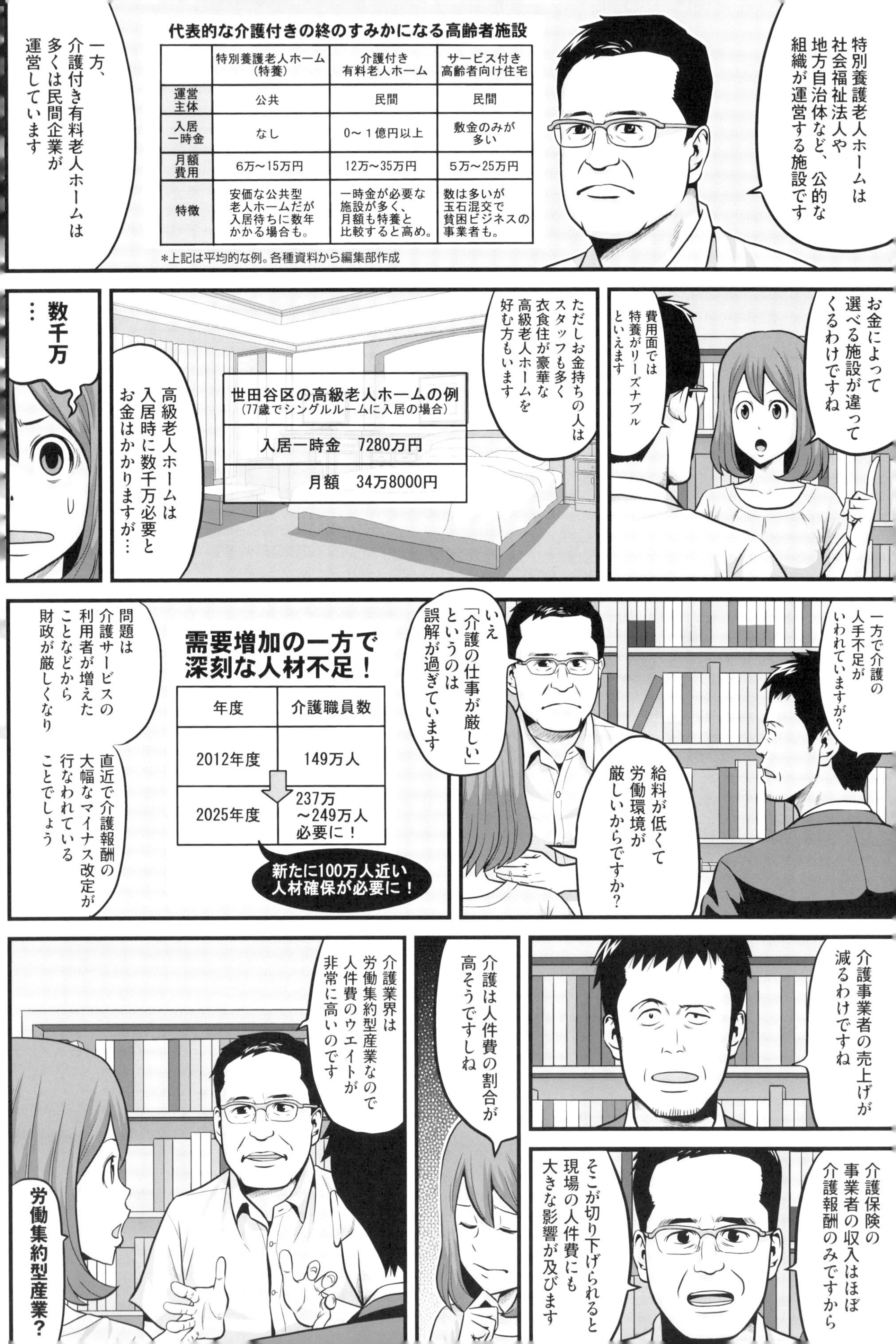
特別養護老人ホームは社会福祉法人や地方自治体など、公的な組織が運営する施設です
代表的な介護付きの終のすみかになる高齢者施設

	特別養護老人ホーム（特養）	介護付き有料老人ホーム	サービス付き高齢者向け住宅
運営主体	公共	民間	民間
入居一時金	なし	0～１億円以上	敷金のみが多い
月額費用	6万～15万円	12万～35万円	5万～25万円
特徴	安価な公共型老人ホームだが入居待ちに数年かかる場合も。	一時金が必要な施設が多く、月額も特養と比較すると高め。	数は多いが玉石混交で貧困ビジネスの事業者も。

＊上記は平均的な例。各種資料から編集部作成
一方、介護付き有料老人ホームは多くは民間企業が運営しています
お金によって選べる施設が違ってくるわけですね
費用面では特養がリーズナブルといえます
ただしお金持ちの人はスタッフも多く衣食住が豪華な高級老人ホームを好む方もいます
世田谷区の高級老人ホームの例
（77歳でシングルルームに入居の場合）

入居一時金	7280万円
月額	34万8000円

高級老人ホームは入居時に数千万必要とお金はかかりますが…
数千万…
一方で介護の人手不足がいわれていますが?
給料が低くて労働環境が厳しいからですか?
いえ「介護の仕事が厳しい」というのは誤解が過ぎています
問題は介護サービスの利用者が増えたことなどから財政が厳しくなり
直近で介護報酬の大幅なマイナス改定が行なわれていることでしょう
需要増加の一方で深刻な人材不足！

年度	介護職員数
2012年度	149万人
2025年度	237万～249万人必要に！

新たに100万人近い人材確保が必要に！
介護事業者の売上げが減るわけですね
介護保険の事業者の収入はほぼ介護報酬のみですから
そこが切り下げられると現場の人件費にも大きな影響が及びます
介護は人件費の割合が高そうですしね
介護業界は労働集約型産業なので人件費のウエイトが非常に高いのです
労働集約型産業?

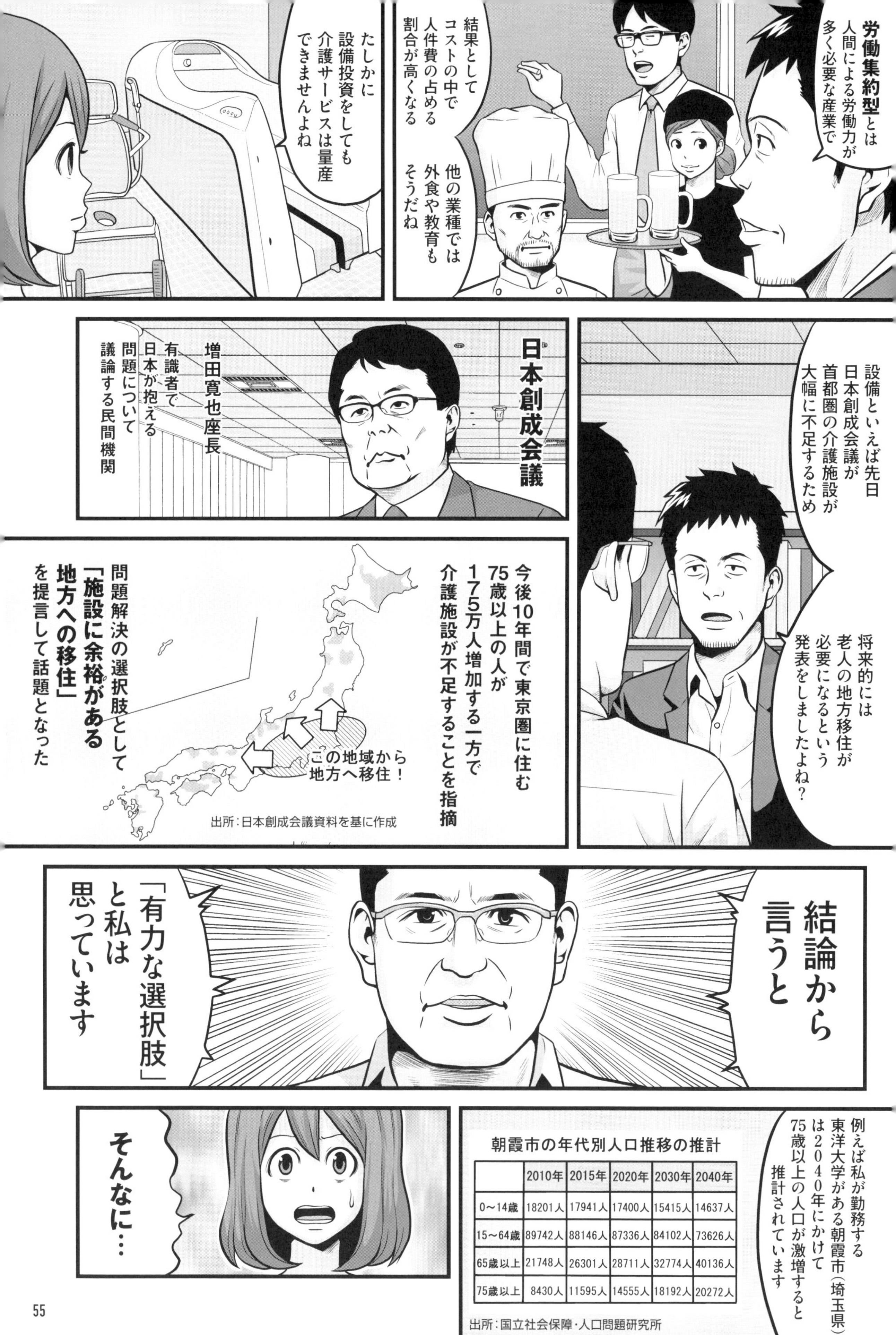

労働集約型とは
人間による労働力が
多く必要な産業で
結果として
コストの中で
人件費の占める
割合が高くなる
他の業種では
外食や教育も
そうだね
たしかに
設備投資をしても
介護サービスは量産
できませんよね
設備といえば先日
日本創成会議が
首都圏の介護施設が
大幅に不足するため
将来的には
老人の地方移住が
必要になるという
発表をしましたよね？
日本創成会議
増田寛也座長
有識者で
日本が抱える
問題について
議論する民間機関
今後10年間で東京圏に住む
75歳以上の人が
175万人増加する一方で
介護施設が不足することを指摘
この地域から
地方へ移住！
問題解決の選択肢として
「施設に余裕がある
地方への移住」
を提言して話題となった
出所：日本創成会議資料を基に作成
結論から
言うと
「有力な選択肢」
と私は
思っています
例えば私が勤務する
東洋大学がある朝霞市（埼玉県）
は2040年にかけて
75歳以上の人口が激増すると
推計されています
朝霞市の年代別人口推移の推計
そんなに…

	2010年	2015年	2020年	2030年	2040年
0～14歳	18201人	17941人	17400人	15415人	14637人
15～64歳	89742人	88146人	87336人	84102人	73626人
65歳以上	21748人	26301人	28711人	32774人	40136人
75歳以上	8430人	11595人	14555人	18192人	20272人

出所：国立社会保障・人口問題研究所

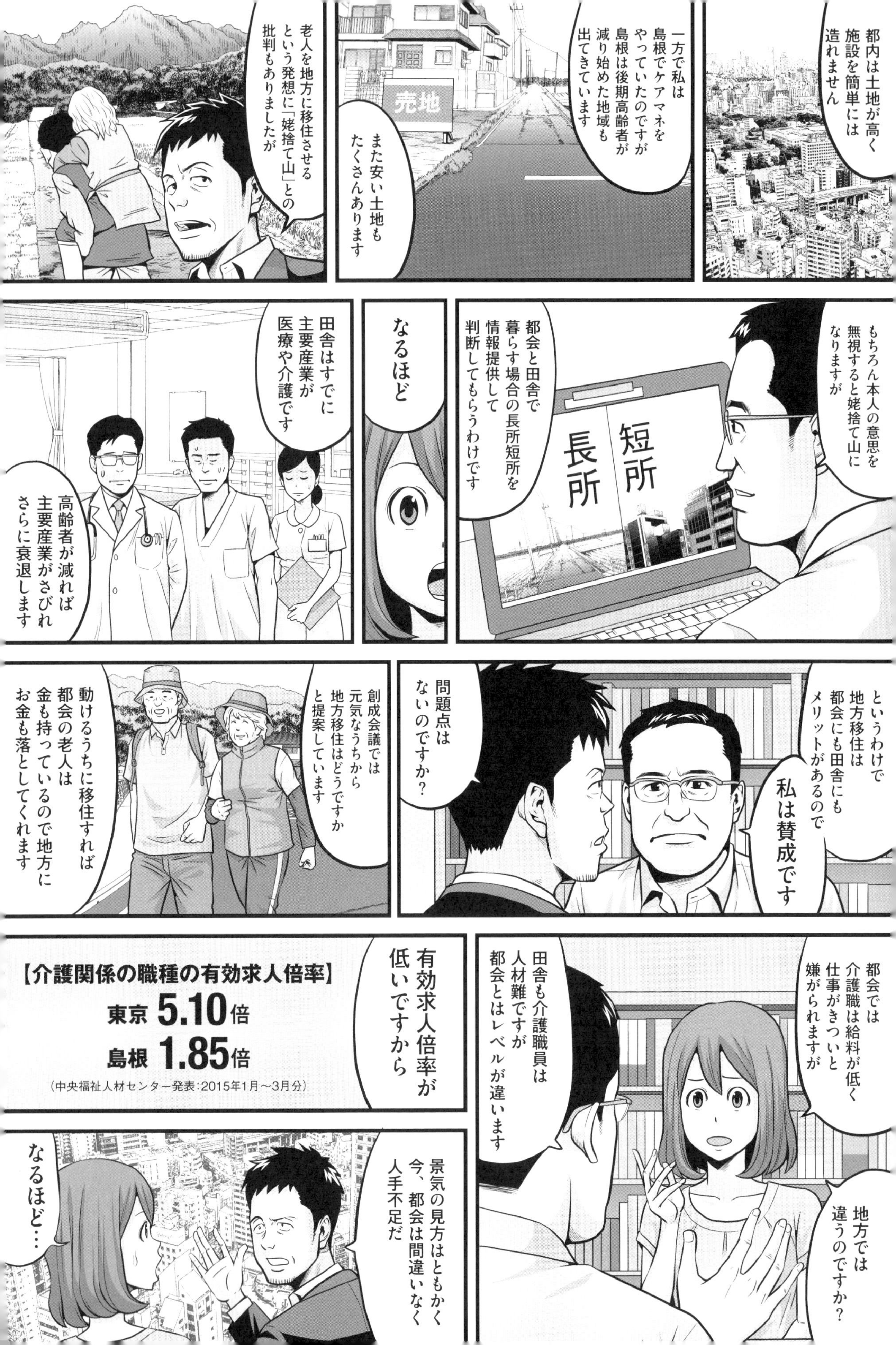
都内は土地が高く施設を簡単には造れません
一方で私は島根でケアマネをやっていたのですが島根は後期高齢者が減り始めた地域も出てきています
売地
また安い土地もたくさんあります
老人を地方に移住させるという発想に「姥捨て山」との批判もありましたが
もちろん本人の意思を無視すると姥捨て山になりますが
短所
長所
都会と田舎で暮らす場合の長所短所を情報提供して判断してもらうわけです
なるほど
田舎はすでに主要産業が医療や介護です
高齢者が減れば主要産業がさびれさらに衰退します
というわけで地方移住は都会にも田舎にもメリットがあるので
私は賛成です
問題点はないのですか?
創成会議では元気なうちから地方移住はどうですかと提案しています
動けるうちに移住すれば都会の老人は金も持っているので地方にお金も落としてくれます
都会では介護職は給料が低く仕事がきついと嫌がられますが
田舎も介護職員は人材難ですが都会とはレベルが違います
地方では違うのですか?
有効求人倍率が低いですから
【介護関係の職種の有効求人倍率】
東京 5.10倍
島根 1.85倍
(中央福祉人材センター発表:2015年1月〜3月分)
景気の見方はともかく今、都会は間違いなく人手不足だ
なるほど…

若い人が増えて国の経済が活性化しないと負担が増え受益が減る流れは止まりません
高齢化の問題は少子化の問題でもあるわけで
子育て支援
子育て支援にも力を入れる必要があります
全部が連鎖しているんですね
ただ、あれもこれも対策をするには財源がいくらあっても足りない
寿命が延びているかぎり介護ニーズは増加します
多くの人が受けるわけですからそれを前提に生活設計しないといけません
私たち現役世代にアドバイスがあれば教えてください
1つは健康寿命を延ばすことです
運動や食事の節制で介護が必要な時期を少しでも後ろにずらせます
もし介護が必要になったら？
早めに行政や介護の専門家に相談を
そのほうが悪化するリスクも少なくなります
改善することもあるのですか？
介護サービスを早めに使うとよくなるケースも珍しくありません
年々現場の介護技術も発達しています
介護勉強会
認知症も治らないとしても適切な対応策がわかります
相談機関としては各地域にある地域包括支援センターやケアマネです
地域包括支援センター
ケアマネジャー（介護支援専門員）は適切な介護サービスが受けられるように調整する公的資格のこと
利用者
①依頼
②アセスメント ケアプランについて同意
ケアマネジャー
③ケアプラン作成
④ケアプラン交付
④ケアプラン交付
⑥個別サービス計画について説明・同意
⑦サービス提供
⑧自己負担を支払う
居宅サービス事業者
⑤個別サービス計画作成
②ケアプランの内容について調整
お年寄りや家族の相談に対応して介護事業者との調整をします
出所：厚労省資料から作成

誰にも相談せずに抱え込んで無理をすると
ゴッゴッ
家族が疲弊し
最悪なケースでは
ゴッゴッ
ゴッゴッゴッ
虐待につながります
そんなのいやです！
やはりプロに相談するのが一番ってことか…
特に日本ケアマネジメント学会の認定ケアマネがオススメです
全国に700人ほどいますが研修や面接の試験をクリアしていて技術的にも一定程度信頼できます
いろいろ勉強になりました…
寿命が延びれば延びるほど介護期間は長くお金がかかる…
前回の藤川さんの話では
現在の40代半ばより下は支給開始年齢が70歳
さらに支給額の2割カット程度は覚悟しないといけません
自分事として考えないとダメなんだろうな…
介護かぁ…

介護は特別なことではなく生活です
だから2番目
まず生活費を貯めないといけない優先順位はその次以降です
WINKS 代表取締役
山田静江さん
1級ファイナンシャル・プランニング技能士／CFP。NPO法人ら・し・さ副理事長。都市銀行、会計事務所などを経て独立。企業向け研修やセミナー講師の実績も豊富。『人生の引き継ぎを考える方にアドバイスしたい70のこと』（きんざい）など著書多数。
まずは老後資金ですね
夫婦で年金が月に＊25万円ある人だったら
最低でも2000万円ぐらいは用意しておきましょう
特に女性は男性より寿命が長く骨粗鬆症の問題もあるため介護を受ける確率が高いですね
平均寿命の年齢（87歳）で約半分が要介護状態です
50%…
＊男性が16.5万円、女性が8.5万円の事例
親の介護が必要になった場合どうすればいいですか？
まず大事なのは自分の生活の基盤を守ること
いくら介護が深刻になっても会社をやめてはいけません
自分が面倒を見ることで介護費用を節約できてもですか？
目先の介護費用が節約できても、50代で会社をやめてしまえば再就職は厳しいです
介護費用＞給料
ハローワーク
自分のライフプランが狂ってしまいます
不幸にも会社をやめた直後に親が亡くなられるケースもあります

他にポイントはありますか？
実家が遠いなら交通費など間接的な介護費用もかさみます
例えば東京に住んでいて実家が九州の人の場合
月に2回の往復で飛行機代が10万円近くかかることもあります
階段やお風呂など自宅のバリアフリー化にも当然ながらお金がかかります
交通費にリフォーム代…
直接的な介護以外のお金も発生する訳ですね
最も大切なのはきちんと情報を入手すること
有料老人ホームにしても値段も介護レベルもいろいろです
コツはありますか？
たとえば都内から埼玉や千葉に選択肢を広げるだけで全然違います
選択肢の範囲を広げる
平日は施設で週末家に連れ帰ることもできますよ
日本創成会議では高齢者の地方移住がすすめられていました
土地代が安いので家賃などの
居住費が安くなります人件費も安いですし
人材難の問題も大きいです介護職の平均年収は首都圏だと平均よりずっと低いのですが
都道府県別平均年収
1位 東京都 612万円
2位 神奈川県 544万円
35位 島根県 394万円
44位 秋田県 364万円
47位 沖縄県 339万円
出所：厚労省の平成26年賃金基本統計調査から編集部作成
地方だと首都圏ほど差がなくいい人材が集まりやすいそうです

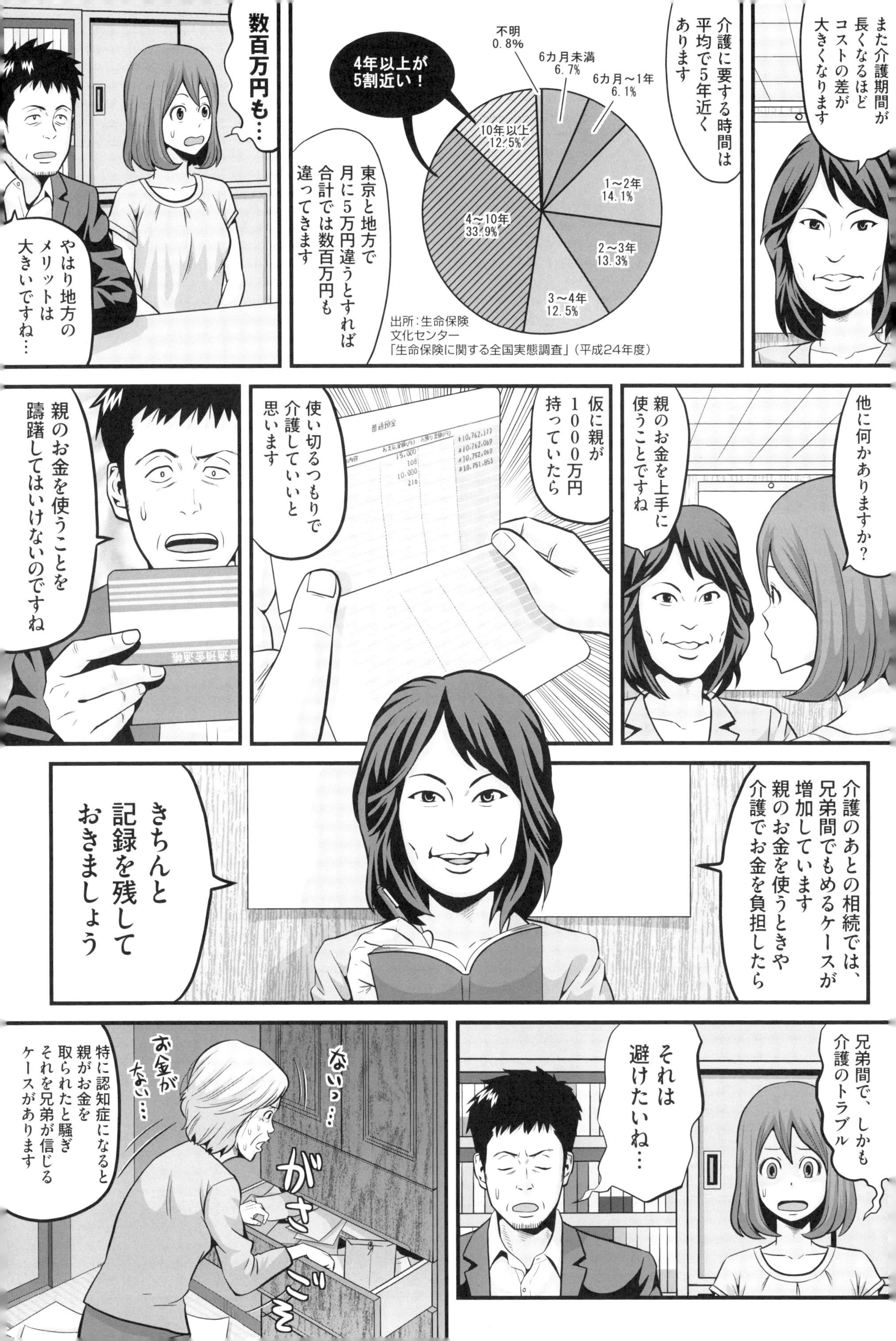

また介護期間が長くなるほどコストの差が大きくなります
介護に要する時間は平均で5年近くあります
不明 0.8%
6カ月未満 6.7%
6カ月～1年 6.1%
1～2年 14.1%
2～3年 13.3%
3～4年 12.5%
4～10年 33.9%
10年以上 12.5%
4年以上が5割近い！
出所：生命保険文化センター「生命保険に関する全国実態調査」（平成24年度）
東京と地方で月に5万円違うとすれば合計では数百万円も違ってきます
数百万円も…
やはり地方のメリットは大きいですね…
他に何かありますか?
親のお金を上手に使うことですね
仮に親が1000万円持っていたら
使い切るつもりで介護していいと思います
普通預金
親のお金を使うことを躊躇してはいけないのですね
介護のあとの相続では、兄弟間でもめるケースが増加しています 親のお金を使うときや介護でお金を負担したら
きちんと記録を残しておきましょう
兄弟間で、しかも介護のトラブル
それは避けたいね…
特に認知症になると親がお金を取られたと騒ぎそれを兄弟が信じるケースがあります
ないっ…
お金がない…
がさごそ

アイツがお金をとった…
ちょっと兄さん
母さんのお金どうしたのよ?
え?….
いやおれは介護にしか使ってないから…
ほんとに?
というような時記録が役に立つわけですね
もちろん自分が負担した金額も記録しましょう
とにかくメモですね
認知症が進んで財産管理が必要になった場合には成年後見人制度を検討しましょう
成年後見人
保護と支援
協議をする時
財産の管理
契約をする時
不埒な子どもや詐欺などの犯罪から親の財産を守ることができます
兄弟間での話し合いも大事ですね
誰かひとりに押し付けるのではなく
介護サービスや施設をうまく使いながら面倒をみることがオススメです
ただし施設に預けっぱなしはダメ
家族が頻繁に見に行ってサービスや親の状態を確認しましょう
いつもお世話になってます
こちらこそ〜
頻繁な訪問は虐待の防止にもつながります

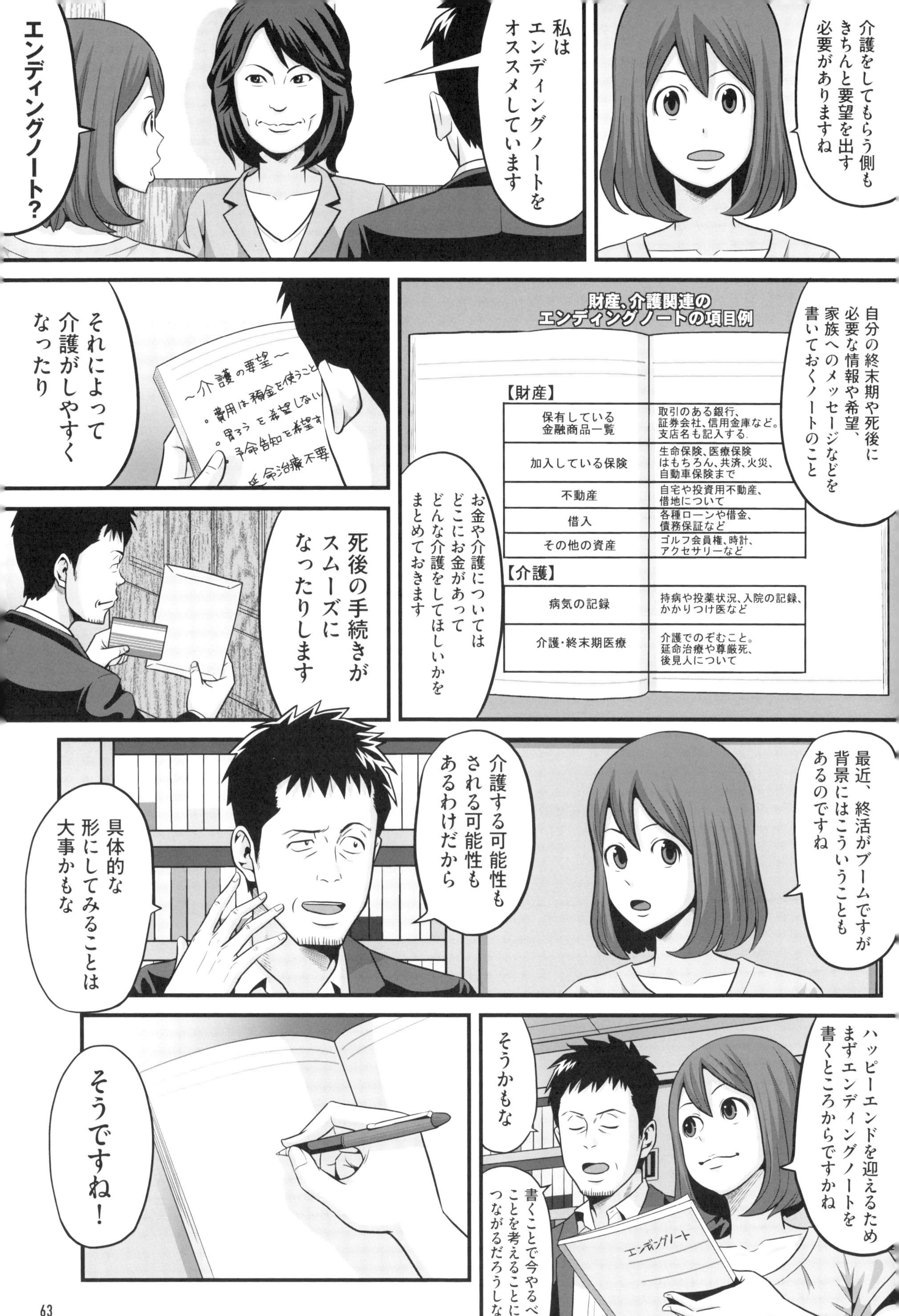
介護をしてもらう側も
きちんと要望を出す
必要がありますね
私は
エンディングノートを
オススメしています
エンディングノート?
自分の終末期や死後に
必要な情報や希望、
家族へのメッセージなどを
書いておくノートのこと
財産、介護関連の
エンディングノートの項目例

【財産】	
保有している金融商品一覧	取引のある銀行、証券会社、信用金庫など。支店名も記入する。
加入している保険	生命保険、医療保険はもちろん、共済、火災、自動車保険まで
不動産	自宅や投資用不動産、借地について
借入	各種ローンや借金、債務保証など
その他の資産	ゴルフ会員権、時計、アクセサリーなど
【介護】	
病気の記録	持病や投薬状況、入院の記録、かかりつけ医など
介護・終末期医療	介護でのぞむこと。延命治療や尊厳死、後見人について

お金や介護については
どこにお金があって
どんな介護をしてほしいかを
まとめておきます
〜介護の要望〜
それによって
介護がしやすく
なったり
死後の手続きが
スムーズに
なったりします
最近、終活がブームですが
背景にはこういうことも
あるのですね
介護する可能性も
される可能性も
あるわけだから
具体的な
形にしてみることは
大事かもな
ハッピーエンドを迎えるため
まずエンディングノートを
書くところからですかね
そうかもな
書くことで今やるべき
ことを考えることにも
つながるだろうしな
エンディングノート
そうですね!

EPISODE ❺

家族の介護の日常化で老後の貯金が消える日のまとめ

1 都市部の介護施設不足は深刻で、高齢者の地方移住が有力な選択肢に。

2 自宅のバリアフリー化や帰省代など直接的な費用以外にもお金がかかる。

3 トラブル回避のためにもエンディングノートを活用しよう。

EPISODE 6

脱・東京集中を目指す地方創生政策が失敗する日

NY、ロンドンなどとの都市間競争に東京が勝つことが日本を救う!

訪日外国人も増えて都心は活気がありますね
渋谷
しぶや
Shibuya
新国立競技場やエンブレム問題などいろいろあったけど
オリンピックに向けての投資も見込まれている
会社の近くでも渋谷の再開発が進行中です
ただ少子化や財政難の中で何に投資すべきかというのは難しい
地方は厳しいですよね…
政府が取り組む地方創生も大事だが
まち・ひと・しごと創生本部事務局
補助金の無駄使いとの批判もある
これからの都市計画について聞きにいきましょう!
少子化と財政難の中での都市計画か…

都市といってもいろいろあります
まず大前提として日本は2010年に人口がピークを打った後人口減少社会に移行しています
MEIJI
UNIVE

明治大学専門職大学院長
市川宏雄さん

公共政策大学院ガバナンス研究科長。一級建築士。世界の都市間競争下での戦略を描く第一人者。森記念財団「都市戦略研究所」理事。近著に『東京2025―ポスト五輪の都市戦略』(東洋経済新報社)、『東京一極集中が日本を救う』(ディスカヴァー・トゥエンティワン)。

TOKYO
2025
東京一極集中が日本を救う
市川宏雄

2050年には1億人を割るといわれています
ただし東京圏は今後10年間ぐらいは人口増加が続きますし明確に減り始めるのは早くても2025年頃です
日本全体では人口が減るが
首都圏はしばらく人口増が続くわけですね
東京圏は2030年が現在と同じぐらいの人口です
2030年からは全国どこでも人口が減っていきます
東京の本格減少は2030年から
(万人)
1400
1300
1200
1100
1000
900
800
700
600
500
人口
2010
2015
2020
2025
2030
2035
2040
(年)
出所：国立社会保障・人口問題研究所
つまり今後15年間とそれ以降の都市計画は違うのです
2030年までの15年間について教えてください
東京はオリンピックに向けて開発意欲が旺盛です
世界の目も向いて景気もよくなっています
この流れは2018年までは続くはずです
なぜ18年なのですか？
18年からは「オリンピック後」が視野に入ってきます
東京五輪
選手村跡
18年の時点で海外からの投資が旺盛であればいいですがそうでないと20年以降は供給過多になる不安が出てきます
開発によって需給バランスが崩れるのですね

西暦	人口(万人)
2010年	1315
2015年	1334
2020年	1331
2025年	1317
2030年	1295
2035年	1266
2040年	1230

今の大規模開発の多くは2025年前後に完成します
三菱地所が東京駅北側に390メートルの巨大ビルを造ることを発表しました
390メートル！
オリンピックが終わって5年後ですがかなりの供給量ですから
これに耐えられるかどうかは今後数年間の海外からの投資動向によります
そのために何が必要ですか？
規制緩和を順調に進めて国家戦略特区を成功させる必要があります
規制緩和が中途半端だと投資がそれほど伸びないで成長が期待通りにいかない心配が出てきます
世界の都市と比較して東京はどうなんでしょうか
私も作成に関係している「世界の都市総合力ランキング」では
東京は3位
08年以降、トップ4の顔ぶれに変更はありませんが16年はパリを抜いて3位になりました

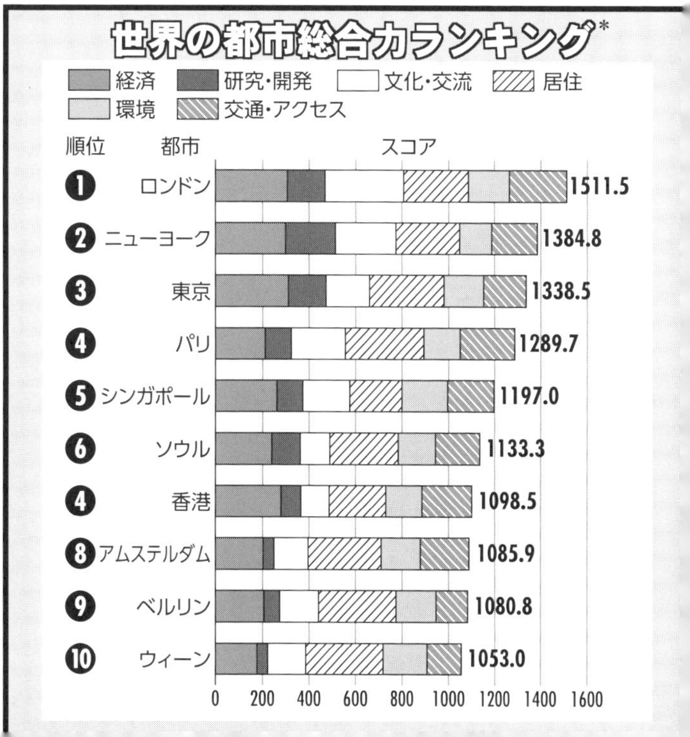
世界の都市総合力ランキング*
経済
研究・開発
文化・交流
居住
環境
交通・アクセス
順位
都市
スコア
1 ロンドン 1511.5
2 ニューヨーク 1384.8
3 東京 1338.5
4 パリ 1289.7
5 シンガポール 1197.0
6 ソウル 1133.3
4 香港 1098.5
8 アムステルダム 1085.9
9 ベルリン 1080.8
10 ウィーン 1053.0
0
200
400
600
800
1000
1200
1400
1600

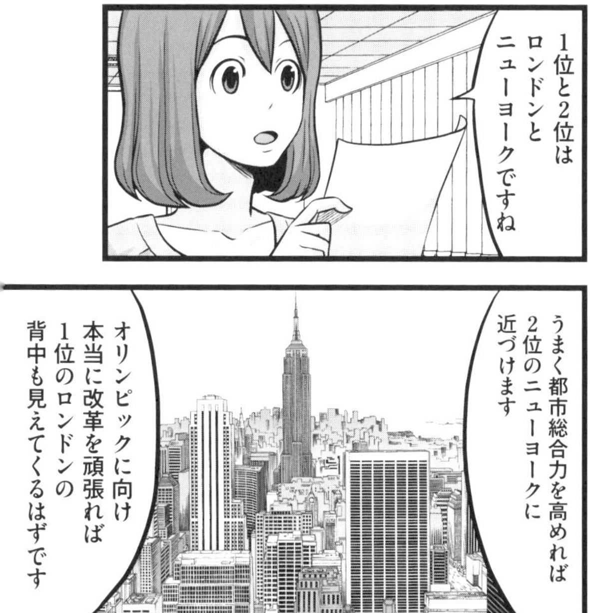
1位と2位はロンドンとニューヨークですね
うまく都市総合力を高めれば2位のニューヨークに近づけます
オリンピックに向け本当に改革を頑張れば1位のロンドンの背中も見えてくるはずです

出所：世界の都市総合力ランキング2016
（森記念財団都市戦略研究所）

東京の強い部分はどこですか？
人口と経済規模は都市としては世界トップです
都市圏別GDP（10億US＄）
1 東京 1,520.0
2 ニューヨーク 1,210.0
3 ロサンゼルス 786.7
4 ソウル-仁川 773.9
5 ロンドン 731.2
都市内の交通サービスも強い
逆に東京が弱いのは文化・交流
海外からの旅行者が増えて毎年順位を上げていますがまだ5位です
最近羽田空港が本格的に国際化しましたが
特に国際線の海外都市への接続数はロンドンの半分
徐々に増えているのは羽田の国際化が始まったからです
Depart
オリンピックまでに現在の羽田の国際線の発着を年間9万回から13万回に増やします
だいぶ便利になりますね
規制緩和が進み海外の投資が容易になるとそれを見てますます投資が増加
羽田を中心とした国際化が進展して東京の魅力度が向上します
戦略特区が関係してきそうですね
東京ではアジアヘッドクォーター特区として5つのエリアが指定されています
5つもあるんですね

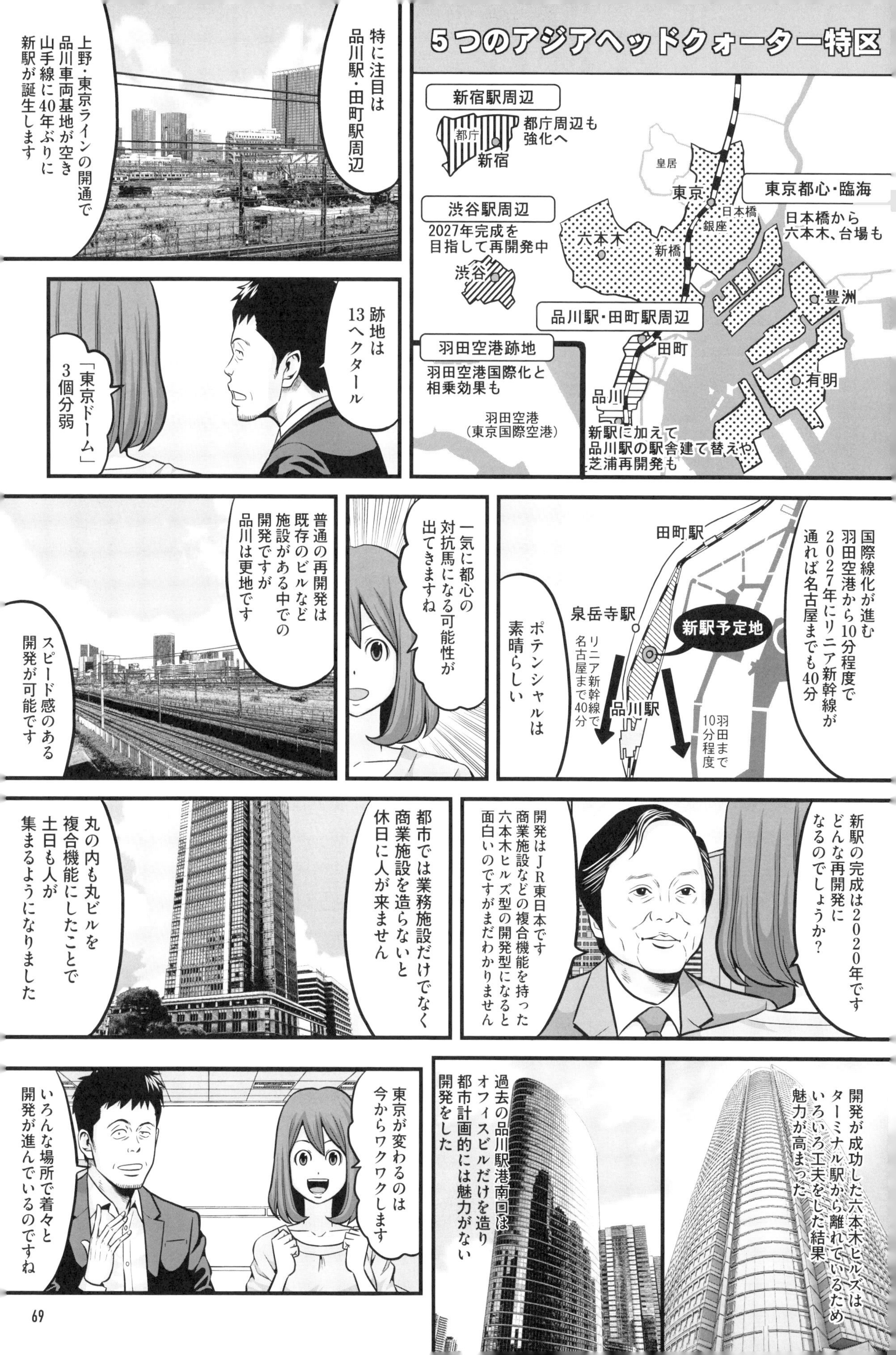
5つのアジアヘッドクォーター特区
新宿駅周辺
都庁
新宿
都庁周辺も強化へ
渋谷駅周辺
2027年完成を目指して再開発中
渋谷
皇居
東京
東京都心・臨海
日本橋
銀座
日本橋から六本木、台場も
六本木
新橋
豊洲
品川駅・田町駅周辺
羽田空港跡地
田町
羽田空港国際化と相乗効果も
有明
品川
羽田空港（東京国際空港）
新駅に加えて品川駅の駅舎建て替えや芝浦再開発も
特に注目は品川駅・田町駅周辺
上野・東京ラインの開通で品川車両基地が空き山手線に40年ぶりに新駅が誕生します
跡地は13ヘクタール
「東京ドーム」3個分弱
国際線化が進む羽田空港から10分程度で２０２７年にリニア新幹線が通れば名古屋までも40分
田町駅
泉岳寺駅
新駅予定地
リニア新幹線で名古屋まで40分
品川駅
羽田まで10分程度
ポテンシャルは素晴らしい
一気に都心の対抗馬になる可能性が出てきますね
普通の再開発は既存のビルなど施設がある中での開発ですが品川は更地です
スピード感のある開発が可能です
新駅の完成は２０２０年ですどんな再開発になるのでしょうか?
開発はＪＲ東日本です商業施設などの複合機能を持った六本木ヒルズ型の開発型になると面白いのですがまだわかりません
都市では業務施設だけでなく商業施設を造らないと休日に人が来ません
丸の内も丸ビルを複合機能にしたことで土日も人が集まるようになりました
開発が成功した六本木ヒルズはターミナル駅から離れているためいろいろ工夫をした結果魅力が高まった
過去の品川駅港南口はオフィスビルだけを造り都市計画的には魅力がない開発をした
東京が変わるのは今からワクワクします
いろんな場所で着々と開発が進んでいるのですね

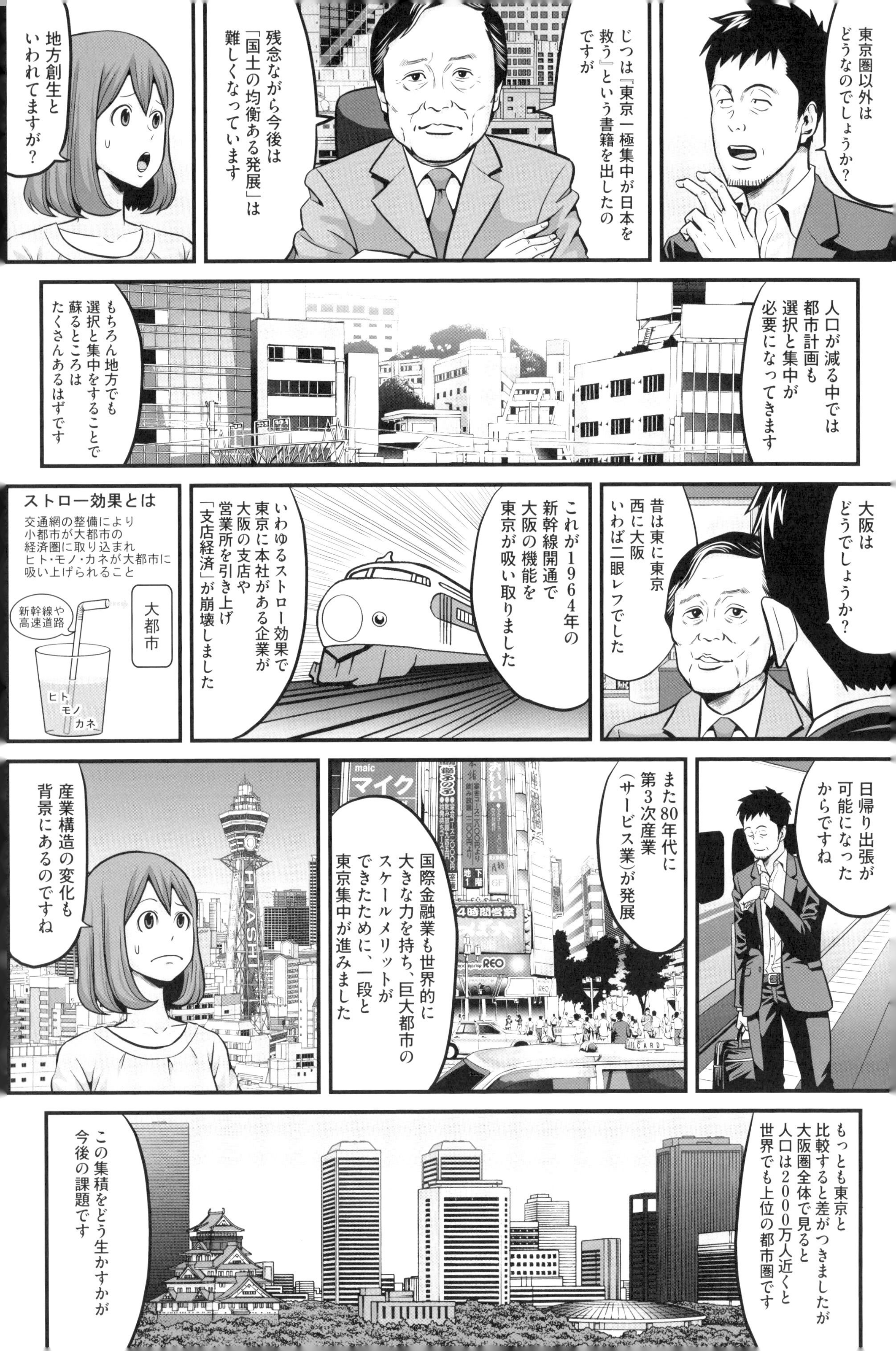
東京圏以外はどうなのでしょうか?
じつは『東京一極集中が日本を救う』という書籍を出したのですが
残念ながら今後は「国土の均衡ある発展」は難しくなっています
地方創生といわれてますが?
人口が減る中では都市計画も選択と集中が必要になってきます
もちろん地方でも選択と集中をすることで蘇るところはたくさんあるはずです
大阪はどうでしょうか?
昔は東に東京 西に大阪 いわば二眼レフでした
これが1964年の新幹線開通で大阪の機能を東京が吸い取りました
いわゆるストロー効果で東京に本社がある企業が大阪の支店や営業所を引き上げ「支店経済」が崩壊しました
ストロー効果とは
交通網の整備により小都市が大都市の経済圏に取り込まれヒト・モノ・カネが大都市に吸い上げられること
新幹線や高速道路
大都市
ヒト
モノ
カネ
日帰り出張が可能になったからですね
また80年代に第3次産業(サービス業)が発展
国際金融業も世界的に大きな力を持ち、巨大都市のスケールメリットができたために、一段と東京集中が進みました
産業構造の変化も背景にあるのですね
もっとも東京と比較すると差がつきましたが大阪圏全体で見ると人口は2000万人近くと世界でも上位の都市圏です
この集積をどう生かすかが今後の課題です

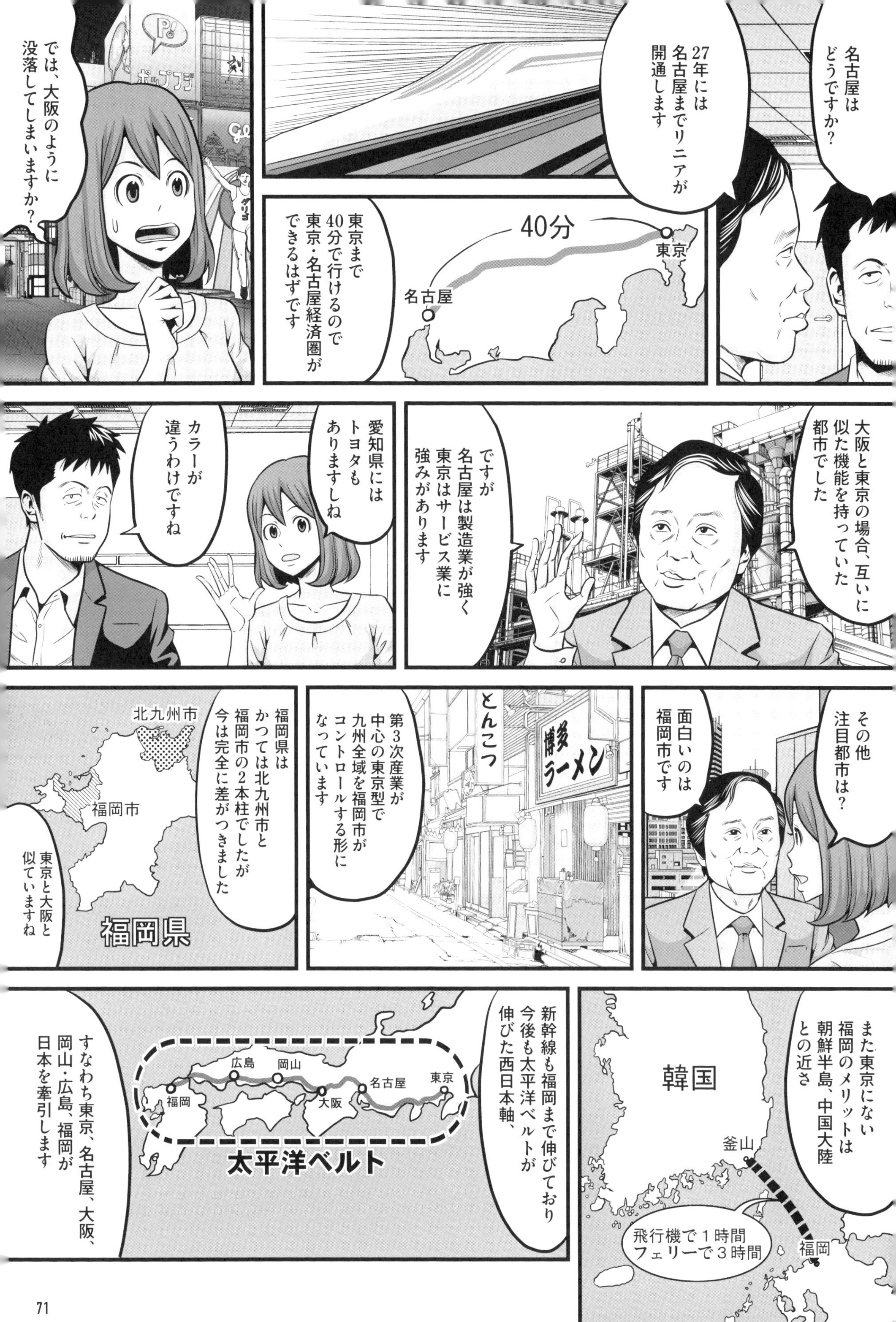

名古屋はどうですか？
27年には名古屋までリニアが開通します
40分
東京
名古屋
東京まで40分で行けるので東京・名古屋経済圏ができるはずです
では、大阪のように没落してしまいますか？
大阪と東京の場合、互いに似た機能を持っていた都市でした
ですが名古屋は製造業が強く東京はサービス業に強みがあります
愛知県にはトヨタもありますしね
カラーが違うわけですね
その他注目都市は？
面白いのは福岡市です
とんこつ
博多ラーメン
第3次産業が中心の東京型で九州全域を福岡市がコントロールする形になっています
福岡県はかつては北九州市と福岡市の2本柱でしたが今は完全に差がつきました
北九州市
福岡市
福岡県
東京と大阪と似ていますね
また東京にない福岡のメリットは朝鮮半島、中国大陸との近さ
韓国
釜山
福岡
飛行機で１時間
フェリーで３時間
新幹線も福岡まで伸びており今後も太平洋ベルトが伸びた西日本軸、
広島
岡山
福岡
大阪
名古屋
東京
太平洋ベルト
すなわち東京、名古屋、大阪、岡山・広島、福岡が日本を牽引します

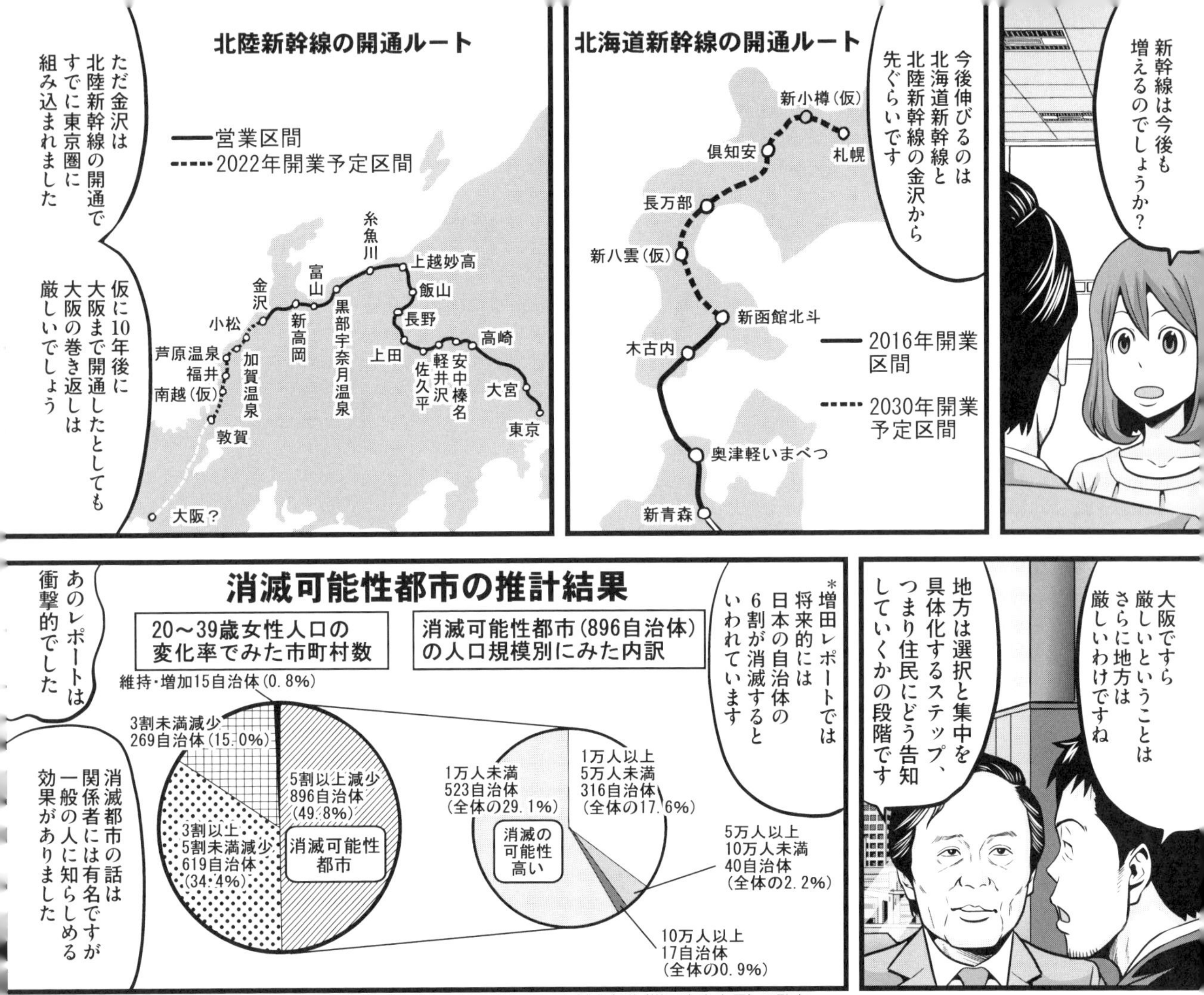

＊増田レポート「2040年までに896の自治体が消滅する」と予測した日本創成会議（増田寛也座長）の発表

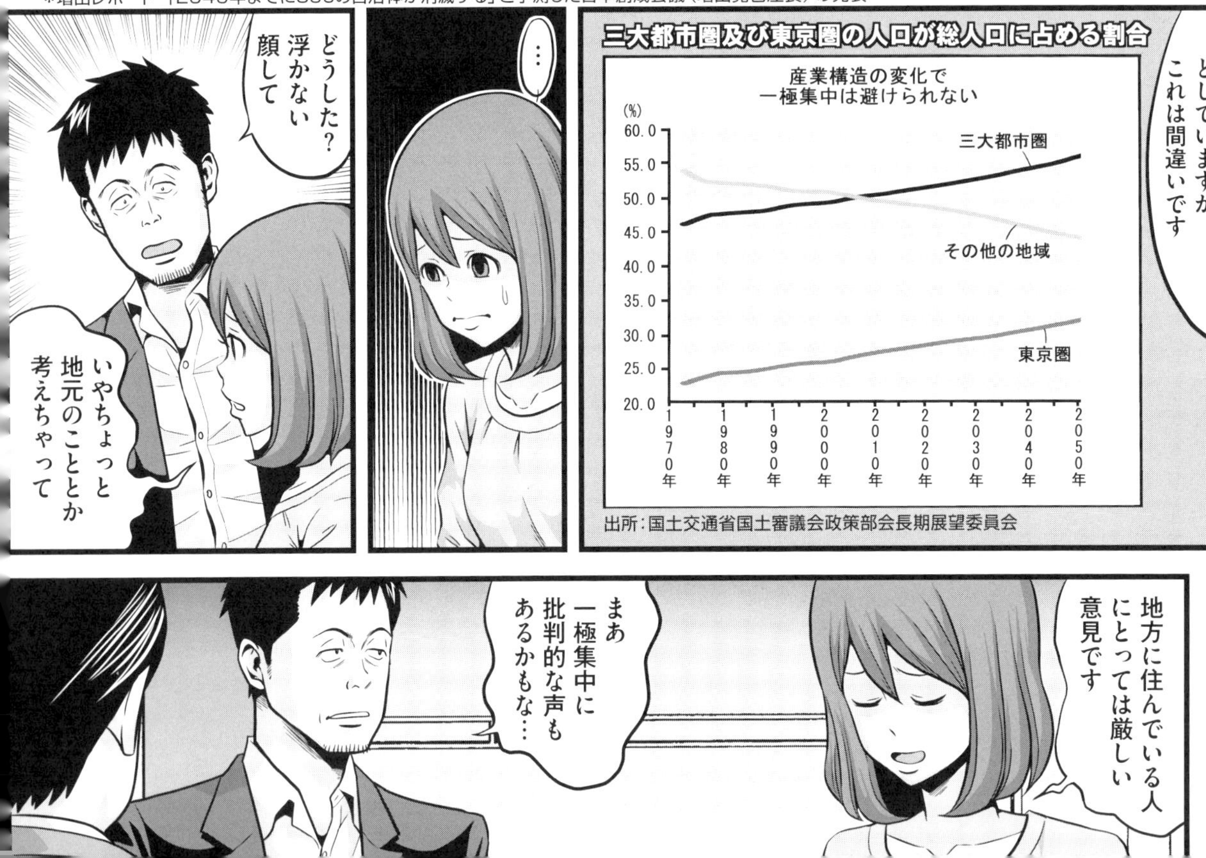

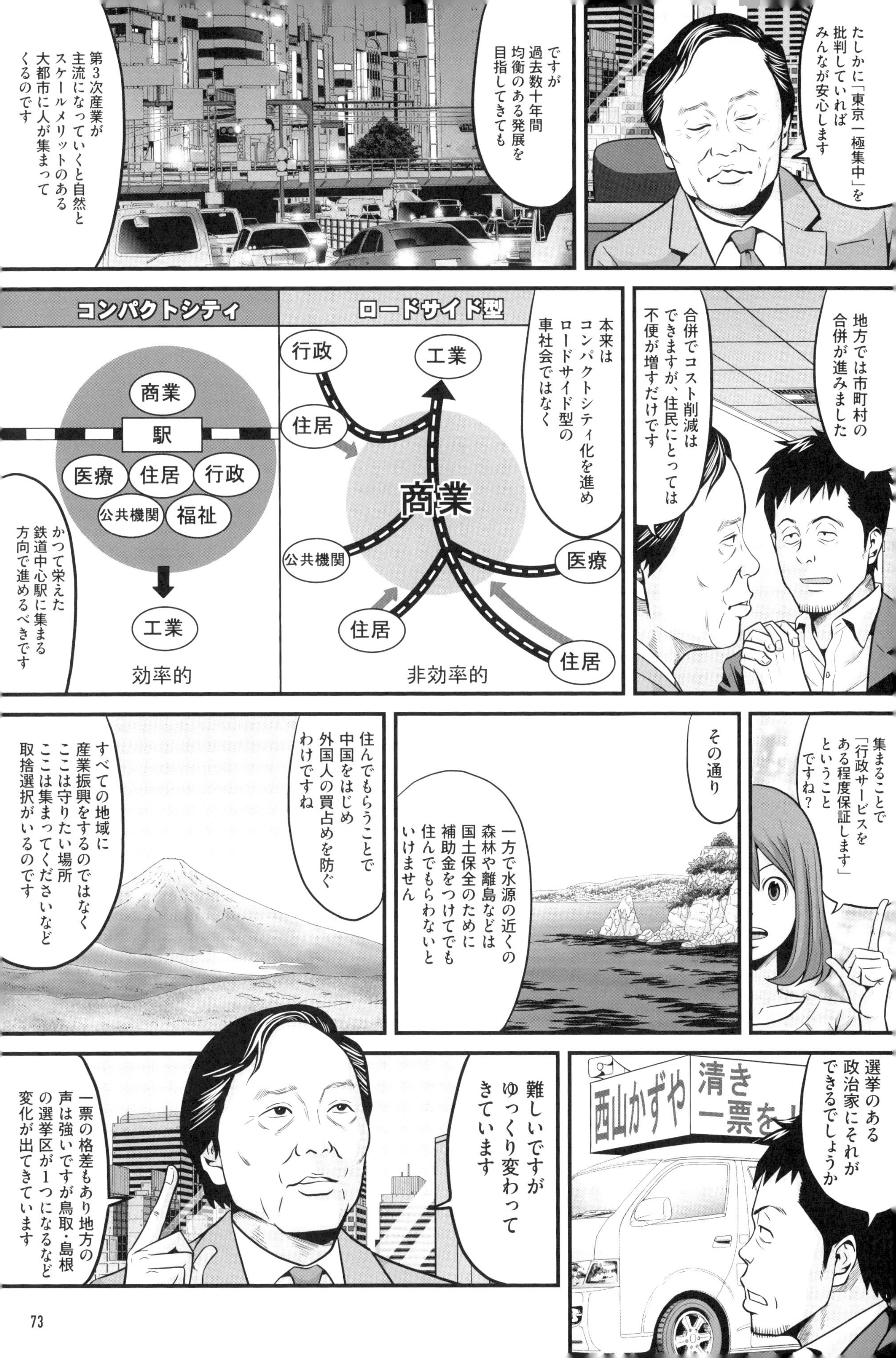
たしかに「東京一極集中」を批判していればみんなが安心します
ですが過去数十年間均衡のある発展を目指してきても
第3次産業が主流になっていくと自然とスケールメリットのある大都市に人が集まってくるのです
地方では市町村の合併が進みました
合併でコスト削減はできますが、住民にとっては不便が増すだけです
本来はコンパクトシティ化を進めロードサイド型の車社会ではなく
ロードサイド型
行政
工業
住居
商業
公共機関
医療
住居
住居
非効率的
コンパクトシティ
商業
駅
医療
住居
行政
公共機関
福祉
工業
効率的
かつて栄えた鉄道中心駅に集まる方向で進めるべきです
集まることで「行政サービスをある程度保証します」ということですね？
その通り
一方で水源の近くの森林や離島などは国土保全のために補助金をつけてでも住んでもらわないといけません
住んでもらうことで中国をはじめ外国人の買占めを防ぐわけですね
すべての地域に産業振興をするのではなくここは守りたい場所ここは集まってくださいなど取捨選択がいるのです
選挙のある政治家にそれができるでしょうか
西山かずや
清き一票を
難しいですがゆっくり変わってきています
一票の格差もあり地方の声は強いですが鳥取・島根の選挙区が1つになるなど変化が出てきています

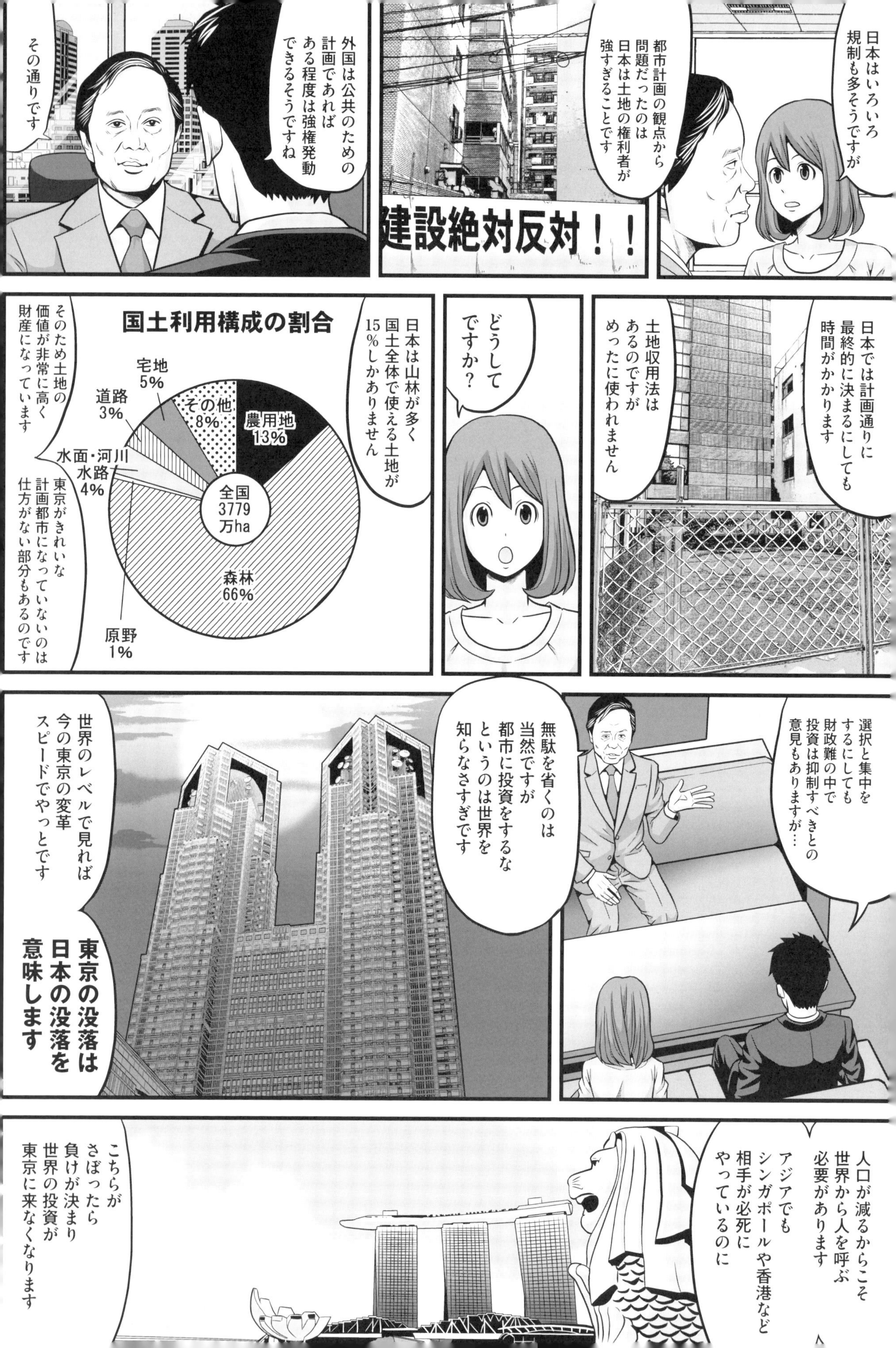
日本はいろいろ規制も多そうですが
都市計画の観点から問題だったのは日本は土地の権利者が強すぎることです
建設絶対反対！！
外国は公共のための計画であればある程度は強権発動できるそうですね
その通りです
日本では計画通りに最終的に決まるにしても時間がかかります
土地収用法はあるのですがめったに使われません
どうしてですか？
日本は山林が多く国土全体で使える土地が15％しかありません
国土利用構成の割合
農用地13％
森林66％
原野1％
水面・河川水路4％
道路3％
宅地5％
その他8％
全国3779万ha
そのため土地の価値が非常に高く財産になっていきます
東京がきれいな計画都市になっていないのは仕方がない部分もあるのです
選択と集中をするにしても財政難の中で投資は抑制すべきとの意見もありますが…
無駄を省くのは当然ですが都市に投資をするなというのは世界を知らなさすぎです
世界のレベルで見れば今の東京の変革スピードでやっとです
東京の没落は日本の没落を意味します
人口が減るからこそ世界から人を呼ぶ必要があります
アジアでもシンガポールや香港など相手が必死にやっているのに
こちらがさぼったら負けが決まり世界の投資が東京に来なくなります

都市計画も国際競争ですか…
財政再建と魅力ある都市計画の両立ですね
財政を再建しながら戦うのですよ
今後の10年20年を見たときに投資を止めてどうしますか
80年代にグローバリゼーションが起きて以降これはずっと続きます
オリンピックまで5年、その後の5年を入れて東京の人口が減らない25年までが勝負なのです
時間との勝負ですね
インフラ老朽化の問題もあります
東京のインフラの基盤は東京オリンピックの高度経済成長時に造ったものが多いのです相当予算が必要ですがこれを25年までに整理をしていくのです
整備したインフラはあと50年以上持ちます
2050年以降は人口の多い団塊の世代が消えるので、若年人口が中高年人口の半分という異常事態を脱してギリギリなんとかなります
その準備のために日本にとって今から10年間が勝負なのです
今から10年が勝負…
無駄な投資はダメだがライバルも必死に頑張っている
訪日外国人が過去最高を更新しているのも都市に魅力があってこそです
第3話の松谷先生とは意見が違うが海外の都市との比較という視点も忘れてはダメかもな…
世界との競争か…

EPISODE ❻

脱・東京集中を目指す
地方創生政策が失敗する日のまとめ

1 人口が本格的に減る時代は都市計画も選択と集中が重要。

---

2 世界の都市と魅力度を競う東京が没落することは日本の没落につながる。

---

3 訪日外国人や海外からの投資を増やすためにも規制緩和が必要。

EPISODE 7

地震やゲリラ豪雨などの巨大災害が日本を襲う日

「モノの被災」を国は守ってくれないので生活再建のために自衛せよ！

15年9月の関東・東北豪雨で床上浸水が7000件以上…
各地で記録的豪雨
甚大な被害
数十年に1度の雨量だったらしいですね
ゲリラ豪雨が年々増えているよね
噴火や地震も…
鹿児島の桜島は活発化
箱根でも火山性地震が話題になりました
14年は御嶽山の噴火や
死者58人
広島の土砂災害で多くの死者が出た
専門家の中には「雨の降り方が変わってきている」という人もいる…
観測史上最大降水量！！
東日本大震災以降日本の災害リスクが高まっている気がします
災害リスクとお金についてもっと知るべきかもな…
ですね！
じつは「ヒト」のリスクに対しては種々の社会保障があります
生活設計塾クルー 取締役
清水 香さん
保険や金融商品を販売しないFPとして、一般生活者向けの相談業務のほか、執筆、企業・自治体・生活協同組合等での講演活動も幅広く展開。TV出演も多数。財務省「地震保険制度に関するプロジェクトチーム」委員。著書多数。
ですが「モノ」、つまり私有財産についての公的な支援は限定的です

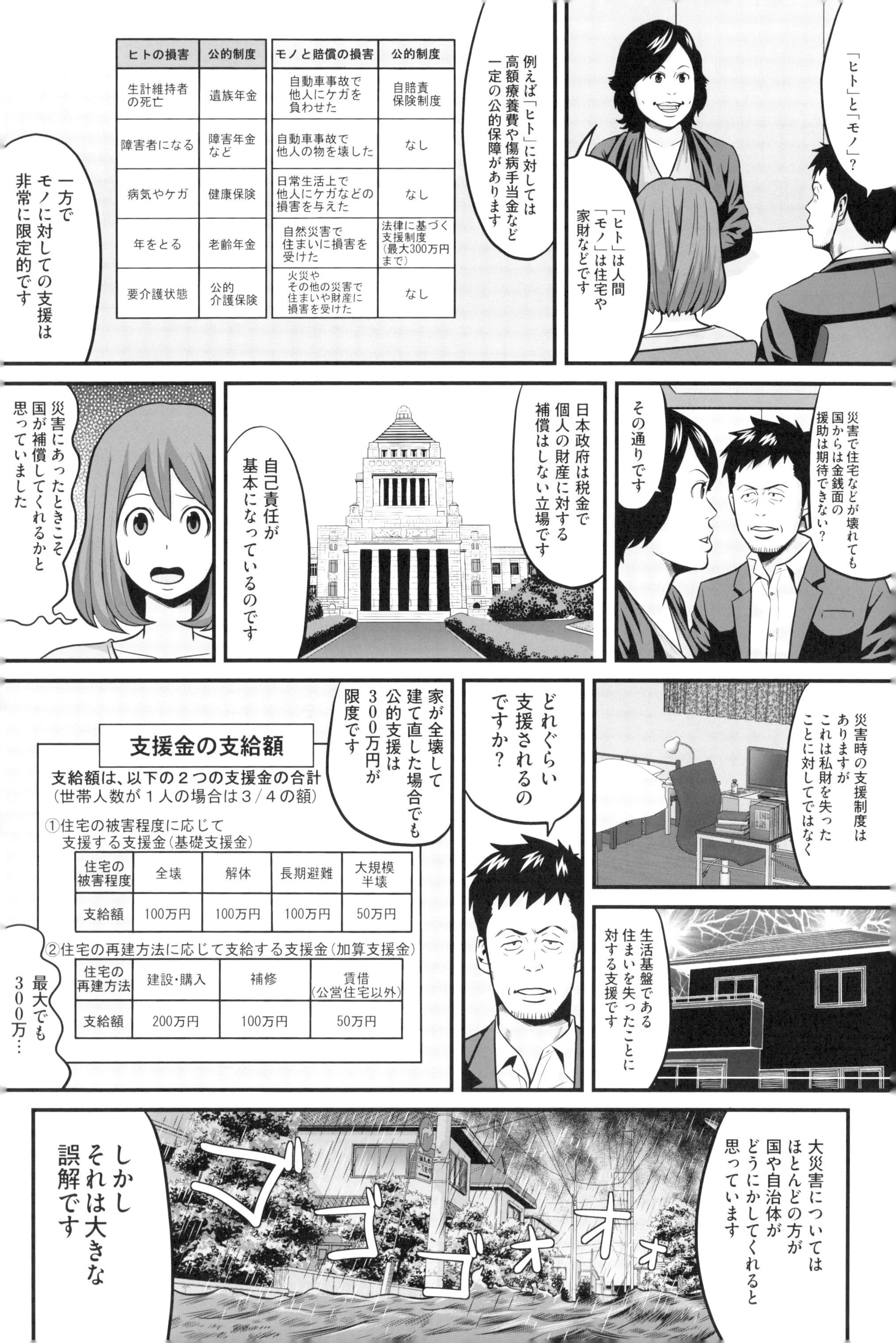

「ヒト」と「モノ」？
「ヒト」は人間「モノ」は住宅や家財などです
例えば「ヒト」に対しては高額療養費や傷病手当金など一定の公的保障があります
一方でモノに対しての支援は非常に限定的です
災害で住宅などが壊れても国からは金銭面の援助は期待できない？
その通りです
日本政府は税金で個人の財産に対する補償はしない立場です
自己責任が基本になっているのです
災害にあったときこそ国が補償してくれるかと思っていました
災害時の支援制度はありますがこれは私財を失ったことに対してではなく
生活基盤である住まいを失ったことに対する支援です
どれぐらい支援されるのですか？
家が全壊して建て直した場合でも公的支援は300万円が限度です
最大でも300万…
大災害についてはほとんどの方が国や自治体がどうにかしてくれると思っています
ゴゴゴオォ
しかしそれは大きな誤解です

ヒトの損害	公的制度	モノと賠償の損害	公的制度
生計維持者の死亡	遺族年金	自動車事故で他人にケガを負わせた	自賠責保険制度
障害者になる	障害年金など	自動車事故で他人の物を壊した	なし
病気やケガ	健康保険	日常生活上で他人にケガなどの損害を与えた	なし
年をとる	老齢年金	自然災害で住まいに損害を受けた	法律に基づく支援制度（最大300万円まで）
要介護状態	公的介護保険	火災やその他の災害で住まいや財産に損害を受けた	なし

支援金の支給額

支給額は、以下の２つの支援金の合計
（世帯人数が１人の場合は３／４の額）

①住宅の被害程度に応じて支援する支援金（基礎支援金）

住宅の被害程度	全壊	解体	長期避難	大規模半壊
支給額	100万円	100万円	100万円	50万円

②住宅の再建方法に応じて支給する支援金（加算支援金）

住宅の再建方法	建設・購入	補修	賃借（公営住宅以外）
支給額	200万円	100万円	50万円

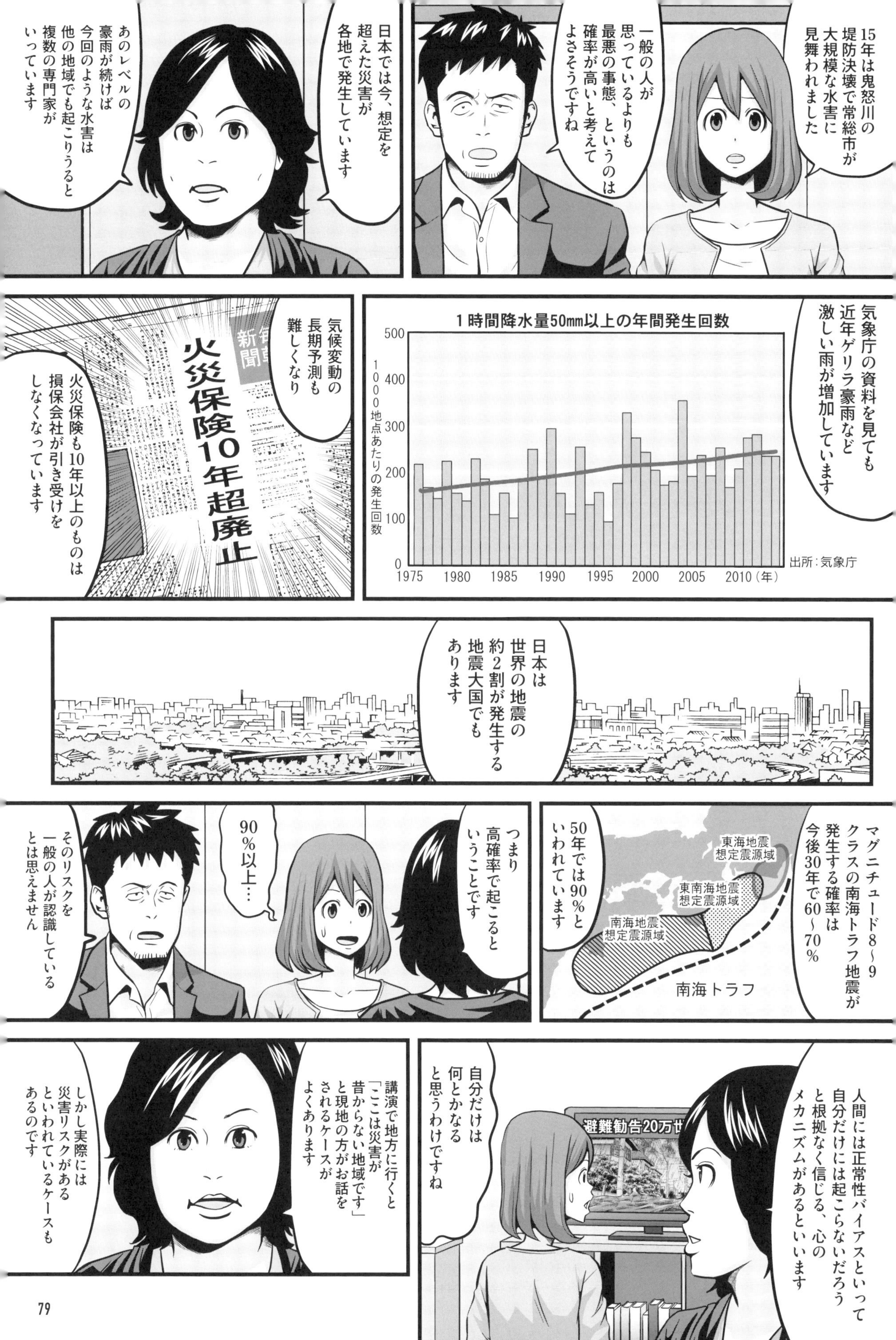
15年は鬼怒川の堤防決壊で常総市が大規模な水害に見舞われました
一般の人が思っているよりも最悪の事態、というのは確率が高いと考えてよさそうですね
日本では今、想定を超えた災害が各地で発生しています
あのレベルの豪雨が続けば他の地域でも起こりうると複数の専門家がいっています
気象庁の資料を見ても近年ゲリラ豪雨など激しい雨が増加しています
1時間降水量50mm以上の年間発生回数
1000地点あたりの発生回数
0
100
200
300
400
500
1975
1980
1985
1990
1995
2000
2005
2010（年）
出所：気象庁
気候変動の長期予測も難しくなり
新聞
火災保険10年超廃止
火災保険も10年以上のものは損保会社が引き受けをしなくなっています
日本は世界の地震の約2割が発生する地震大国でもあります
マグニチュード8～9クラスの南海トラフ地震が発生する確率は今後30年で60～70％
東海地震想定震源域
東南海地震想定震源域
南海地震想定震源域
南海トラフ
50年では90％といわれています
つまり高確率で起こるということです
90％以上…
そのリスクを一般の人が認識しているとは思えません
人間には正常性バイアスといって自分だけには起こらないだろうと根拠なく信じる、心のメカニズムがあるといいます
避難勧告20万世
自分だけは何とかなると思うわけですね
講演で地方に行くと「ここは災害が昔からない地域です」と現地の方がお話をされるケースがよくあります
しかし実際には災害リスクがあるといわれているケースもあるのです

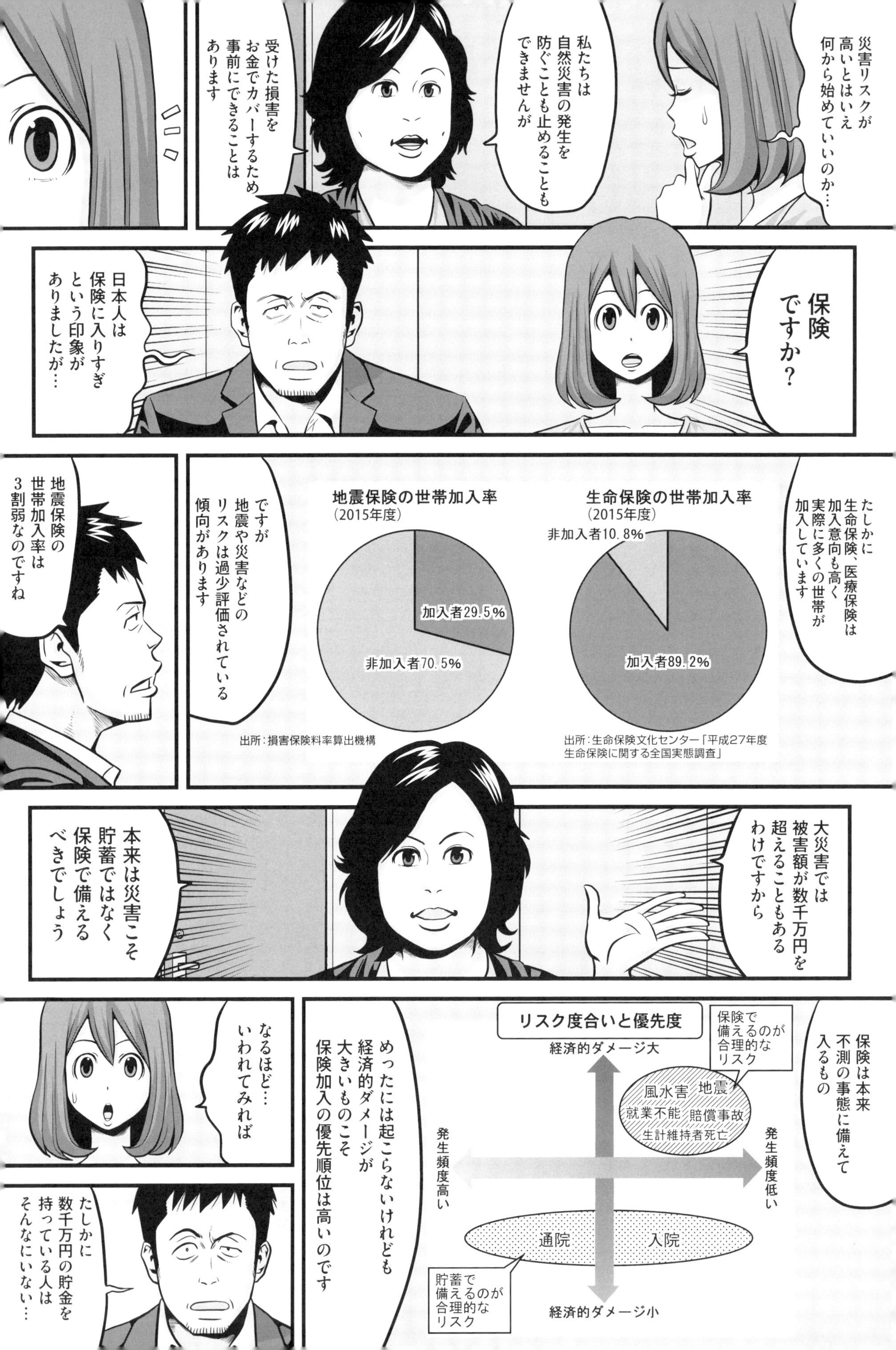

災害リスクが高いとはいえ何から始めていいのか…
私たちは自然災害の発生を防ぐことも止めることもできませんが
受けた損害をお金でカバーするため事前にできることはあります
保険ですか？
日本人は保険に入りすぎという印象がありましたが…
たしかに生命保険、医療保険は加入意向も高く実際に多くの世帯が加入しています
生命保険の世帯加入率
(2015年度)
非加入者10.8%
加入者89.2%
出所：生命保険文化センター「平成27年度生命保険に関する全国実態調査」
地震保険の世帯加入率
(2015年度)
加入者29.5%
非加入者70.5%
出所：損害保険料率算出機構
ですが地震や災害などのリスクは過少評価されている傾向があります
地震保険の世帯加入率は3割弱なのですね
大災害では被害額が数千万円を超えることもあるわけですから
本来は災害こそ貯蓄ではなく保険で備えるべきでしょう
保険は本来不測の事態に備えて入るもの
リスク度合いと優先度
経済的ダメージ大
保険で備えるのが合理的なリスク
風水害
地震
就業不能
賠償事故
生計維持者死亡
発生頻度低い
発生頻度高い
通院
入院
貯蓄で備えるのが合理的なリスク
経済的ダメージ小
めったには起こらないけれども経済的ダメージが大きいものこそ保険加入の優先順位は高いのです
なるほど…いわれてみれば
たしかに数千万円の貯金を持っている人はそんなにいない…

例えば入院の費用は公的医療保険でかなりカバーされるので
高額療養費制度
100万円の医療費で、窓口負担が30万円の場合
医療費 100万円
窓口負担 30万円
高額療養費として支給
30万円−8万7430円=21万2570円
負担の上限額
8万100円+（100万円−26万7000円）×1%=8万7430円
21万2570円が高額療養費として支給され、
実際の自己負担額は8万7430円
※年収500万円の場合
必ずしも保険に入らなくても対処は可能です
ある程度の貯金があれば対応できるわけですね
一方で火災保険や地震保険は貯蓄では対応が困難です
ゴゴォオオオオオ
いったん発生すると生活の基盤が壊れる家計破綻レベルのダメージを受けかねません
家計破綻レベル…
火災保険と地震保険について詳しく教えてください
火災保険といっても現在は自然災害に備える意味が強い保険で

項目	Aプラン	Bプラン
火災	○	○
風・雹・雪	○	△
落雷	○	○
水災	○	×
盗難・水濡れ	○	×

契約により補償される範囲や保険料は異なります
保険料
災害リスク
保険料と我が家の災害リスクを天秤にかけて吟味しないといけませんね
水害が起きて補償されると思ったらカバーされていなかったら悲惨です
そして地震による被害については火災保険に地震保険を付けないといけません
ですがそれを知らない人が意外に多い

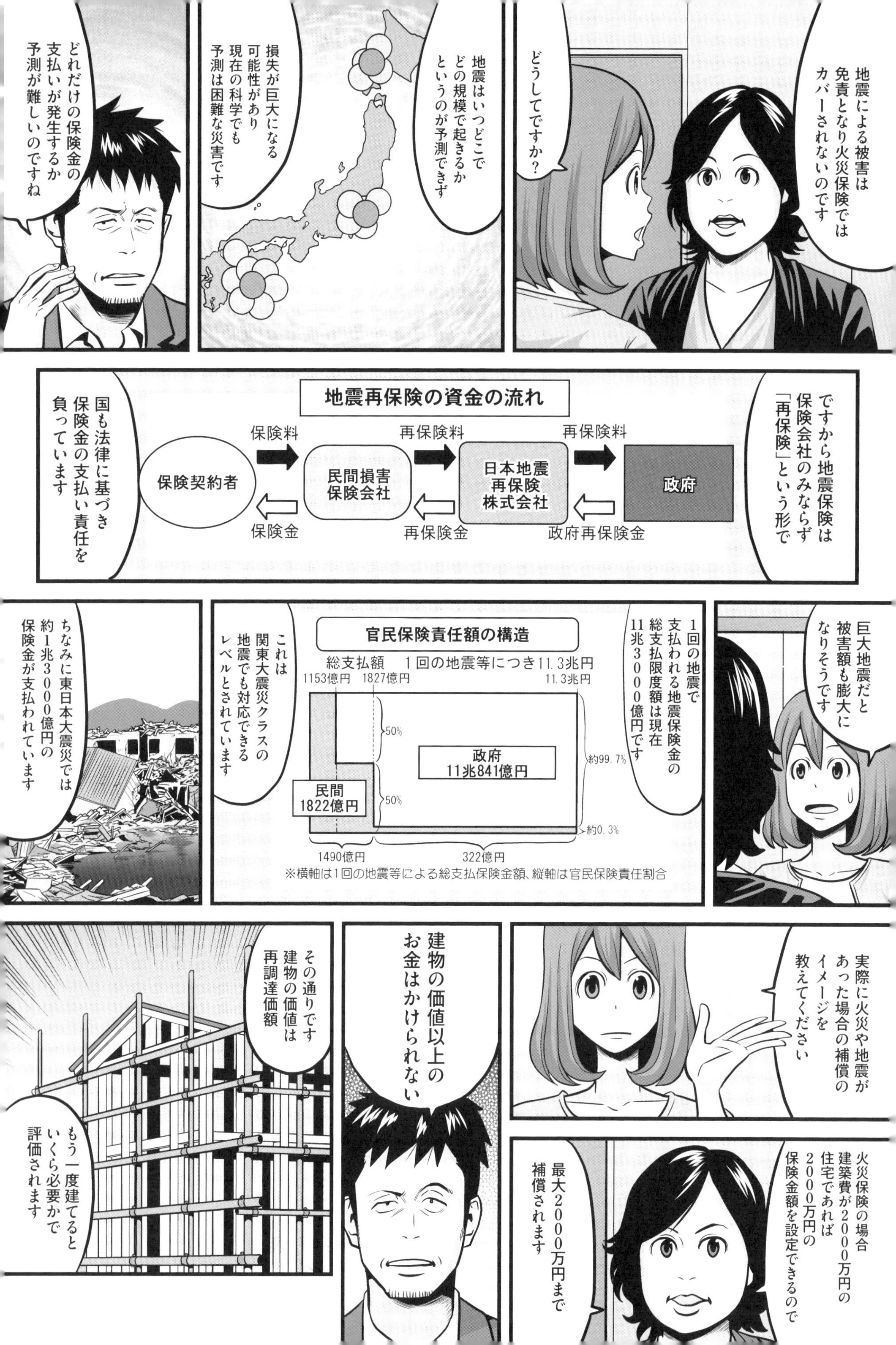
地震による被害は
免責となり火災保険では
カバーされないのです
どうしてですか？
地震はいつどこで
どの規模で起きるか
というのが予測できず
損失が巨大になる
可能性があり
現在の科学でも
予測は困難な災害です
どれだけの保険金の
支払いが発生するか
予測が難しいのですね
ですから地震保険は
保険会社のみならず
「再保険」という形で
地震再保険の資金の流れ
保険料
再保険料
再保険料
保険契約者
民間損害保険会社
日本地震再保険株式会社
政府
保険金
再保険金
政府再保険金
国も法律に基づき
保険金の支払い責任を
負っています
巨大地震だと
被害額も膨大に
なりそうです
1回の地震で
支払われる地震保険金の
総支払限度額は現在
11兆３０００億円です
官民保険責任額の構造
総支払額　1回の地震等につき11.3兆円
1153億円
1827億円
11.3兆円
50%
50%
政府
11兆841億円
民間
1822億円
約99.7%
約0.3%
1490億円
322億円
※横軸は1回の地震等による総支払保険金額、縦軸は官民保険責任割合
これは
関東大震災クラスの
地震でも対応できる
レベルとされています
ちなみに東日本大震災では
約1兆３０００億円の
保険金が支払われています
実際に火災や地震が
あった場合の補償の
イメージを
教えてください
火災保険の場合
建築費が２０００万円の
住宅であれば
２０００万円の
保険金額を設定できるので
最大２０００万円まで
補償されます
建物の価値以上の
お金はかけられない
その通りです
建物の価値は
再調達価額
もう一度建てると
いくら必要かで
評価されます

地震保険についてはどうですか？
損保会社や国の保険金支払い責任を大きくしすぎないために
地震保険金額は最大でも火災保険金額の50％までです
家が全壊しても火災保険の半分までしか補償されないのですね
地震保険は住宅を建て直すためではなく
地震による被害で多くを失う中まとまった一時金を受け取り生活の立て直しを進めやすくするのが趣旨なのです
地震による被害でも完全な倒壊から一部被害まで損害の度合いにより
全損、大半損、小半損、一部損の4つに判定され保険金が支払われます（17年1月から）
4種類とシンプルなのは支払いを迅速にする意味もあるそうですね
地震保険では住宅の骨組みにあたる主要構造部の
柱や梁などが50％以上壊れていたら全損とされ100％の保険金が支払われます
主要構造部分の損害かどうかが重要なのですね
門やガラスだけの損害は主要構造部ではないので保険金は支払われません

損害区分	一部損	①大半損 ②小半損	全損
被害の程度	主要構造部の損害額が建物の時価の3%以上20%未満壊れた場合など	主要構造部の損害額が建物の時価の①40%以上50%未満②20%以上40%未満壊れた場合など	主要構造部の損害額が建物の時価の50%以上壊れた場合など
保険の支払い	契約金額の5%（時価の5%が限度）	契約金額の①60%②30%（時価の①60%②30%が限度）	契約金額の100%（時価が限度）

分譲マンションの場合はどうですか？
分譲マンションの共用部分が壊れた場合
管理組合が修繕することになります
たしかに個人では対応できません
修繕積立金が十分たまっていなかった場合住民負担も必要になりますが
個々の住民の経済事情はそれぞれでお金を出せる人ばかりではありません
こうした場合修繕についての合意が難しくなる可能性もあります
住民説明会
合意ができないと生活再建が前に進まない
管理組合で地震保険に入っていれば修繕金の確保に役立ちますが
マンション共同部分の地震保険付帯率
90%
80%
70%
60%
50%
40%
30%
20%
10%
0%
25.6%
27.3%
31.3%
35.4%
37.4%
2009
2010
2011
2012
2013年度
出所：財務省
現状の加入率は3割ぐらいです
災害にあった場合まず何からすればいいですか？
まずは保険会社に連絡をしましょう
自分で請求しないと保険金はもらえないのですぐに請求手続きを
そのためにも平時のうちに自分がどんな保険に入っているかをきちんと知ることが大事です
たとえば持ち家の人は住宅ローンを組むときに火災保険には加入しています
ですがわが家の補償範囲を理解している人は多くありません
まずは契約内容を詳しく知ることですね
家に帰ったら確認します

万が一の場合に備えて現金を手元に残しておいたほうがいいですか？
災害救助法が適用された被災地域では
銀行
震災通帳や印鑑がなくなっても本人確認後にお金を引き出すことは可能です
住宅ローンがある場合は罹災《りさい》証明書が出たら
り災証明書
返済猶予を受けることで延滞扱いを回避できます
ブラックリストに載らずに済むわけですね
ただしあくまでも「猶予」です
免除ではなく返済は必要ですから住宅ローンの残債が多い人は地震保険の契約は必須です

ハイリスク←	リスク項目	→ローリスク
持ち家←	住まい	→賃貸住まい
残債が相当あり←	住宅ローン	→無い、少ない
100万円以下など←	貯蓄残高	→ある程度貯蓄あり
身を寄せる先がない←	転居先	→身を寄せる親戚・知人あり

実際にあったケースについて教えてください
東日本大震災では新築住宅の引き渡し後まもなく住宅が全壊した方が複数いました
もちろん住宅ローンはすべて残ります
当面の生活再建のお金に加えて
住めなくなった家のローンも払わないといけないわけですね
公的支援は限定的ですからまとまった資金があれば当座を乗り切る力になります
たしかに数百万円でも気持ち的にかなり楽になると思います
大規模災害では住宅以外にも家族が亡くなり仕事がなくなり健康問題が出るなど
自分を支える柱をいくつも失う最悪の事態もありえるのです
ゴ
ゴ
ゴ
ゴ

賃貸の場合は
どうでしょうか?
賃貸の場合は
住宅を修繕する
必要がないので
持ち家と比較して
資金リスクは
小さくなります
ただしそれでも
家財を全部
失ってしまうと
買い直すのは
大変です
新しく住まいを探して
冬の布団を買って
暖房をつけて…
家族がいれば
2~3百万円
かかりそうです
保険金額１０００万円
あたりの地震保険料は
もっとも保険料の高い
東京の木造住宅でも
年間３万円台
最悪の事態を
回避するコストとしては
それほど高額とは
いえないでしょう
賃貸住まいでも
優先度の高い
備えといえます
保険以外の災害対策で
知っておくべきことは
ありますか?
１９８１年６月に
耐震基準が
強化される前の建築物は
住宅倒壊で命を失う
リスクが高くなります
大前提として
「地震に強い家」に
住むことですね
古い家は危険…
東日本大震災は
津波の被害が
大きかったですが
直下型の
阪神・淡路大震災の
死亡者６４００人のうち
約85%は建物の倒壊が
原因でした
子供の頃でしたが
衝撃的でした
今、古い家の
リノベーションなどが
流行していますが
耐震基準にも
チェックが必要です
いくら保険に入っていても
家が潰れて亡くなられたら
意味がないわけですから
確かに…

ただし耐震基準の高い住宅が地震で倒壊しないとしても地震が原因の火事で焼失する可能性は残ります
しかし地震で起きた火事は火災保険では補償されません
自宅の耐震基準が高いと思っている人ほどそれは盲点かもしれません
地震も心配ですが実家が大きな川の近くなので水害も心配です
常総市ハザードマップ
まずは各市町村が発表しているハザードマップを確認しましょう
今回の常総市での水害はほぼハザードマップの予測通りに浸水していました
ある程度は事前に備えができたということですか
ハザードマップの存在があまり知られていない現状は非常に残念なことです
もっともハザードマップの想定を超える災害になることもありえるので過信もいけませんが
こうして災害のリスクを考えると
物を持つこと自体慎重になりますね
災害リスクの高いわが国に住むということは住宅など私有財産を失うリスクも常に抱えているということです
モノを持つ限り維持コストがかかるのはいたしかたないことといえるでしょう
なるほど…
それがこの国で生きるということなんですね…

EPISODE ❼

地震やゲリラ豪雨などの巨大災害が日本を襲う日のまとめ

1 私有財産への公的な支援は限定的であり、巨大災害こそ保険で対応すべき。

---

2 南海トラフ地震の発生確率は今後50年では9割。

---

3 地震による被害については火災保険に地震保険を付ける必要がある。

EPISODE 8

公的年金の大幅な減額で下流老人が街に溢れる日

公的年金は破綻しないが、年金減額に加え支給開始年齢も引き上げへ！

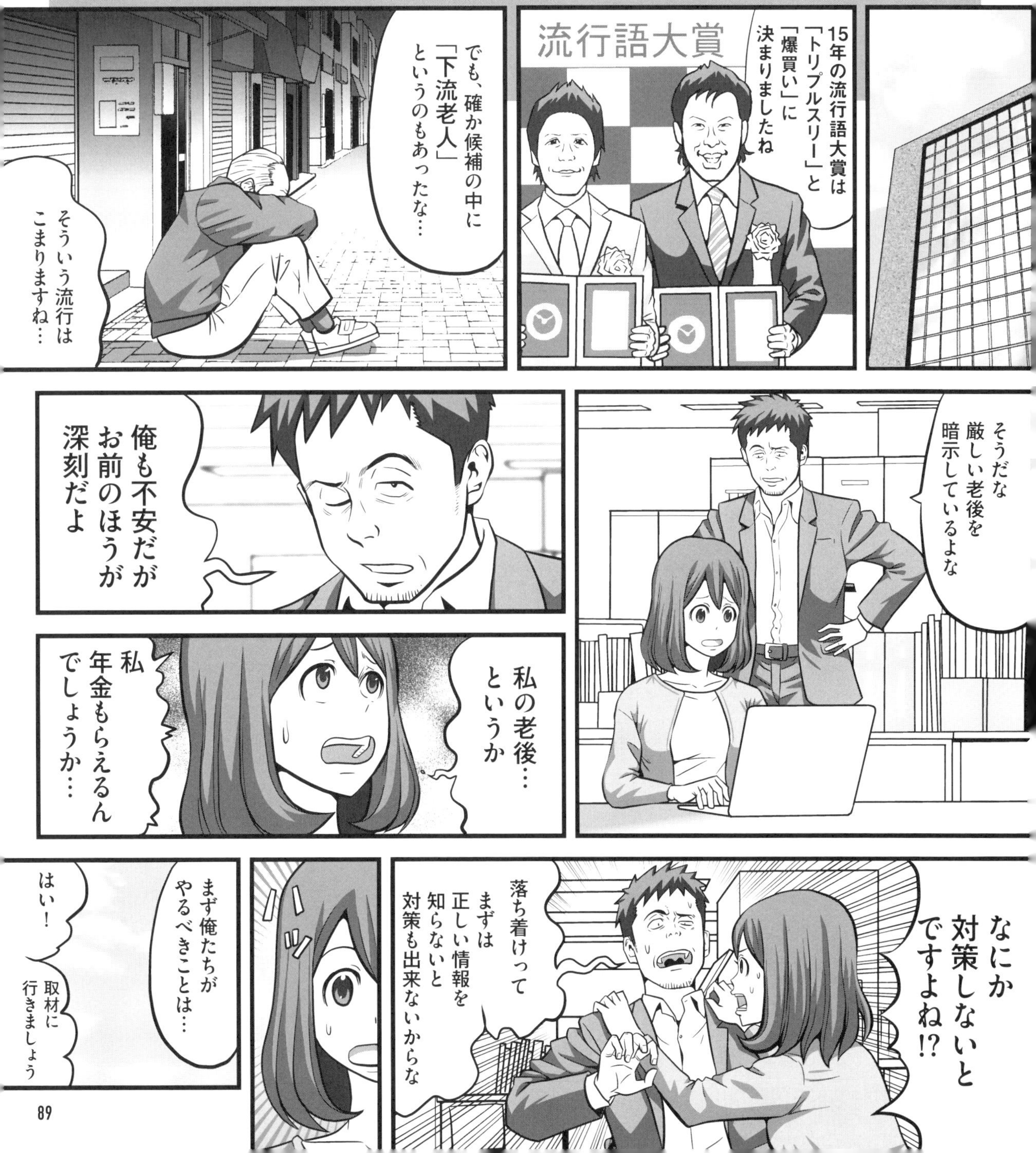

流行語大賞
15年の流行語大賞は「トリプルスリー」と「爆買い」に決まりましたね
でも、確か候補の中に「下流老人」というのもあったな…
そういう流行はこまりますね…
そうだな厳しい老後を暗示しているよな
俺も不安だがお前のほうが深刻だよ
私の老後…というか
私年金もらえるんでしょうか…
なにか対策しないとですよね!?
落ち着けってまずは正しい情報を知らないと対策も出来ないからな
まず俺たちがやるべきことは…
はい！
取材に行きましょう

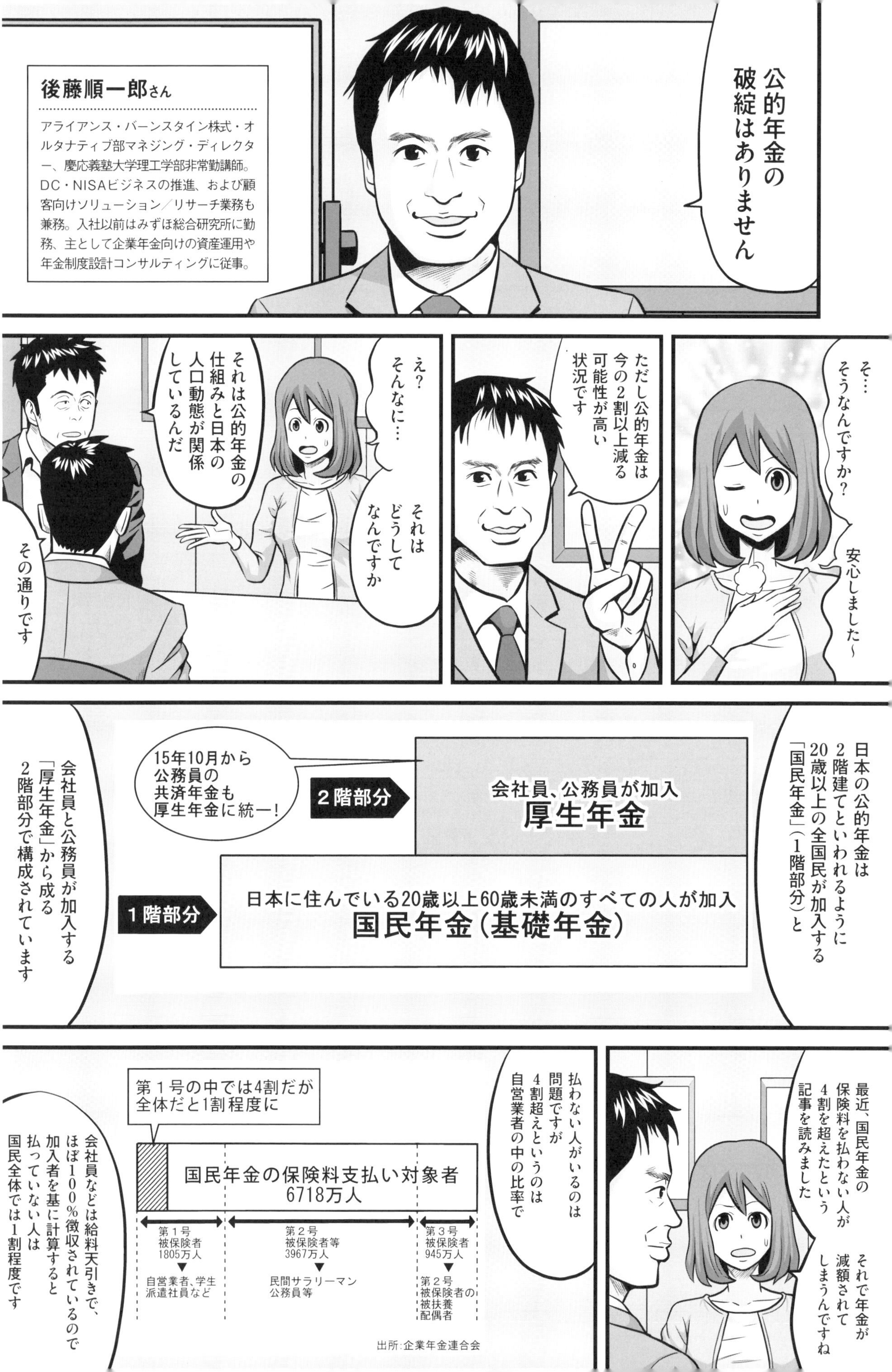
公的年金の破綻はありません
後藤順一郎さん
アライアンス・バーンスタイン株式・オルタナティブ部マネジング・ディレクター、慶応義塾大学理工学部非常勤講師。DC・NISAビジネスの推進、および顧客向けソリューション／リサーチ業務も兼務。入社以前はみずほ総合研究所に勤務、主として企業年金向けの資産運用や年金制度設計コンサルティングに従事。
そ…そうなんですか？
安心しました〜
ただし公的年金は今の2割以上減る可能性が高い状況です
え？そんなに…
それはどうしてなんですか
それは公的年金の仕組みと日本の人口動態が関係しているんだ
その通りです
日本の公的年金は2階建てといわれるように20歳以上の全国民が加入する「国民年金」（1階部分）と会社員と公務員が加入する「厚生年金」から成る2階部分で構成されています
15年10月から公務員の共済年金も厚生年金に統一！
2階部分
会社員、公務員が加入
厚生年金
1階部分
日本に住んでいる20歳以上60歳未満のすべての人が加入
国民年金（基礎年金）
最近、国民年金の保険料を払わない人が4割を超えたという記事を読みました
それで年金が減額されてしまうんですね
払わない人がいるのは問題ですが4割超えというのは自営業者の中の比率で
第１号の中では4割だが全体だと1割程度に
国民年金の保険料支払い対象者
6718万人
第１号被保険者1805万人
自営業者、学生派遣社員など
第２号被保険者等3967万人
民間サラリーマン公務員等
第３号被保険者945万人
第２号被保険者の被扶養配偶者
出所:企業年金連合会
会社員などは給料天引きで、ほぼ100％徴収されているので加入者を基に計算すると払っていない人は国民全体では1割程度です

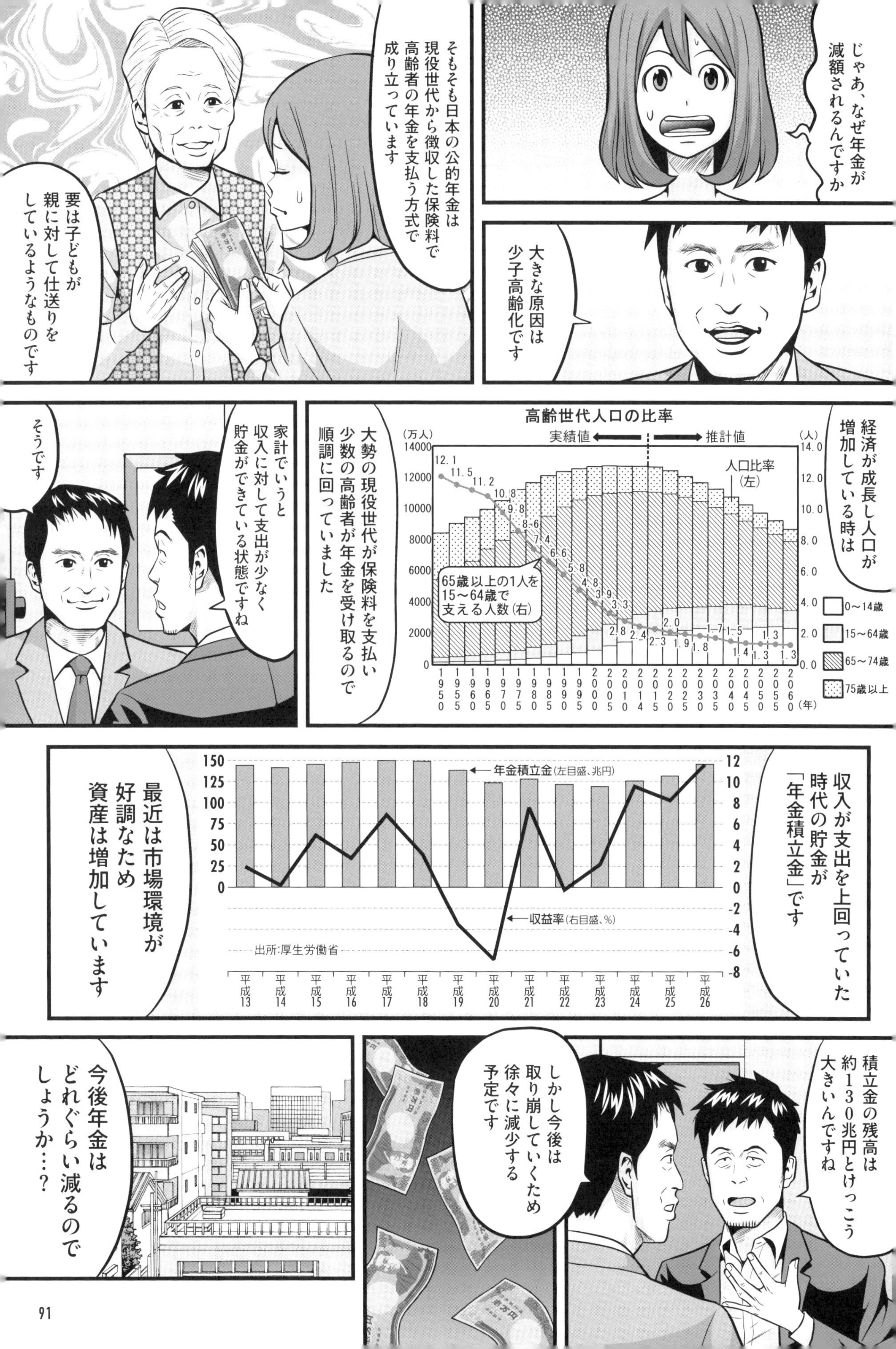
じゃあ、なぜ年金が減額されるんですか
大きな原因は少子高齢化です
そもそも日本の公的年金は現役世代から徴収した保険料で高齢者の年金を支払う方式で成り立っています
要は子どもが親に対して仕送りをしているようなものです
経済が成長し人口が増加している時は
高齢世代人口の比率
(万人)
実績値
推計値
(人)
人口比率(左)
65歳以上の1人を15～64歳で支える人数(右)
12.1 11.5 11.2 10.8 9.8 8.6 7.4 6.6 5.8 4.8 3.9 3.3 2.8 2.4 2.3 2.0 1.9 1.8 1.7 1.5 1.4 1.3 1.3 1.3
0 2000 4000 6000 8000 10000 12000 14000
0.0 2.0 4.0 6.0 8.0 10.0 12.0 14.0
1950 1955 1960 1965 1970 1975 1980 1985 1990 1995 2000 2005 2010 2014 2015 2025 2030 2035 2040 2045 2050 2055 2060 (年)
0～14歳
15～64歳
65～74歳
75歳以上
大勢の現役世代が保険料を支払い少数の高齢者が年金を受け取るので順調に回っていました
家計でいうと収入に対して支出が少なく貯金ができている状態ですね
そうです
収入が支出を上回っていた時代の貯金が「年金積立金」です
年金積立金(左目盛、兆円)
収益率(右目盛、%)
出所:厚生労働省
150 125 100 75 50 25 0
12 10 8 6 4 2 0 -2 -4 -6 -8
平成13 平成14 平成15 平成16 平成17 平成18 平成19 平成20 平成21 平成22 平成23 平成24 平成25 平成26
最近は市場環境が好調なため資産は増加しています
積立金の残高は約130兆円とけっこう大きいんですね
しかし今後は取り崩していくため徐々に減少する予定です
今後年金はどれぐらい減るのでしょうか…?

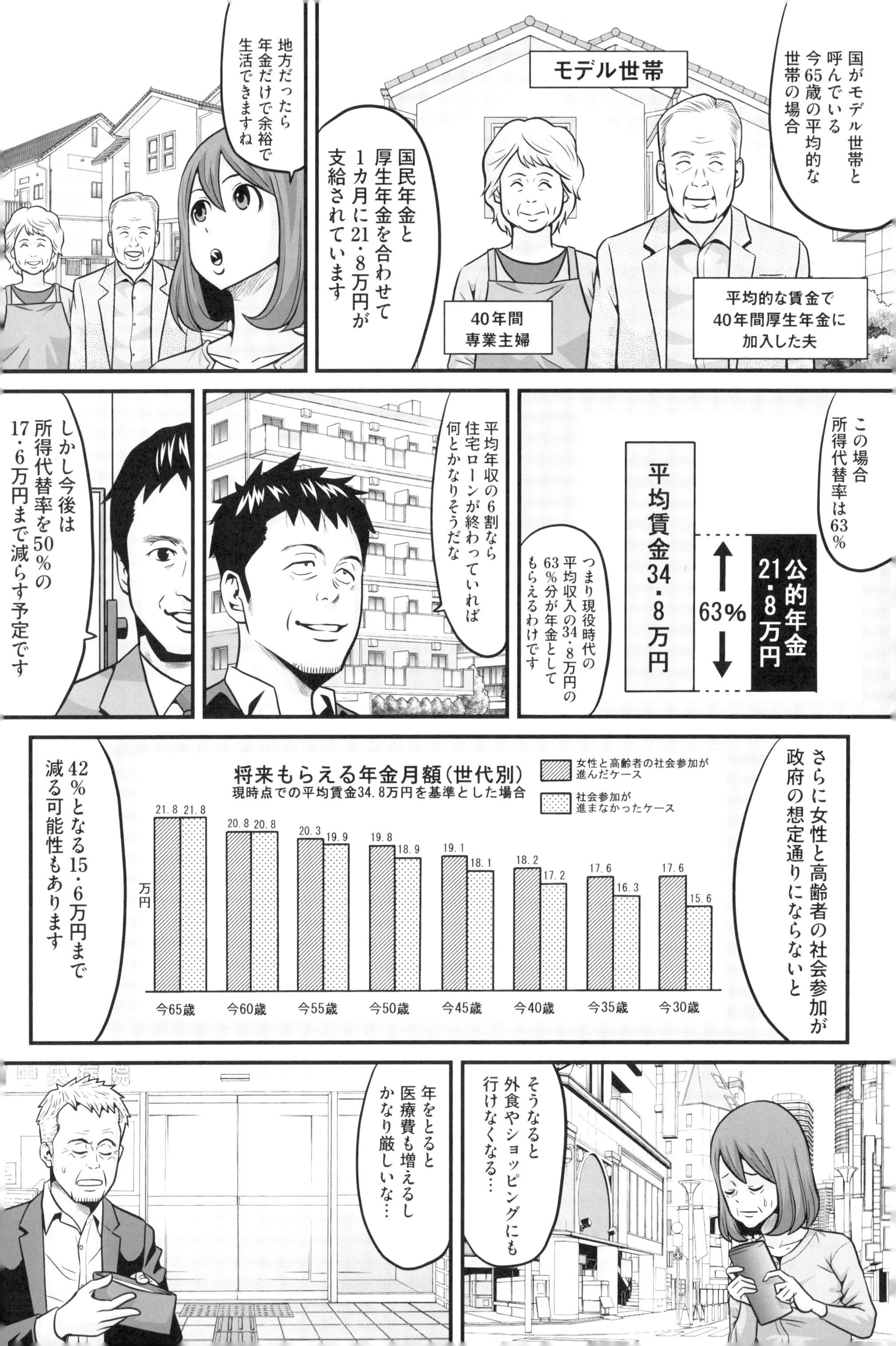
国がモデル世帯と呼んでいる今65歳の平均的な世帯の場合
モデル世帯
平均的な賃金で40年間厚生年金に加入した夫
40年間専業主婦
国民年金と厚生年金を合わせて1カ月に21・8万円が支給されています
地方だったら年金だけで余裕で生活できますね
この場合所得代替率は63％
平均賃金34・8万円
公的年金21・8万円
63%
つまり現役時代の平均収入の34・8万円の63％分が年金としてもらえるわけです
平均年収の6割なら住宅ローンが終わっていれば何とかなりそうだな
しかし今後は所得代替率を50％の17・6万円まで減らす予定です
さらに女性と高齢者の社会参加が政府の想定通りにならないと
将来もらえる年金月額(世代別)
現時点での平均賃金34.8万円を基準とした場合
女性と高齢者の社会参加が進んだケース
社会参加が進まなかったケース
万円
今65歳 21.8 21.8
今60歳 20.8 20.8
今55歳 20.3 19.9
今50歳 19.8 18.9
今45歳 19.1 18.1
今40歳 18.2 17.2
今35歳 17.6 16.3
今30歳 17.6 15.6
42％となる15・6万円まで減る可能性もあります
そうなると外食やショッピングにも行けなくなる…
年をとると医療費も増えるしかなり厳しいな…

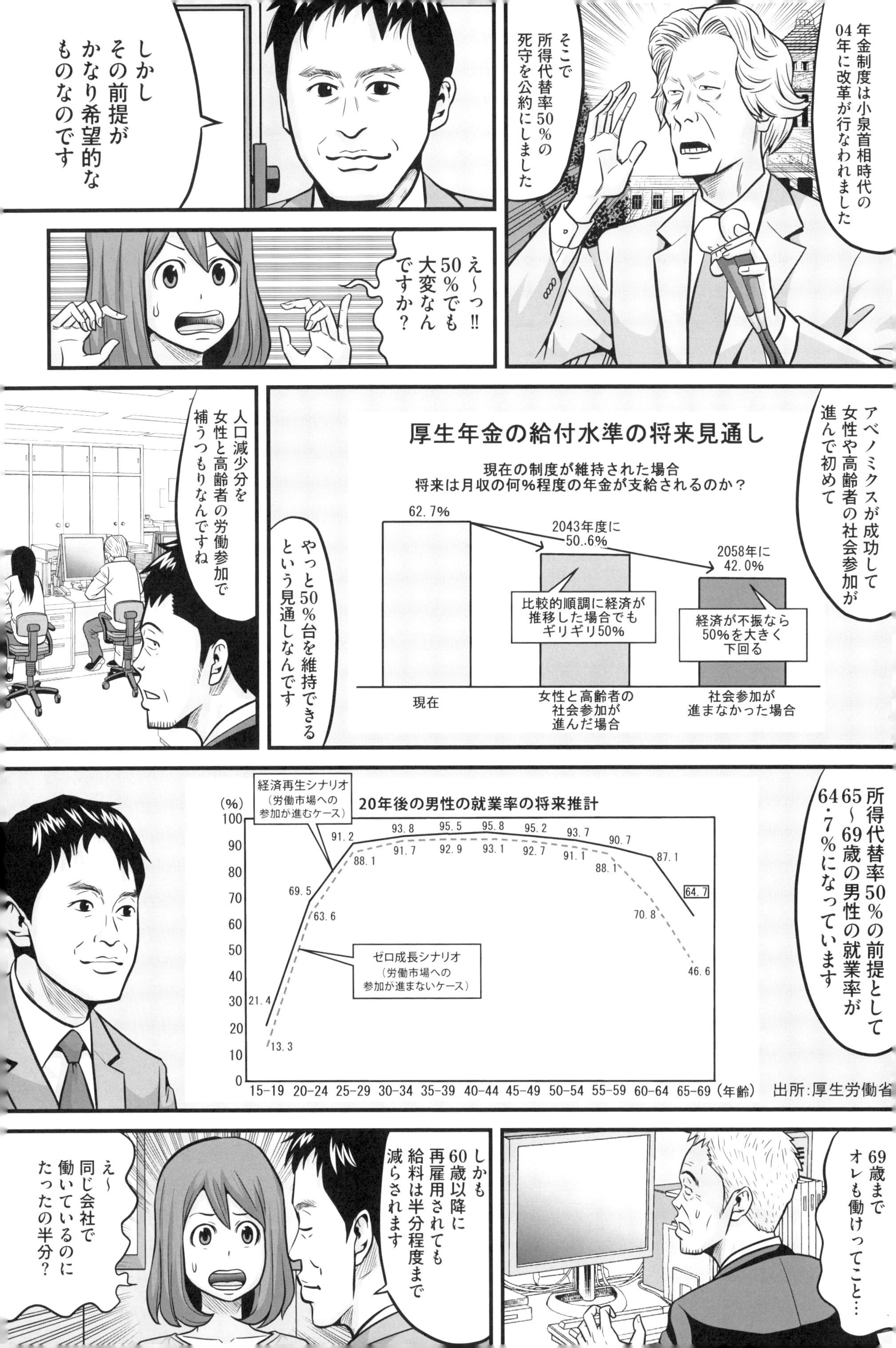
年金制度は小泉首相時代の04年に改革が行なわれました
そこで所得代替率50％の死守を公約にしました
しかしその前提がかなり希望的なものなのです
え〜っ‼50％でも大変なんですか？
アベノミクスが成功して女性や高齢者の社会参加が進んで初めて
厚生年金の給付水準の将来見通し
現在の制度が維持された場合
将来は月収の何%程度の年金が支給されるのか？
62.7%
2043年度に
50..6%
2058年に
42.0%
比較的順調に経済が推移した場合でもギリギリ50%
経済が不振なら50%を大きく下回る
現在
女性と高齢者の社会参加が進んだ場合
社会参加が進まなかった場合
やっと50％台を維持できるという見通しなんです
人口減少分を女性と高齢者の労働参加で補うつもりなんですね
所得代替率50％の前提として65〜69歳の男性の就業率が64・7％になっています
20年後の男性の就業率の将来推計
経済再生シナリオ（労働市場への参加が進むケース）
ゼロ成長シナリオ（労働市場への参加が進まないケース）
(%)
100
90
80
70
60
50
40
30
20
10
0
21.4
69.5
91.2
93.8
95.5
95.8
95.2
93.7
90.7
87.1
64.7
13.3
63.6
88.1
91.7
92.9
93.1
92.7
91.1
88.1
70.8
46.6
15-19 20-24 25-29 30-34 35-39 40-44 45-49 50-54 55-59 60-64 65-69（年齢）
出所:厚生労働省
69歳までオレも働けってこと…
しかも60歳以降に再雇用されても給料は半分程度まで減らされます
え〜同じ会社で働いているのにたったの半分？

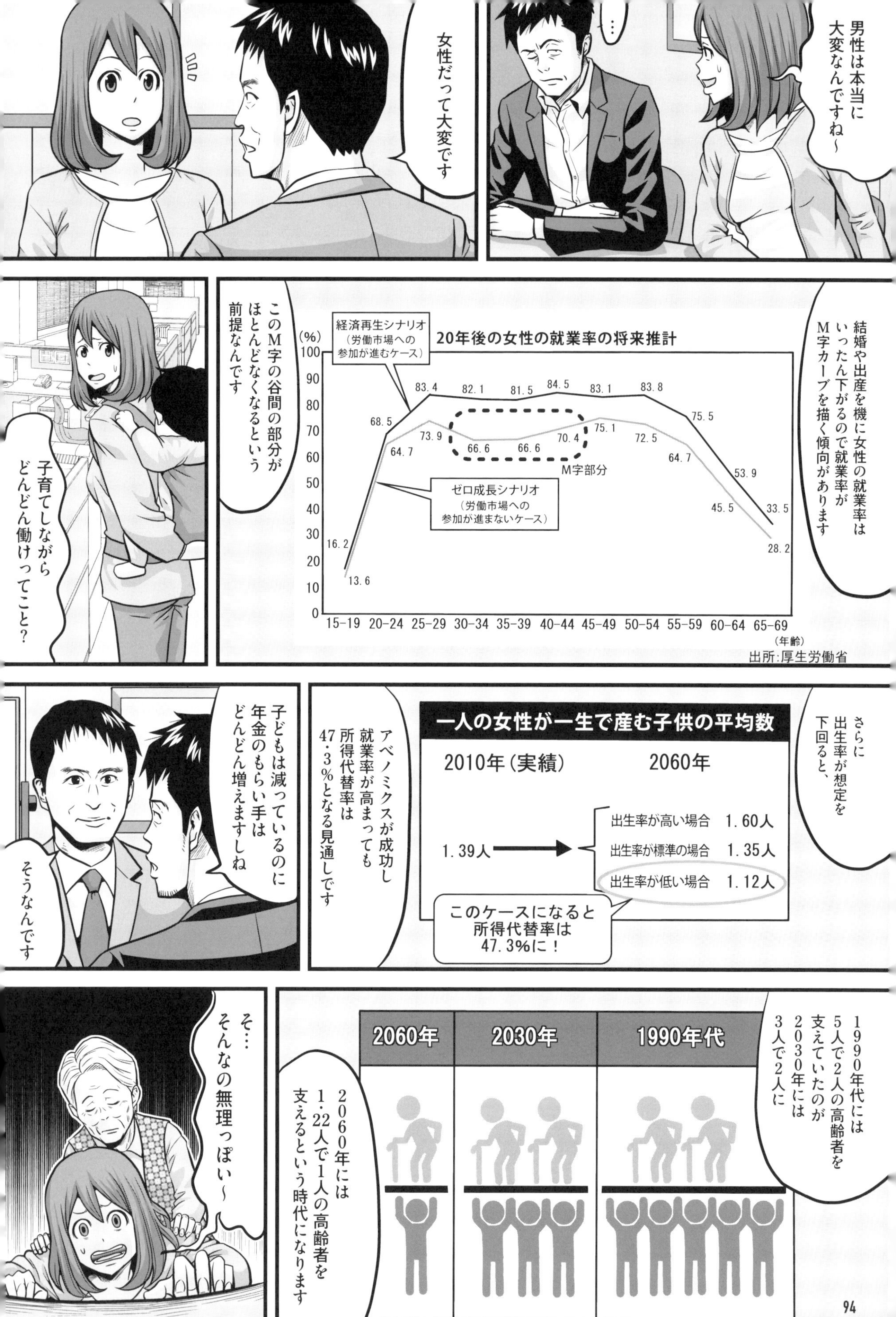
男性は本当に大変なんですね～
…
女性だって大変です
結婚や出産を機に女性の就業率はいったん下がるので就業率がM字カーブを描く傾向があります
20年後の女性の就業率の将来推計
(%)
100
90
80
70
60
50
40
30
20
10
0
経済再生シナリオ
（労働市場への参加が進むケース）
16.2
68.5
83.4
82.1
81.5
84.5
83.1
83.8
75.5
53.9
33.5
13.6
64.7
73.9
66.6
66.6
70.4
75.1
72.5
64.7
45.5
28.2
M字部分
ゼロ成長シナリオ
（労働市場への参加が進まないケース）
15-19
20-24
25-29
30-34
35-39
40-44
45-49
50-54
55-59
60-64
65-69
(年齢)
出所:厚生労働省
このM字の谷間の部分がほとんどなくなるという前提なんです
子育てしながらどんどん働けってこと？
さらに出生率が想定を下回ると、
一人の女性が一生で産む子供の平均数
2010年（実績）
2060年
1.39人
出生率が高い場合 1.60人
出生率が標準の場合 1.35人
出生率が低い場合 1.12人
このケースになると所得代替率は47.3％に！
アベノミクスが成功し就業率が高まっても所得代替率は47.3％となる見通しです
子どもは減っているのに年金のもらい手はどんどん増えますしね
そうなんです
1990年代には5人で2人の高齢者を支えていたのが2030年には3人で2人に
1990年代
2030年
2060年
2060年には1.22人で1人の高齢者を支えるという時代になります
そ…そんなの無理っぽい～

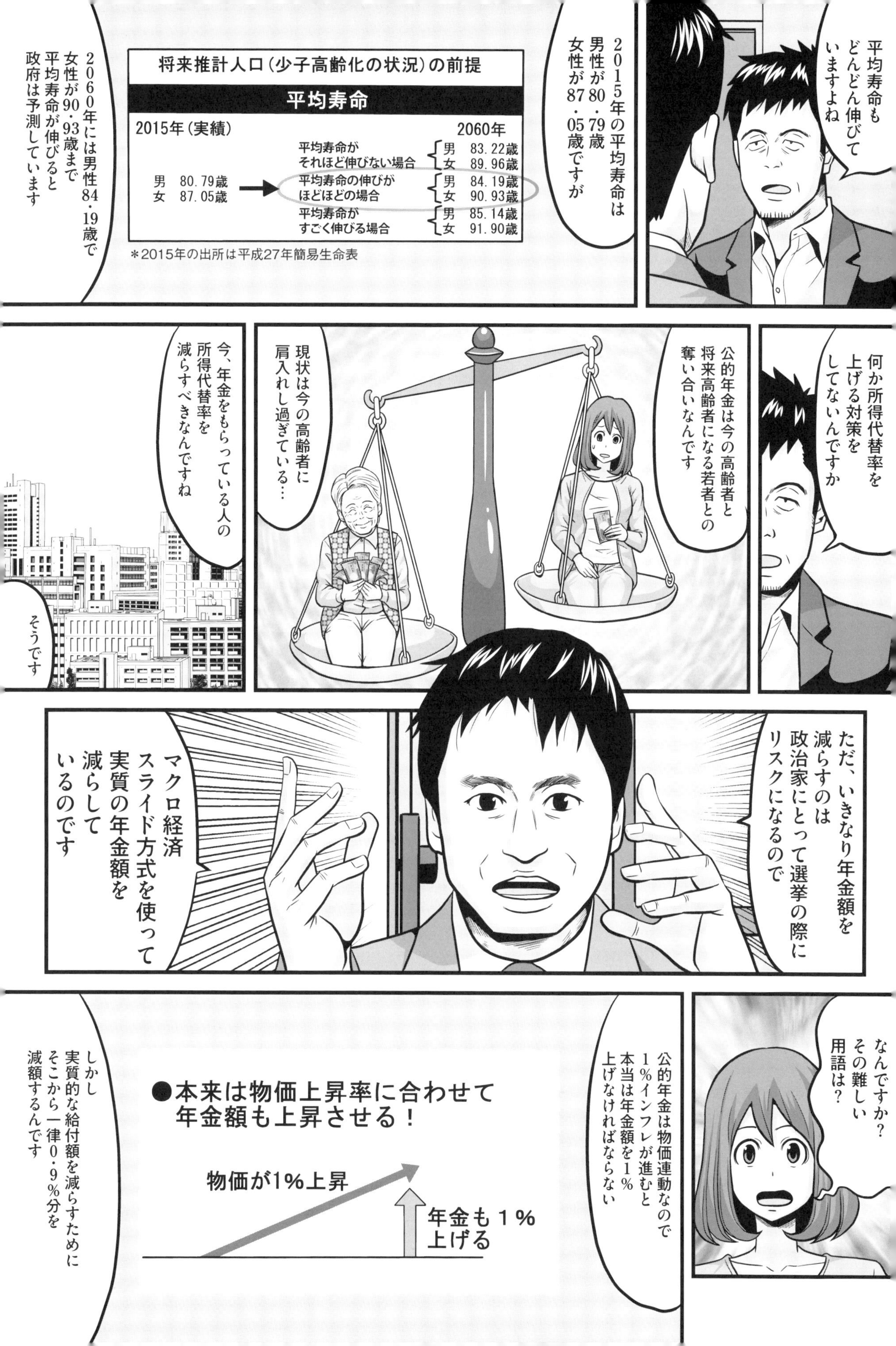
平均寿命もどんどん伸びていますよね
2015年の平均寿命は男性が80・79歳女性が87・05歳ですが
将来推計人口（少子高齢化の状況）の前提
平均寿命
2015年（実績）
2060年
男　80.79歳
女　87.05歳
平均寿命がそれほど伸びない場合　男　83.22歳　女　89.96歳
平均寿命の伸びがほどほどの場合　男　84.19歳　女　90.93歳
平均寿命がすごく伸びる場合　男　85.14歳　女　91.90歳
＊2015年の出所は平成27年簡易生命表
2060年には男性84・19歳で女性が90・93歳まで平均寿命が伸びると政府は予測しています
何か所得代替率を上げる対策をしてないんですか
公的年金は今の高齢者と将来高齢者になる若者との奪い合いなんです
現状は今の高齢者に肩入れし過ぎている…
今、年金をもらっている人の所得代替率を減らすべきなんですね
そうです
ただ、いきなり年金額を減らすのは政治家にとって選挙の際にリスクになるので
マクロ経済スライド方式を使って実質の年金額を減らしているのです
なんですか？その難しい用語は？
公的年金は物価連動なので1%インフレが進むと本当は年金額を1%上げなければならない
●本来は物価上昇率に合わせて年金額も上昇させる！
物価が1%上昇
年金も１%上げる
しかし実質的な給付額を減らすためにそこから一律0・9%分を減額するんです

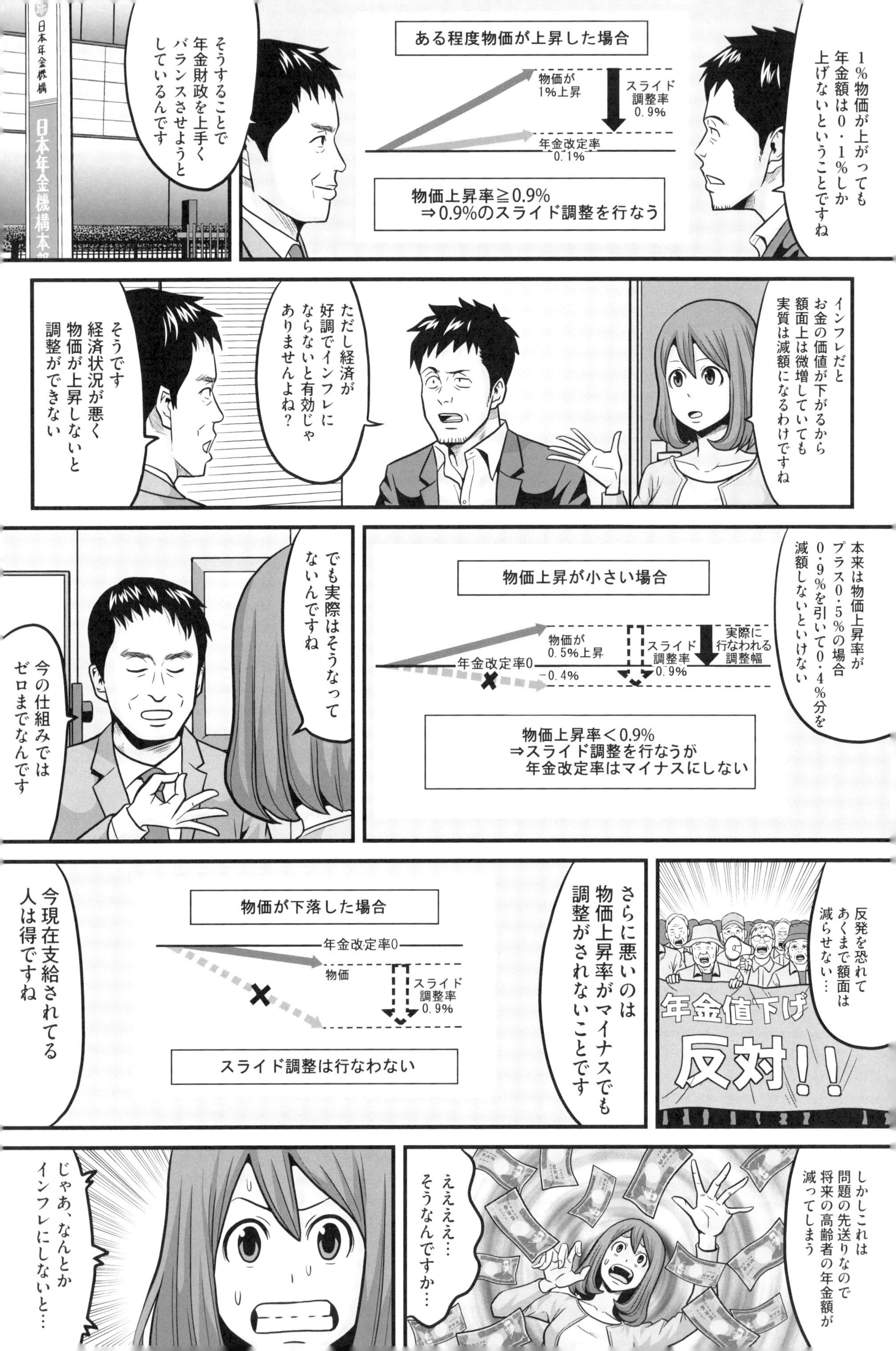
1%物価が上がっても
年金額は0・1%しか
上げないということですね
ある程度物価が上昇した場合
物価が
1%上昇
スライド
調整率
0.9%
年金改定率
0.1%
物価上昇率≧0.9%
⇒0.9%のスライド調整を行なう
そうすることで
年金財政を上手く
バランスさせようと
しているんです
日本年金機構
日本年金機構本部
インフレだと
お金の価値が下がるから
額面上は微増していても
実質は減額になるわけですね
ただし経済が
好調でインフレに
ならないと有効じゃ
ありませんよね?
そうです
経済状況が悪く
物価が上昇しないと
調整ができない
本来は物価上昇率が
プラス0・5%の場合
0・9%を引いて0・4%分を
減額しないといけない
物価上昇が小さい場合
物価が
0.5%上昇
スライド
調整率
0.9%
実際に
行なわれる
調整幅
年金改定率0
−0.4%
物価上昇率<0.9%
⇒スライド調整を行なうが
年金改定率はマイナスにしない
でも実際はそうなって
ないんですね
今の仕組みでは
ゼロまでなんです
反発を恐れて
あくまで額面は
減らせない…
年金値下げ
反対!!
さらに悪いのは
物価上昇率がマイナスでも
調整がされないことです
物価が下落した場合
年金改定率0
物価
スライド
調整率
0.9%
スライド調整は行なわない
今現在支給されてる
人は得ですね
しかしこれは
問題の先送りなので
将来の高齢者の年金額が
減ってしまう
えええ…
そうなんですか…
じゃあ、なんとか
インフレにしないと…

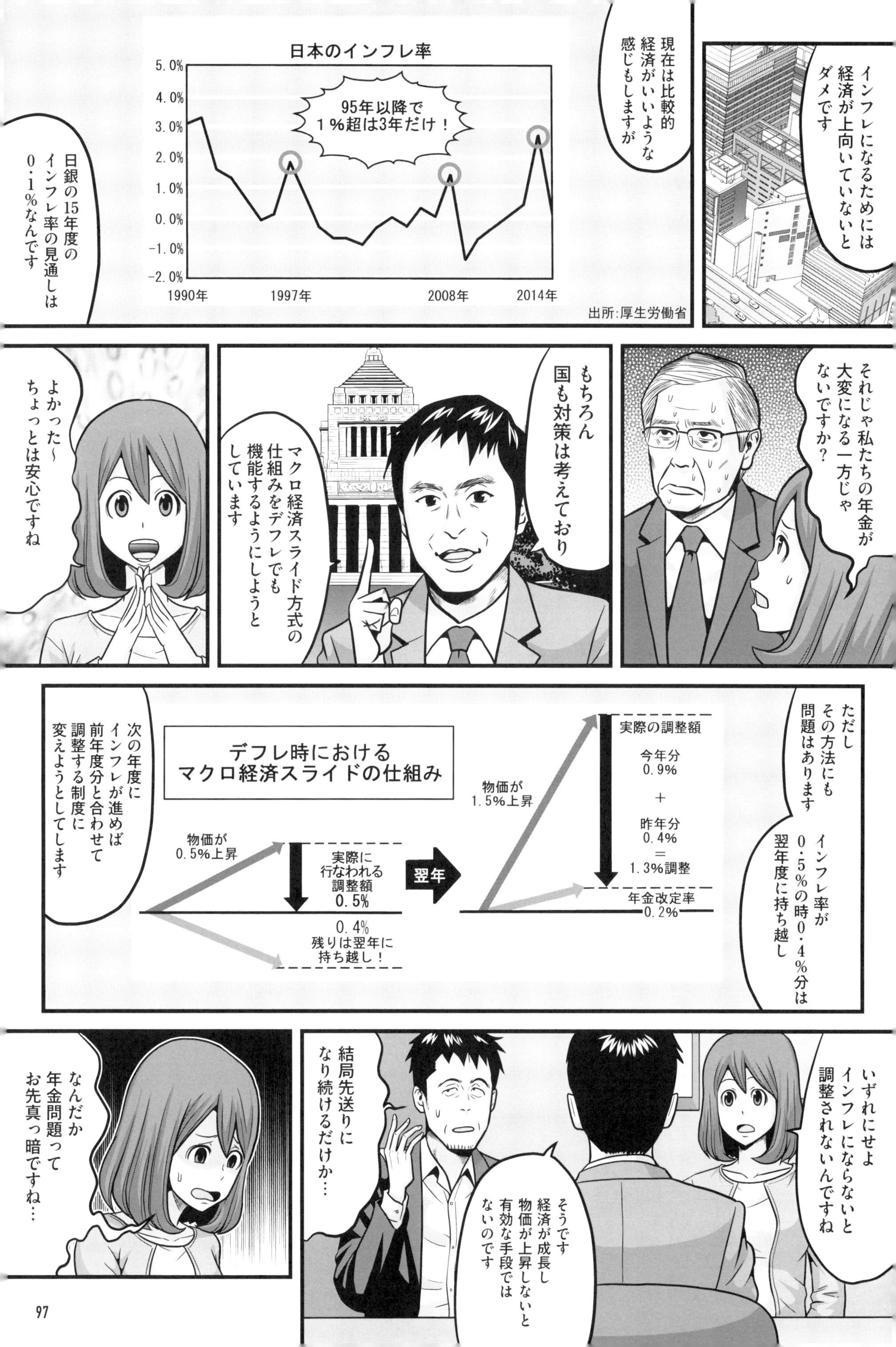

インフレになるためには経済が上向いていないとダメです
現在は比較的経済がいいような感じもしますが
日本のインフレ率
5.0%
4.0%
3.0%
2.0%
1.0%
0.0%
-1.0%
-2.0%
1990年
1997年
2008年
2014年
95年以降で1%超は3年だけ！
出所:厚生労働省
日銀の15年度のインフレ率の見通しは0・1%なんです
それじゃ私たちの年金が大変になる一方じゃないですか?
もちろん国も対策は考えており
マクロ経済スライド方式の仕組みをデフレでも機能するようにしようとしています
よかった～ちょっとは安心ですね
ただしその方法にも問題はあります
インフレ率が0・5%の時0・4%分は翌年度に持ち越し
デフレ時における
マクロ経済スライドの仕組み
物価が0.5%上昇
実際に行なわれる調整額0.5%
0.4%
残りは翌年に持ち越し！
翌年
物価が1.5%上昇
実際の調整額
今年分0.9%
＋
昨年分0.4%
＝
1.3%調整
年金改定率0.2%
次の年度にインフレが進めば前年度分と合わせて調整する制度に変えようとしてします
いずれにせよインフレにならないと調整されないんですね
そうです経済が成長し物価が上昇しないと有効な手段ではないのです
結局先送りになり続けるだけか…
なんだか年金問題ってお先真っ暗ですね…

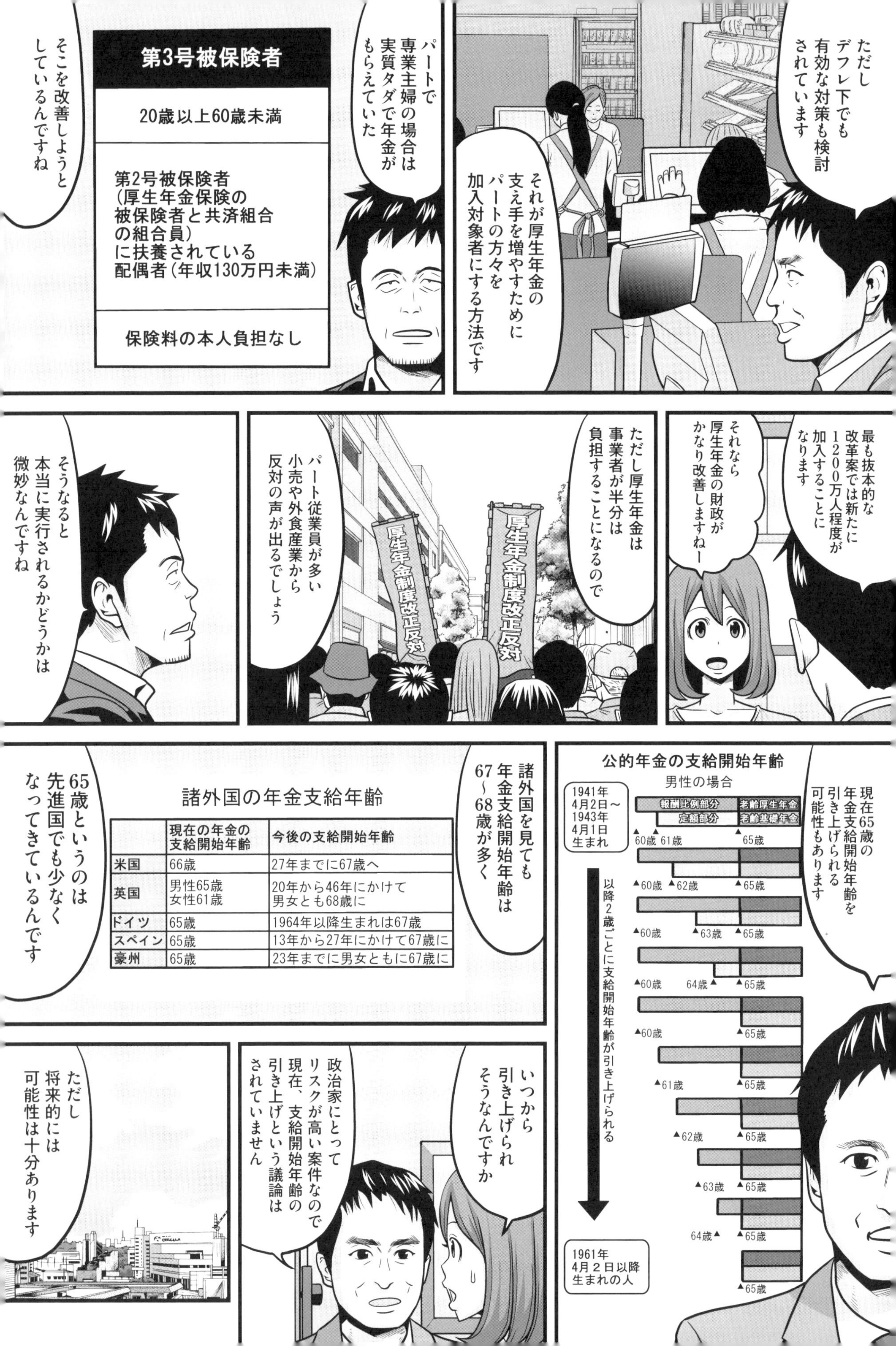
ただしデフレ下でも有効な対策も検討されています
それが厚生年金の支え手を増やすためにパートの方々を加入対象者にする方法です
パートで専業主婦の場合は実質タダで年金がもらえていた
第3号被保険者
20歳以上60歳未満
第2号被保険者(厚生年金保険の被保険者と共済組合の組合員)に扶養されている配偶者(年収130万円未満)
保険料の本人負担なし
そこを改善しようとしているんですね
最も抜本的な改革案では新たに1200万人程度が加入することになります
それなら厚生年金の財政がかなり改善しますねー
ただし厚生年金は事業者が半分は負担することになるので
パート従業員が多い小売や外食産業から反対の声が出るでしょう
厚生年金制度改正反対
厚生年金制度改正反対
そうなると本当に実行されるかどうかは微妙なんですね
現在65歳の年金支給開始年齢を引き上げられる可能性もあります
公的年金の支給開始年齢
男性の場合
1941年4月2日～1943年4月1日生まれ
報酬比例部分
定額部分
老齢厚生年金
老齢基礎年金
60歳 61歳 65歳
60歳 62歳 65歳
60歳 63歳 65歳
60歳 64歳 65歳
60歳 65歳
61歳 65歳
62歳 65歳
63歳 65歳
64歳 65歳
65歳
以降2歳ごとに支給開始年齢が引き上げられる
1961年4月2日以降生まれの人
諸外国を見ても年金支給開始年齢は67～68歳が多く
65歳というのは先進国でも少なくなってきているんです
いつから引き上げられそうなんですか
政治家にとってリスクが高い案件なので現在、支給開始年齢の引き上げという議論はされていません
ただし将来的には可能性は十分あります

諸外国の年金支給年齢

	現在の年金の支給開始年齢	今後の支給開始年齢
米国	66歳	27年までに67歳へ
英国	男性65歳 女性61歳	20年から46年にかけて 男女とも68歳に
ドイツ	65歳	1964年以降生まれは67歳
スペイン	65歳	13年から27年にかけて67歳に
豪州	65歳	23年までに男女ともに67歳に

これからは公的年金だけを頼りにすると老後の生活は大変そうですね
そうです
自分で何らかの対策をしておかないと
豊かな老後を送れません
貯金額を増やすしかないか〜
預金通帳
年金手帳
ただ国も公的年金だけでは大変になるということはわかっているので
中央合同庁
Central Gov't Bldg. No.5
内閣府(防災担当)
Cabinet Office (Disaster Management)
厚生労働省
Ministry of Health, Labour and Welfare
社会保険庁
Social Insurance Agency
より自助努力をしやすいように年金制度を改革しようとしているんです
年金制度の改革?
1階部分の国民年金と2階部分の厚生年金に加えて
日本の年金制度の概要
3階部分
2階部分
1階部分
付加年金
国民年金基金
確定拠出年金個人型
厚生年金基金
代行部分
確定給付企業年金
確定拠出年金企業型
厚生年金保険
年金払い退職給付
国民年金(基礎年金)
第3号被保険者
第2号被保険者の被扶養配偶者
第1号被保険者
自営業者、学生、派遣社員
農業・漁業従事者
第2号被保険者等
民間サラリーマン
公務員等
3階部分に「確定拠出年金」という制度があるのを知っていますか?
確定拠出年金…?
つづく

EPISODE ❽

公的年金の大幅な減額で下流老人が街に溢れる日のまとめ

1 **公的年金は破綻はしないが2割以上減る可能性が高い。**

---

2 **受け取る年金額は最悪の場合現役時代の平均賃金の42%まで減少する。**

---

3 **マクロ経済スライド方式で実質の年金額は減少していく。**

EPISODE 9

下流老人になった後に確定拠出年金を悔やむ日

時間を味方にしつつ、税制メリットを生かして自分年金を作れ！

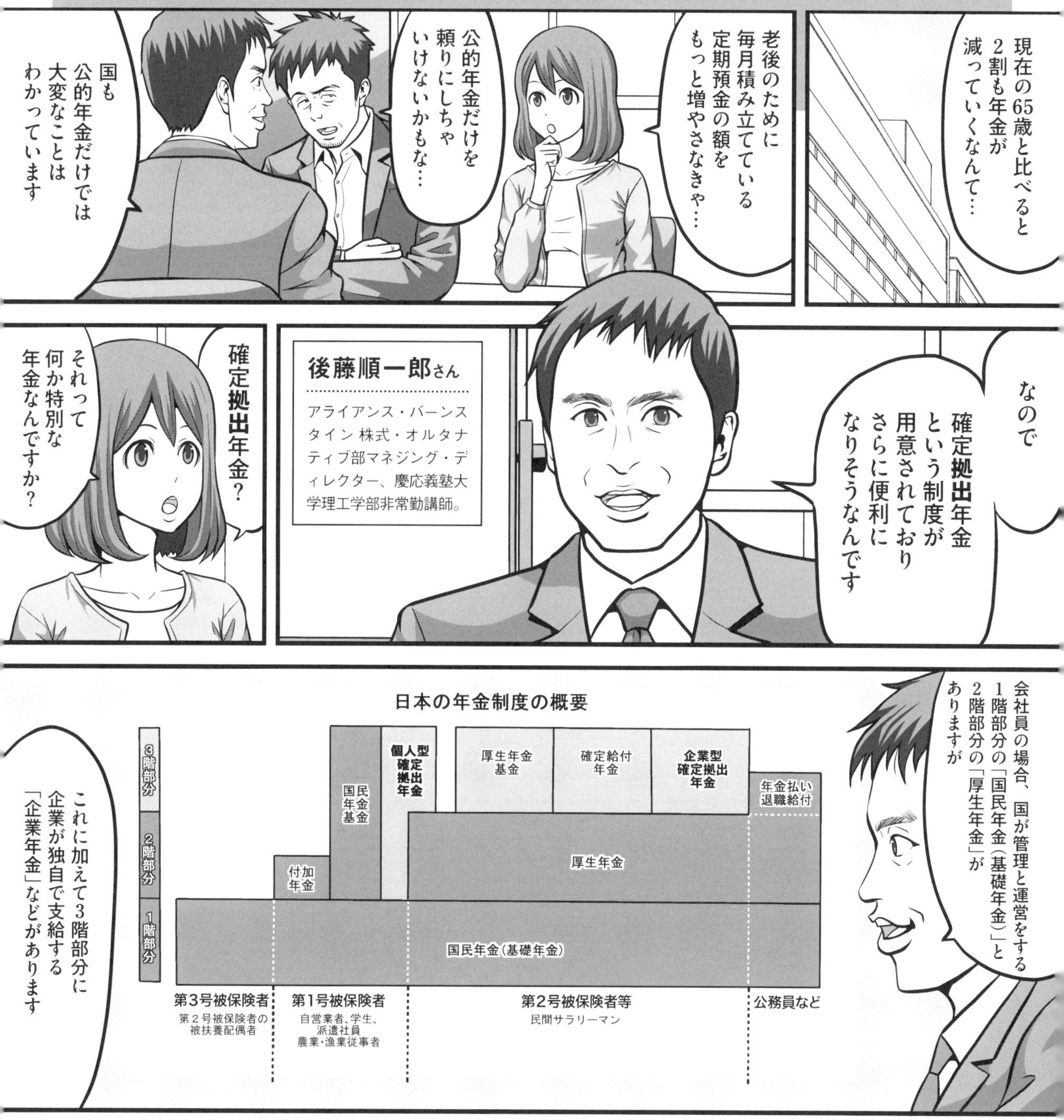
現在の65歳と比べると2割も年金が減っていくなんて…
老後のために毎月積み立てている定期預金の額をもっと増やさなきゃ…
公的年金だけを頼りにしちゃいけないかもな…
国も公的年金だけでは大変なことはわかっています
なので確定拠出年金という制度が用意されておりさらに便利になりそうなんです
後藤順一郎さん
アライアンス・バーンスタイン 株式・オルタナティブ部マネジング・ディレクター、慶応義塾大学理工学部非常勤講師。
確定拠出年金？
それって何か特別な年金なんですか？
会社員の場合、国が管理と運営をする1階部分の「国民年金（基礎年金）」と2階部分の「厚生年金」がありますが
日本の年金制度の概要
3階部分
2階部分
1階部分
国民年金基金
個人型確定拠出年金
厚生年金基金
確定給付年金
企業型確定拠出年金
年金払い退職給付
付加年金
厚生年金
国民年金（基礎年金）
第3号被保険者
第２号被保険者の被扶養配偶者
第1号被保険者
自営業者、学生、派遣社員 農業・漁業従事者
第2号被保険者等
民間サラリーマン
公務員など
これに加えて3階部分に企業が独自で支給する「企業年金」などがあります

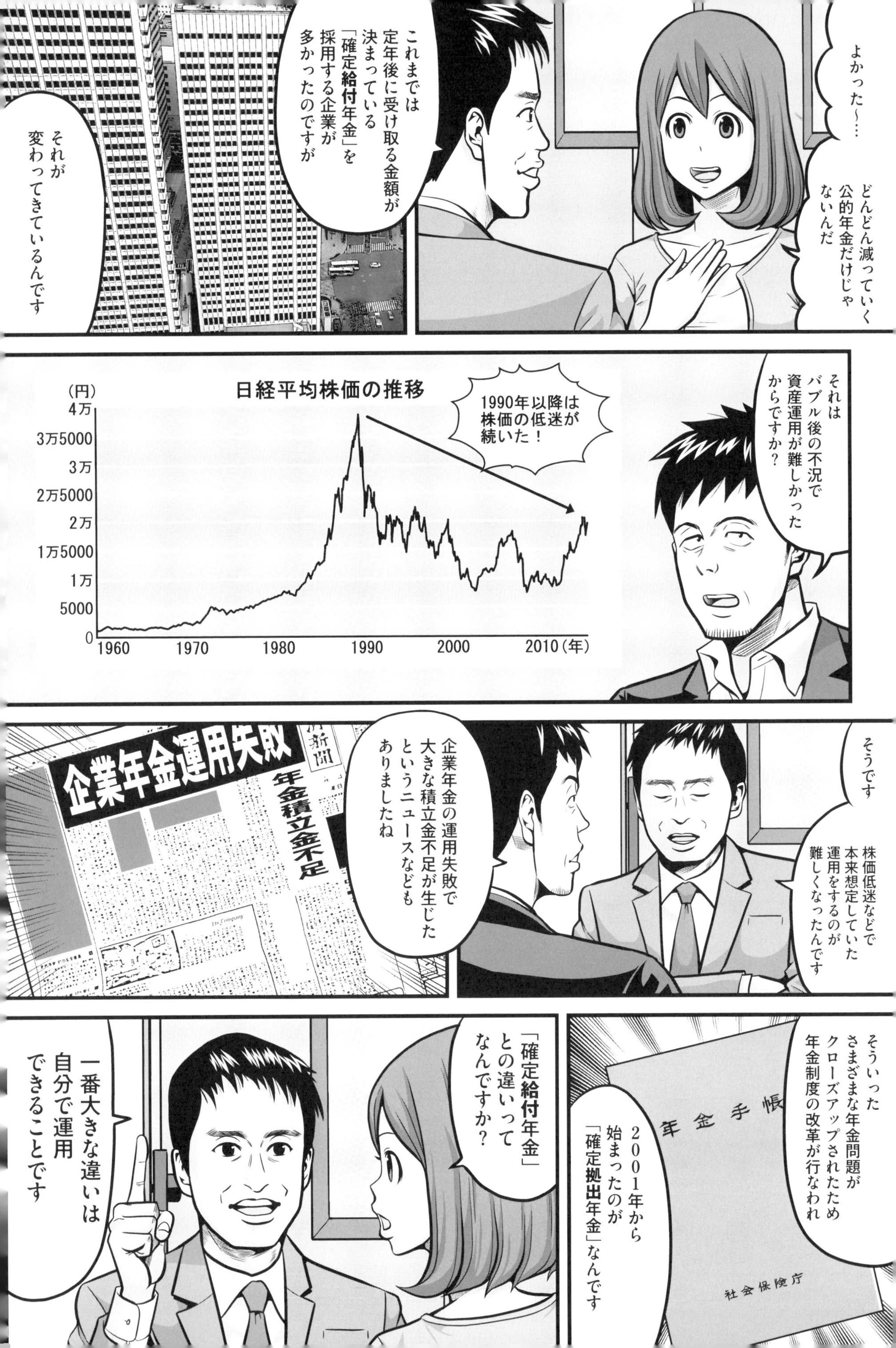

よかった〜…
どんどん減っていく公的年金だけじゃないんだ
これまでは定年後に受け取る金額が決まっている「確定給付年金」を採用する企業が多かったのですが
それが変わってきているんです
それはバブル後の不況で資産運用が難しかったからですか？
日経平均株価の推移
(円)
4万
3万5000
3万
2万5000
2万
1万5000
1万
5000
0
1960
1970
1980
1990
2000
2010（年）
1990年以降は株価の低迷が続いた！
そうです
株価低迷などで本来想定していた運用をするのが難しくなったんです
企業年金の運用失敗で大きな積立金不足が生じたというニュースなどもありましたね
新聞
企業年金運用失敗
年金積立金不足
そういったさまざまな年金問題がクローズアップされたため年金制度の改革が行なわれ
2001年から始まったのが「確定拠出年金」なんです
年金手帳
社会保険庁
「確定給付年金」との違いってなんですか？
一番大きな違いは自分で運用できることです

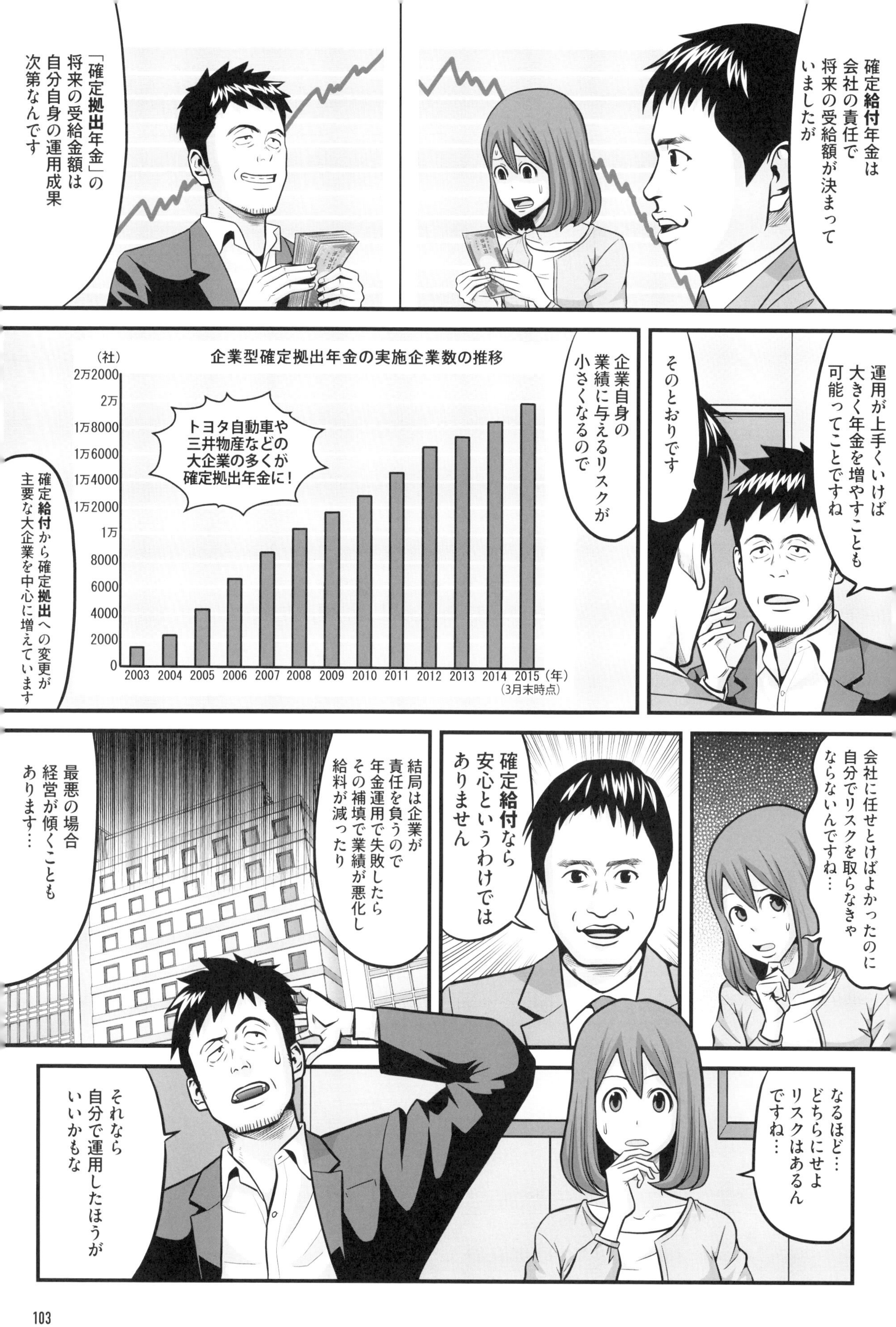
確定給付年金は
会社の責任で
将来の受給額が決まって
いましたが
「確定拠出年金」の
将来の受給額は
自分自身の運用成果
次第なんです
運用が上手くいけば
大きく年金を増やすことも
可能ってことですね
そのとおりです
企業自身の
業績に与えるリスクが
小さくなるので
企業型確定拠出年金の実施企業数の推移
(社)
2万2000
2万
1万8000
1万6000
1万4000
1万2000
1万
8000
6000
4000
2000
0
2003 2004 2005 2006 2007 2008 2009 2010 2011 2012 2013 2014 2015 (年)
(3月末時点)
トヨタ自動車や
三井物産などの
大企業の多くが
確定拠出年金に!
確定給付から確定拠出への変更が
主要な大企業を中心に増えています
会社に任せとけばよかったのに
自分でリスクを取らなきゃ
ならないんですね…
確定給付なら
安心というわけでは
ありません
結局は企業が
責任を負うので
年金運用で失敗したら
その補填で業績が悪化し
給料が減ったり
最悪の場合
経営が傾くことも
あります…
なるほど…
どちらにせよ
リスクはあるんですね…
それなら
自分で運用したほうが
いいかもな

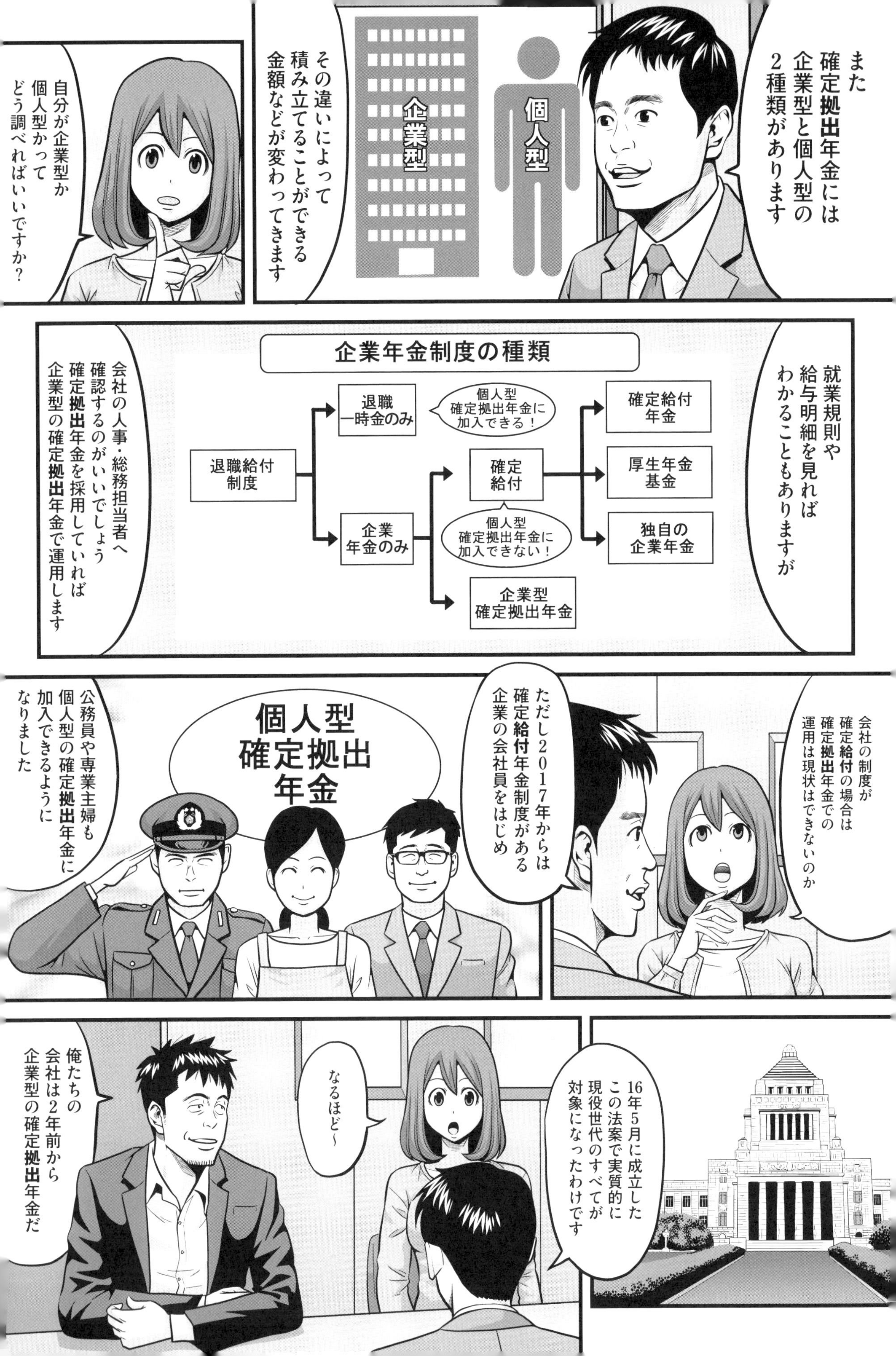

また
確定拠出年金には
企業型と個人型の
２種類があります
個人型
企業型
その違いによって
積み立てることができる
金額などが変わってきます
自分が企業型か
個人型かって
どう調べればいいですか？
就業規則や
給与明細を見れば
わかることもありますが
企業年金制度の種類
退職給付制度
退職一時金のみ
個人型確定拠出年金に加入できる！
企業年金のみ
確定給付
個人型確定拠出年金に加入できない！
企業型確定拠出年金
確定給付年金
厚生年金基金
独自の企業年金
会社の人事・総務担当者へ
確認するのがいいでしょう
確定拠出年金を採用していれば
企業型の確定拠出年金で運用します
会社の制度が
確定給付の場合は
確定拠出年金での
運用は現状はできないのか
ただし２０１７年からは
確定給付年金制度がある
企業の会社員をはじめ
個人型
確定拠出
年金
公務員や専業主婦も
個人型の確定拠出年金に
加入できるように
なりました
16年5月に成立した
この法案で実質的に
現役世代のすべてが
対象になったわけです
なるほど～
俺たちの
会社は2年前から
企業型の確定拠出年金だ

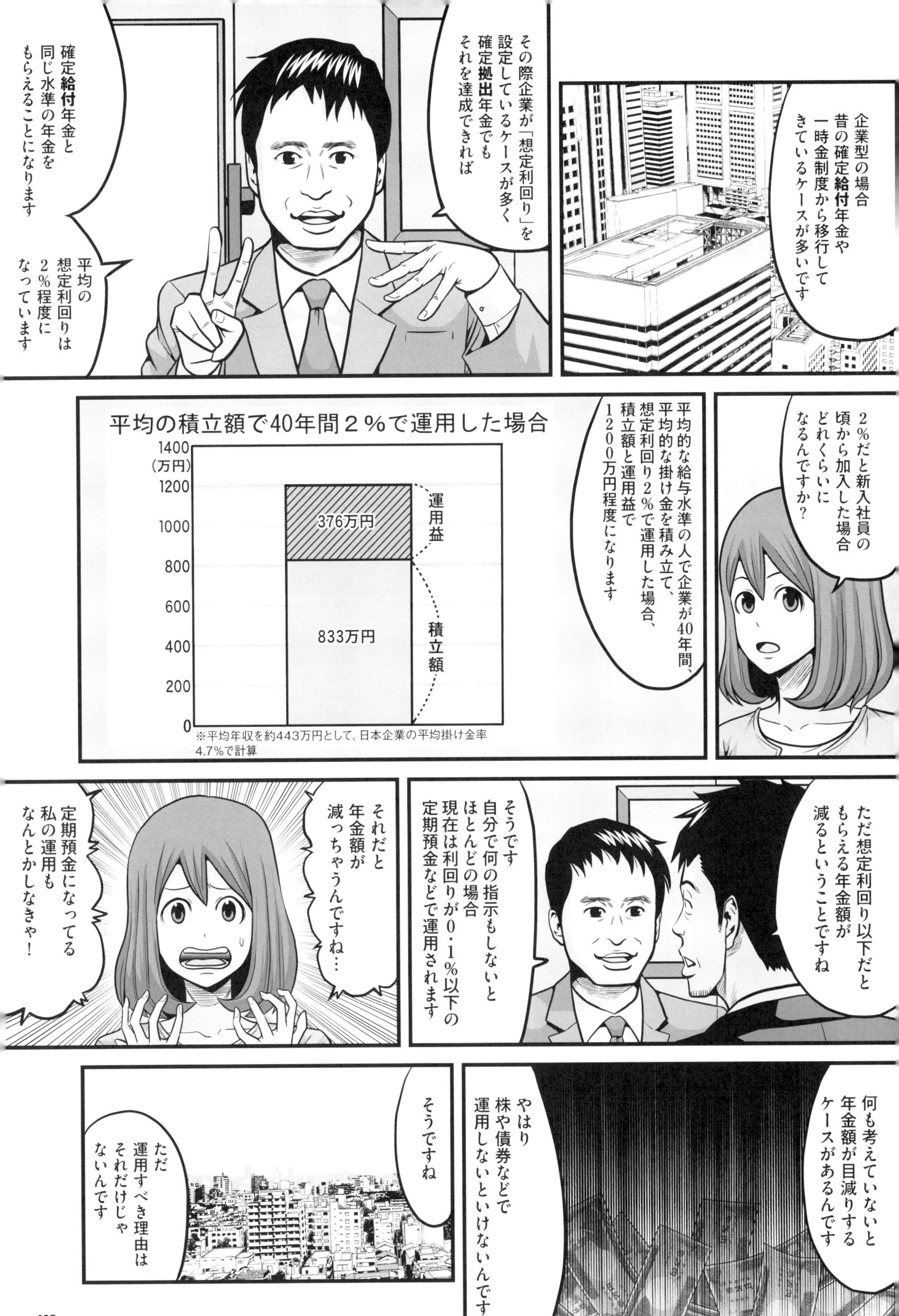
企業型の場合 昔の確定給付年金や 一時金制度から移行して きているケースが多いです
その際企業が「想定利回り」を 設定しているケースが多く 確定拠出年金でも それを達成できれば
確定給付年金と 同じ水準の年金を もらえることになります
平均の 想定利回りは 2%程度に なっています
2%だと新入社員の 頃から加入した場合 どれくらいに なるんですか?
平均的な給与水準の人で企業が40年間、 平均的な掛け金を積み立て、 想定利回り2%で運用した場合、 積立額と運用益で 1200万円程度になります
平均の積立額で40年間2%で運用した場合
1400 (万円) 1200 1000 800 600 400 200 0
376万円
運用益
833万円
積立額
※平均年収を約443万円として、日本企業の平均掛け金率4.7%で計算
ただ想定利回り以下だと もらえる年金額が 減るということですね
そうです 自分で何の指示もしないと ほとんどの場合 現在は利回りが0・1%以下の 定期預金などで運用されます
それだと 年金額が 減っちゃうんですね…
定期預金になってる 私の運用も なんとかしなきゃ!
何も考えていないと 年金額が目減りする ケースがあるんです
やはり 株や債券などで 運用しないといけないんです
そうですね
ただ 運用すべき理由は それだけじゃ ないんです

もうひとつの大きな理由は
インフレに対応するためです
国もインフレ2%を目標にしているので
インフレが進んだ場合の1000万円の実質価値の変化
(万円)
1200
1000
800
600
400
200
0
0年
5年
10年
15年
20年(経過年数)
物価上昇率
年0% 1000万円
年1.0% 819万円
年2.0% 673万円
年3.0% 553万円
年4.0% 376万円
インフレが進行すると実質的な価値が大きく減少する！
その目標どおりになると定期預金だけでは実質的な資産は減っていきますね
でもしっかり運用すれば確定給付年金よりも年金額が増える可能性もあるんです
定期預金と株式などで運用した場合とではどれくらいの差になるんですか
まずはこの図をご覧ください
100万円を長期運用した場合の資産推移
(万円)
300
250
200
150
100
50
0
2
4
6
8
10
12
14
16
18
20(年)
運用利回り
5% 265万円
3% 180万円
2% 149万円
1% 122万円
0.1% 102万円
5%で運用できれば資産は2.6倍に！
100万円を0・1%と5%の利回りで運用すると20年後にその差が2・6倍に！
これは複利効果が資産増加に大きく影響を与えるからなんです
複利効果？
よく雪だるま式に借金が増えるといいますよね
逆に運用することでリターンがリターンを生み雪だるま式に資産が増えるのです
ゴロ
ゴロ
雪だるま式
ちょっとの利回り差でもこんなに差が出てくるんだ
1%とは長期的に見た銀行の定期預金を想定していますが複利効果が非常に小さく20年後でもたったの122万円です
3%や5%の利回りだと複利の効果が絶大ですね

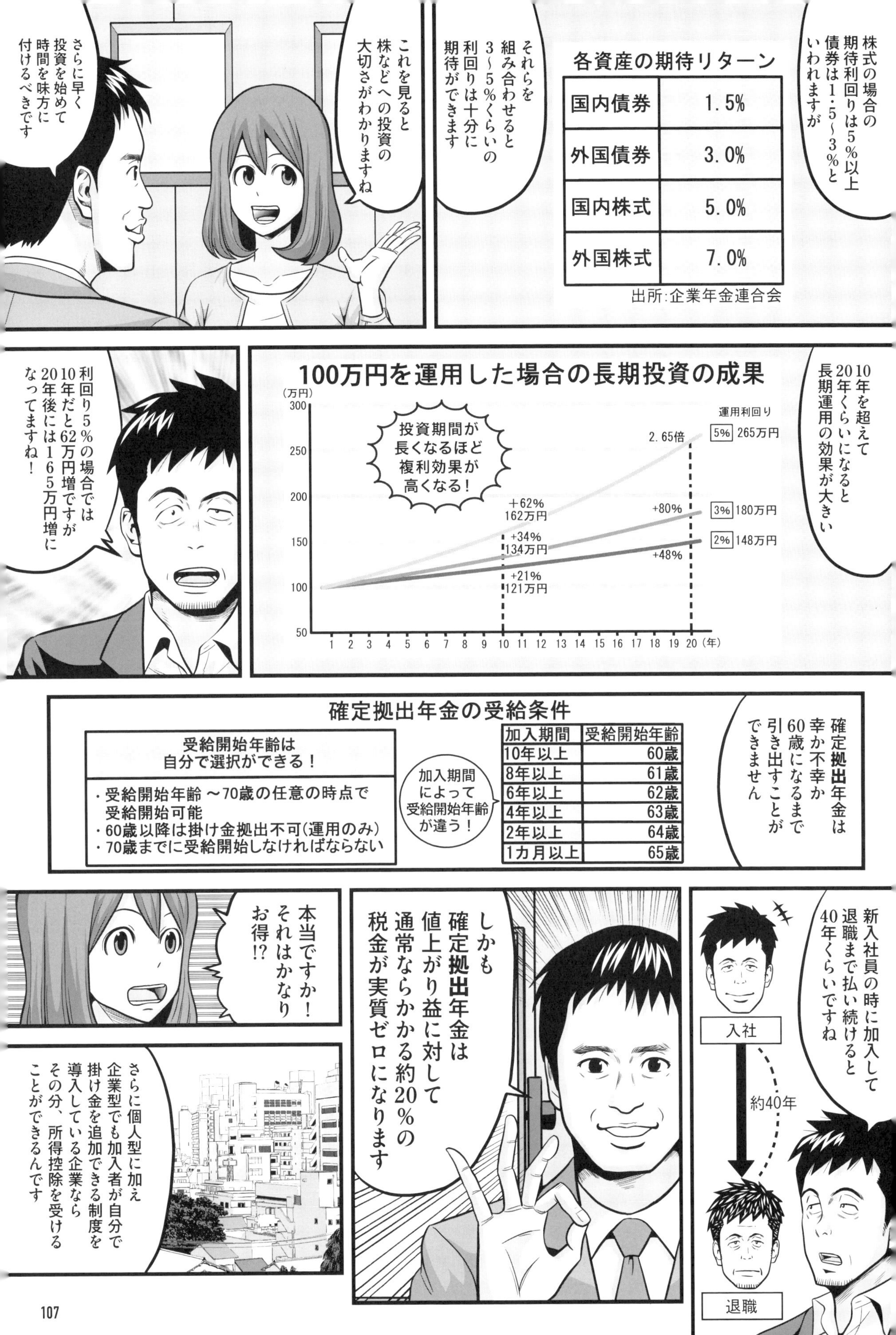
株式の場合の期待利回りは5%以上債券は1.5~3%といわれますが
各資産の期待リターン
出所:企業年金連合会
それらを組み合わせると3~5%くらいの利回りは十分に期待ができます
これを見ると株などへの投資の大切さがわかりますね
さらに早く投資を始めて時間を味方に付けるべきです
10年を超えて20年くらいになると長期運用の効果が大きい
100万円を運用した場合の長期投資の成果
(万円)
300
250
200
150
100
50
1 2 3 4 5 6 7 8 9 10 11 12 13 14 15 16 17 18 19 20 (年)
投資期間が長くなるほど複利効果が高くなる!
運用利回り
2.65倍
5% 265万円
+80%
3% 180万円
+48%
2% 148万円
+62%
162万円
+34%
134万円
+21%
121万円
利回り5%の場合では10年だと62万円増ですが20年後には165万円増になってますね!
確定拠出年金は幸か不幸か60歳になるまで引き出すことができません
確定拠出年金の受給条件
受給開始年齢は自分で選択ができる!
・受給開始年齢 ~70歳の任意の時点で受給開始可能
・60歳以降は掛け金拠出不可(運用のみ)
・70歳までに受給開始しなければならない
加入期間によって受給開始年齢が違う!
新入社員の時に加入して退職まで払い続けると40年くらいですね
入社
約40年
退職
しかも確定拠出年金は値上がり益に対して通常ならかかる約20%の税金が実質ゼロになります
本当ですか!それはかなりお得!?
さらに個人型に加え企業型でも加入者が自分で掛け金を追加できる制度を導入している企業ならその分、所得控除を受けることができるんです

各資産の期待リターン

国内債券	1.5%
外国債券	3.0%
国内株式	5.0%
外国株式	7.0%

出所:企業年金連合会

確定拠出年金の受給条件

加入期間	受給開始年齢
10年以上	60歳
8年以上	61歳
6年以上	62歳
4年以上	63歳
2年以上	64歳
1カ月以上	65歳

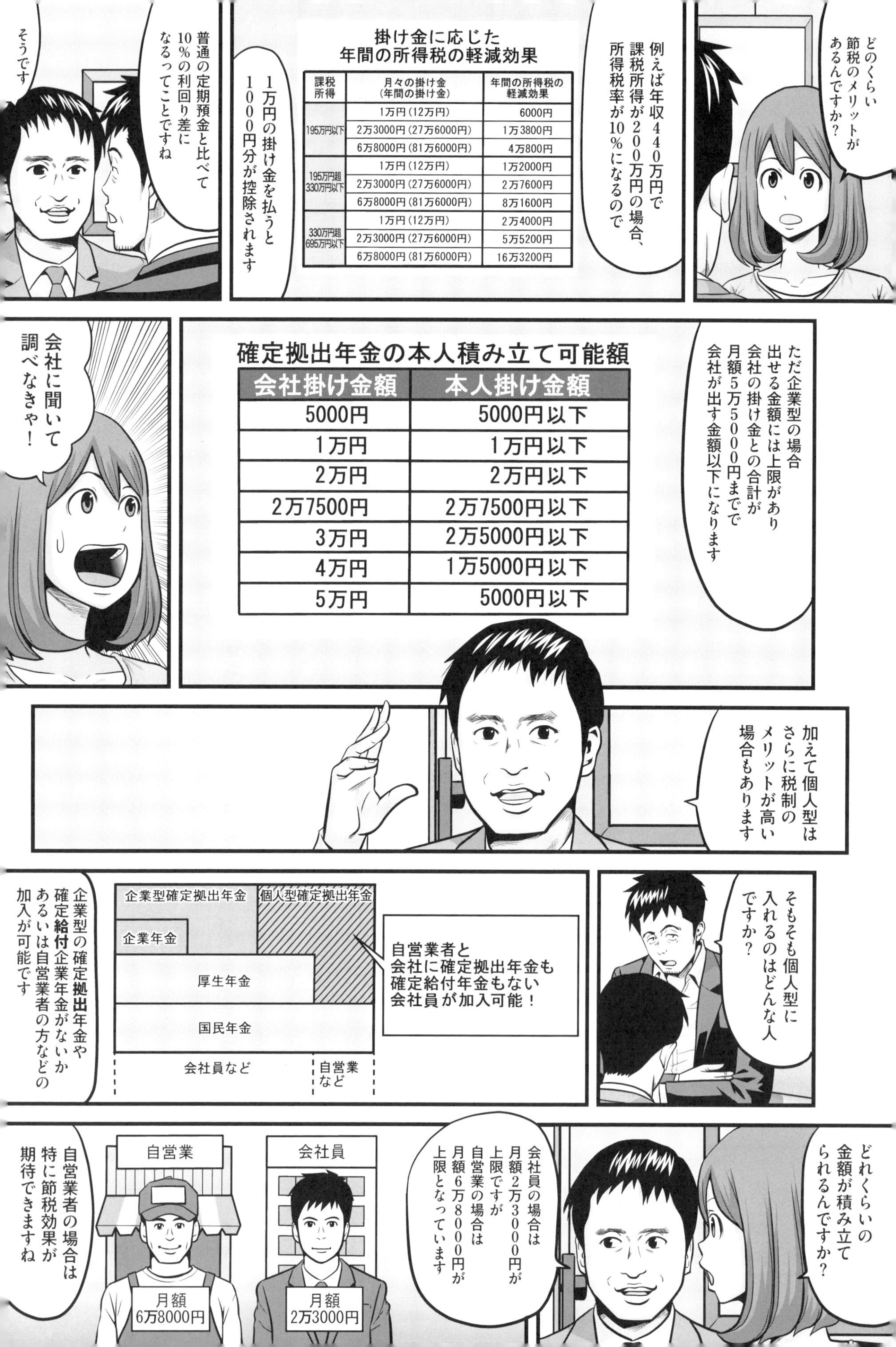

どのくらい節税のメリットがあるんですか？
例えば年収440万円で課税所得が200万円の場合、所得税率が10％になるので
掛け金に応じた年間の所得税の軽減効果

課税所得	月々の掛け金（年間の掛け金）	年間の所得税の軽減効果
195万円以下	1万円（12万円）	6000円
	2万3000円（27万6000円）	1万3800円
	6万8000円（81万6000円）	4万800円
195万円超330万円以下	1万円（12万円）	1万2000円
	2万3000円（27万6000円）	2万7600円
	6万8000円（81万6000円）	8万1600円
330万円超695万円以下	1万円（12万円）	2万4000円
	2万3000円（27万6000円）	5万5200円
	6万8000円（81万6000円）	16万3200円

1万円の掛け金を払うと1000円分が控除されます
普通の定期預金と比べて10％の利回り差になるってことですね
そうです
ただ企業型の場合出せる金額には上限があり会社の掛け金との合計が月額5万5000円までで会社が出す金額以下になります
確定拠出年金の本人積み立て可能額

会社掛け金額	本人掛け金額
5000円	5000円以下
1万円	1万円以下
2万円	2万円以下
2万7500円	2万7500円以下
3万円	2万5000円以下
4万円	1万5000円以下
5万円	5000円以下

会社に聞いて調べなきゃ！
加えて個人型はさらに税制のメリットが高い場合もあります
そもそも個人型に入れるのはどんな人ですか？
企業型確定拠出年金
個人型確定拠出年金
企業年金
厚生年金
国民年金
会社員など
自営業など
自営業者と会社に確定拠出年金も確定給付年金もない会社員が加入可能！
企業型の確定拠出年金や確定給付企業年金がないかあるいは自営業者の方などの加入が可能です
どれくらいの金額が積み立てられるんですか？
会社員の場合は月額2万3000円が上限ですが自営業の場合は月額6万8000円が上限となっています
会社員
月額2万3000円
自営業
月額6万8000円
自営業者の場合は特に節税効果が期待できますね

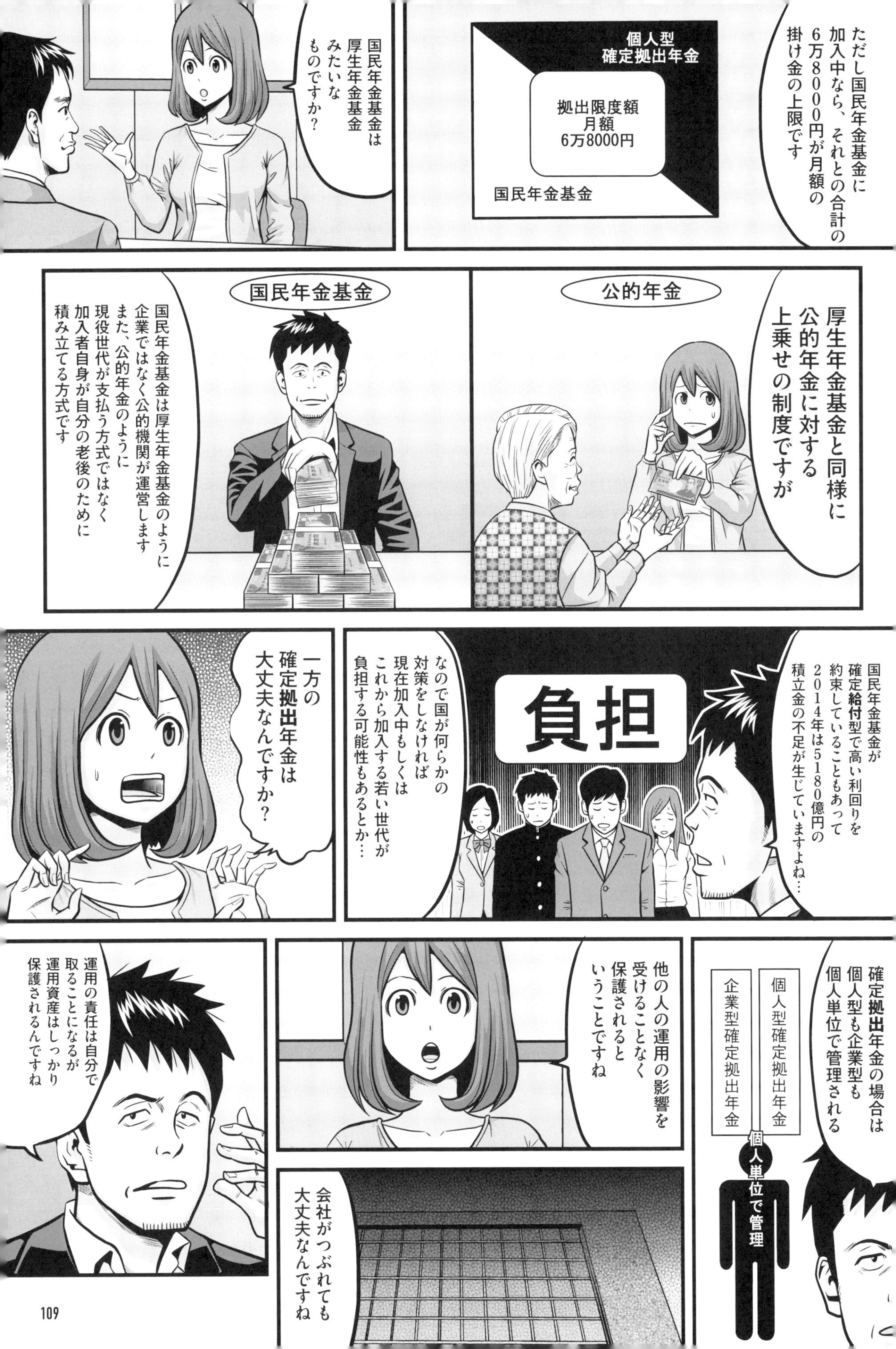

ただし国民年金基金に加入中なら、それとの合計の６万８０００円が月額の掛け金の上限です
個人型確定拠出年金
拠出限度額
月額
6万8000円
国民年金基金
国民年金基金は厚生年金基金みたいなものですか?
公的年金
厚生年金基金と同様に公的年金に対する上乗せの制度ですが
国民年金基金
国民年金基金は厚生年金基金のように企業ではなく公的機関が運営しますまた、公的年金のように現役世代が支払う方式ではなく加入者自身が自分の老後のために積み立てる方式です
国民年金基金が確定給付型で高い利回りを約束していることもあって２０１４年は５１８０億円の積立金の不足が生じていますよね…
負担
なので国が何らかの対策をしなければ現在加入中もしくはこれから加入する若い世代が負担する可能性もあるとか…
一方の確定拠出年金は大丈夫なんですか?
確定拠出年金の場合は個人型も企業型も個人単位で管理される
個人型確定拠出年金
企業型確定拠出年金
個人単位で管理
他の人の運用の影響を受けることなく保護されるということですね
会社がつぶれても大丈夫なんですね
運用の責任は自分で取ることになるが運用資産はしっかり保護されるんですね

個人型確定拠出年金を取り扱う主な金融機関

銀行	みずほ銀行
	三菱東京UFJ銀行
	ゆうちょ銀行
	東京都民銀行
	横浜銀行
	スルガ銀行
	琉球銀行
	岩手銀行
証券会社	岡三証券
	大和証券
	野村證券
	ＳＢＩ証券
信託銀行	三井住友信託銀行
保険会社	ソニー生命保険
	第一生命保険
	日本生命保険
	明治安田生命保険
	東京海上日動火災保険
	三井住友海上火災保険

個人型の場合口座管理手数料やどんな投信などを取り扱っているかをチェックしてから金融機関を選びましょう

個人型確定拠出年金の口座管理コスト

	支払い先	手数料	
加入時の手数料	国民年金基金連合会	口座の開設手数料(2777円) ※さらに手数料がかかる場合も	どの金融機関でも同じ
毎月の口座管理料	国民年金基金連合会	掛け金の収納手数料(103円)	どの金融機関でも同じ
	事務委託先金融機関(信託銀行)	財産の管理・保全(64円程度)	どの金融機関でもほぼ同じ
	運営管理機関(銀行や証券会社など)	届出書の受理や資料提供の手数料	金融機関で大きく違う!

投信を毎月一定額で積み立てると安値では購入口数が多く、高値では少なくなる

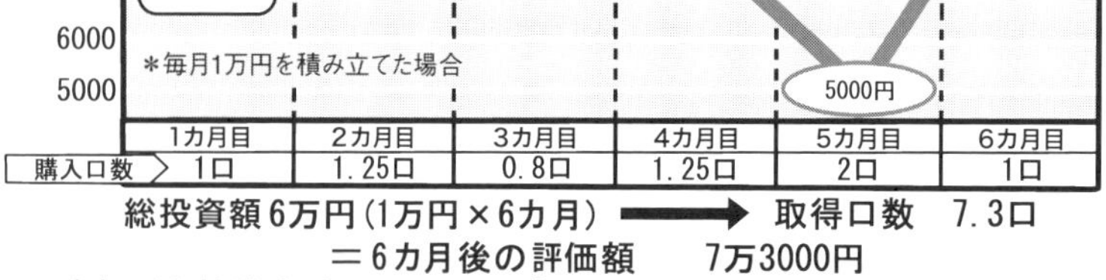

	1カ月目	2カ月目	3カ月目	4カ月目	5カ月目	6カ月目
購入口数	1口	1.25口	0.8口	1.25口	2口	1口

総投資額6万円(1万円×6カ月) ――→ 取得口数　7.3口
＝6カ月後の評価額　　7万3000円

この例では基準価額は同じでも１万3000円(21.6%)儲かった!

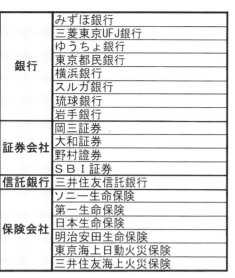

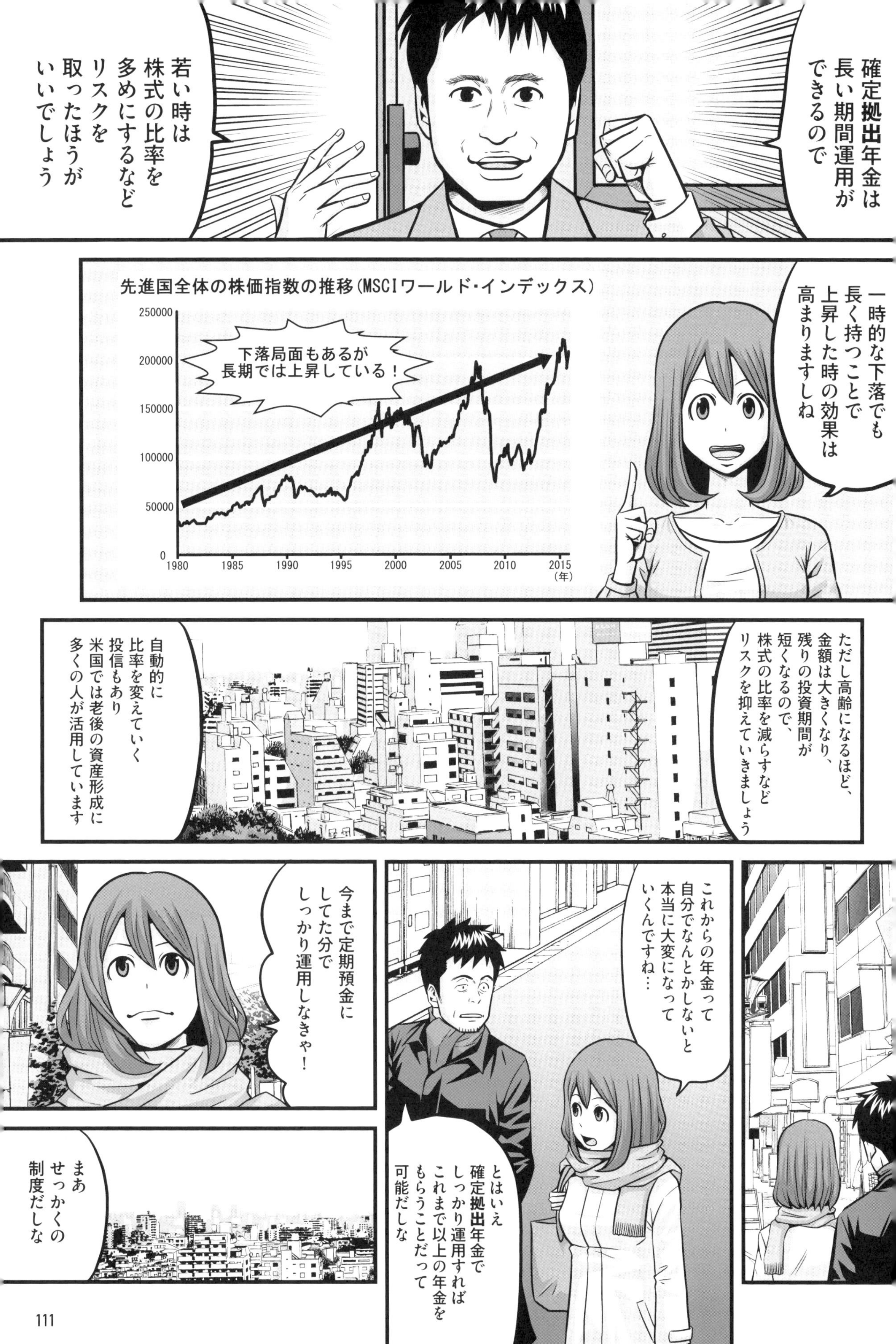
確定拠出年金は長い期間運用ができるので
若い時は株式の比率を多めにするなどリスクを取ったほうがいいでしょう
一時的な下落でも長く持つことで上昇した時の効果は高まりますしね
先進国全体の株価指数の推移(MSCIワールド・インデックス)
下落局面もあるが長期では上昇している!
250000
200000
150000
100000
50000
0
1980 1985 1990 1995 2000 2005 2010 2015
(年)
ただし高齢になるほど、金額は大きくなり、残りの投資期間が短くなるので、株式の比率を減らすなどリスクを抑えていきましょう
自動的に比率を変えていく投信もあり米国では老後の資産形成に多くの人が活用しています
これからの年金って自分でなんとかしないと本当に大変になっていくんですね…
とはいえ確定拠出年金でしっかり運用すればこれまで以上の年金をもらうことだって可能だしな
今まで定期預金にしてた分でしっかり運用しなきゃ!
まあせっかくの制度だしな

EPISODE ❾

下流老人になった後に確定拠出年金を悔やむ日のまとめ

1 確定拠出年金を採用する企業が増えている。

2 2017年から実質的に現役世代のすべてが確定拠出年金の対象に。

3 個人型の確定拠出年金には節税効果もある。

EPISODE 10

少子化ゆえの高騰による教育費増が家計を壊す日

祖父母を含めた3世代でジュニアNISAなどを活用せよ!

お子さん誕生おめでとうございます
ありがとう
今までのように毎晩飲んだり無駄遣いできなくなりますね
西山さんいくつでしたっけ
42だよ悪いか?
お子さんが大学入学時は60歳か教育資金と親の介護が同時に来ますよー
ニヤ
ニヤ
何かうれしそうだな…
でも真面目な話子供の教育資金のために16年4月から始まったジュニアNISAを始めようかと考えている
私も将来のために詳しく知りたいです!
ジュニアNISAについて聞きたいんですよね

ファイナンシャルリサーチ代表
深野康彦さん

資産運用に特に強い独立系のファイナンシャルプランナー。NISAのセミナー実績も豊富で、テレビ、ラジオなどでも活躍中。『ジュニアNISA入門』(ダイヤモンド社)など著書多数。

そうなんです
西山さん
子供が生まれて!
余計なことは
いいから…
4月からスタートしたのに
まだ制度をちゃんと
把握していないんです
ははは
なるほど
ジュニアNISA
(未成年者少額投資
非課税制度)とは
子供の
将来に向けた
資産作りのための
制度です

通常のNISAと
大きく違うんですか?
基本的な
仕組みは似ています
まず
ジュニアNISAの
制度をしっかり
理解しましょう
NISA
そのうえで
他の金融商品と比較して
長所と短所を
把握することです
ジュニアNISAの
口座が開設できるのは
0~19歳の子供
基本的に運用管理は
親権者が行ないます

NISAとジュニアNISAの違い

上限額や対象年齢が違う!

	NISA	ジュニアNISA	
対象年齢	20歳以上	0～19歳	口座開設は19歳以下の子供(未婚)
投資管理	本人	親権者など	ジュニアNISAは親権者が代理で行なう
年間上限額	120万円	80万円	投資できるのは両方とも23年までの8年間
非課税期間	5年	5年	5年分で最大400万円を同時に運用できる
引出	いつでもOK	18歳まで制限あり	震災など特殊な事情以外では18歳まで非課税では引き出せない
口座開設	銀行や証券会社	親権者の口座のある銀行や証券会社	親権者の口座がない場合、同時に親権者の口座開設も必要
口座変更	変更できる	変更できない	「1人・1口座・1金融機関」が原則
投資商品	株や投信など	株や投信など	NISA同様にETFやJリートへの投資もOK

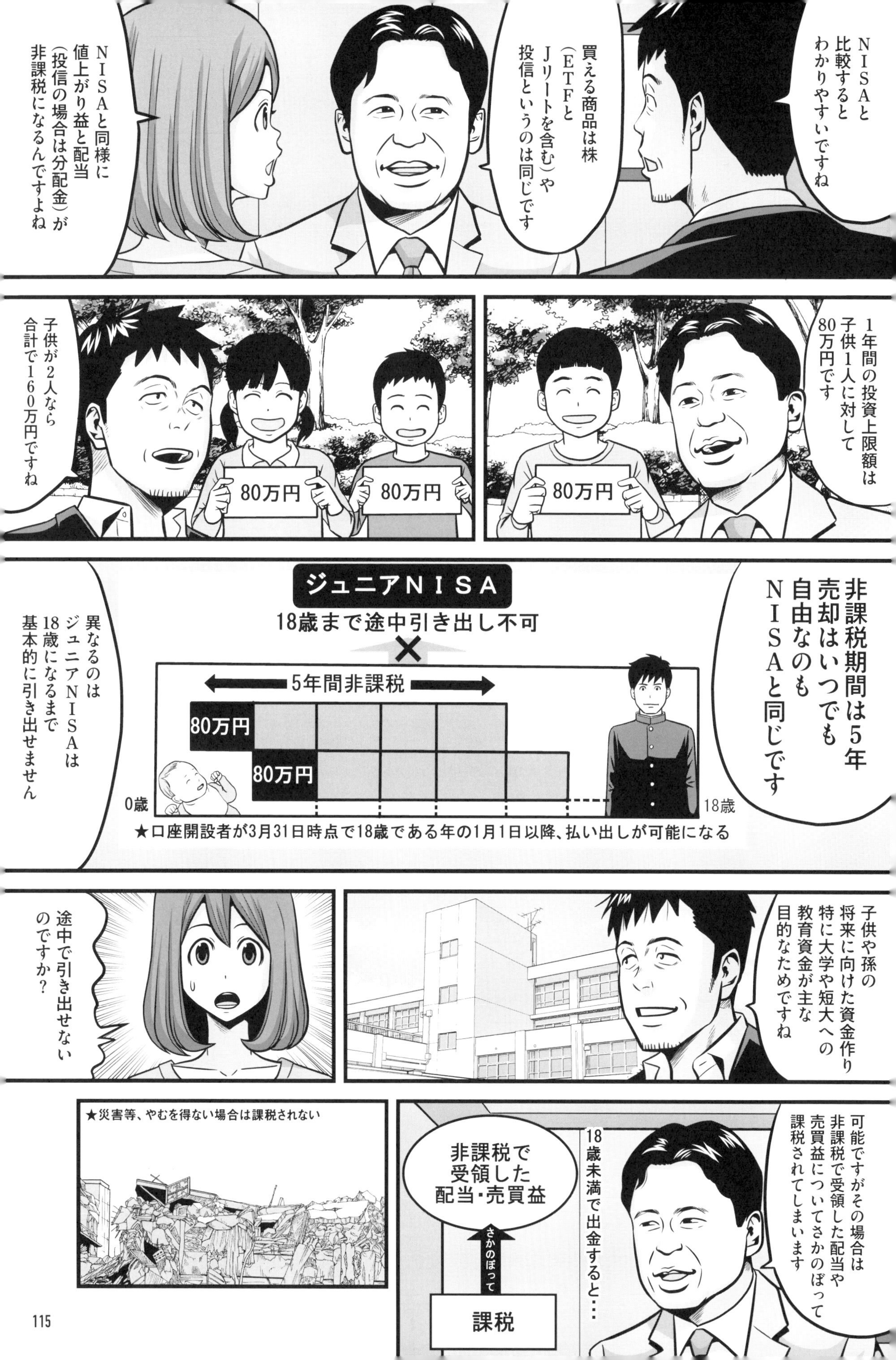

ＮＩＳＡと比較するとわかりやすいですね
買える商品は株（ＥＴＦとＪリートを含む）や投信というのは同じです
ＮＩＳＡと同様に値上がり益と配当（投信の場合は分配金）が非課税になるんですよね
1年間の投資上限額は子供1人に対して80万円です
80万円
子供が2人なら合計で160万円ですね
80万円
80万円
非課税期間は5年売却はいつでも自由なのもＮＩＳＡと同じです
ジュニアNISA
18歳まで途中引き出し不可
5年間非課税
80万円
80万円
0歳
18歳
★口座開設者が3月31日時点で18歳である年の1月1日以降、払い出しが可能になる
異なるのはジュニアＮＩＳＡは18歳になるまで基本的に引き出せません
子供や孫の将来に向けた資金作り特に大学や短大への教育資金が主な目的なためですね
途中で引き出せないのですか？
可能ですがその場合は非課税で受領した配当や売買益についてさかのぼって課税されてしまいます
18歳未満で出金すると…
非課税で受領した配当・売買益
さかのぼって
課税
★災害等、やむを得ない場合は課税されない

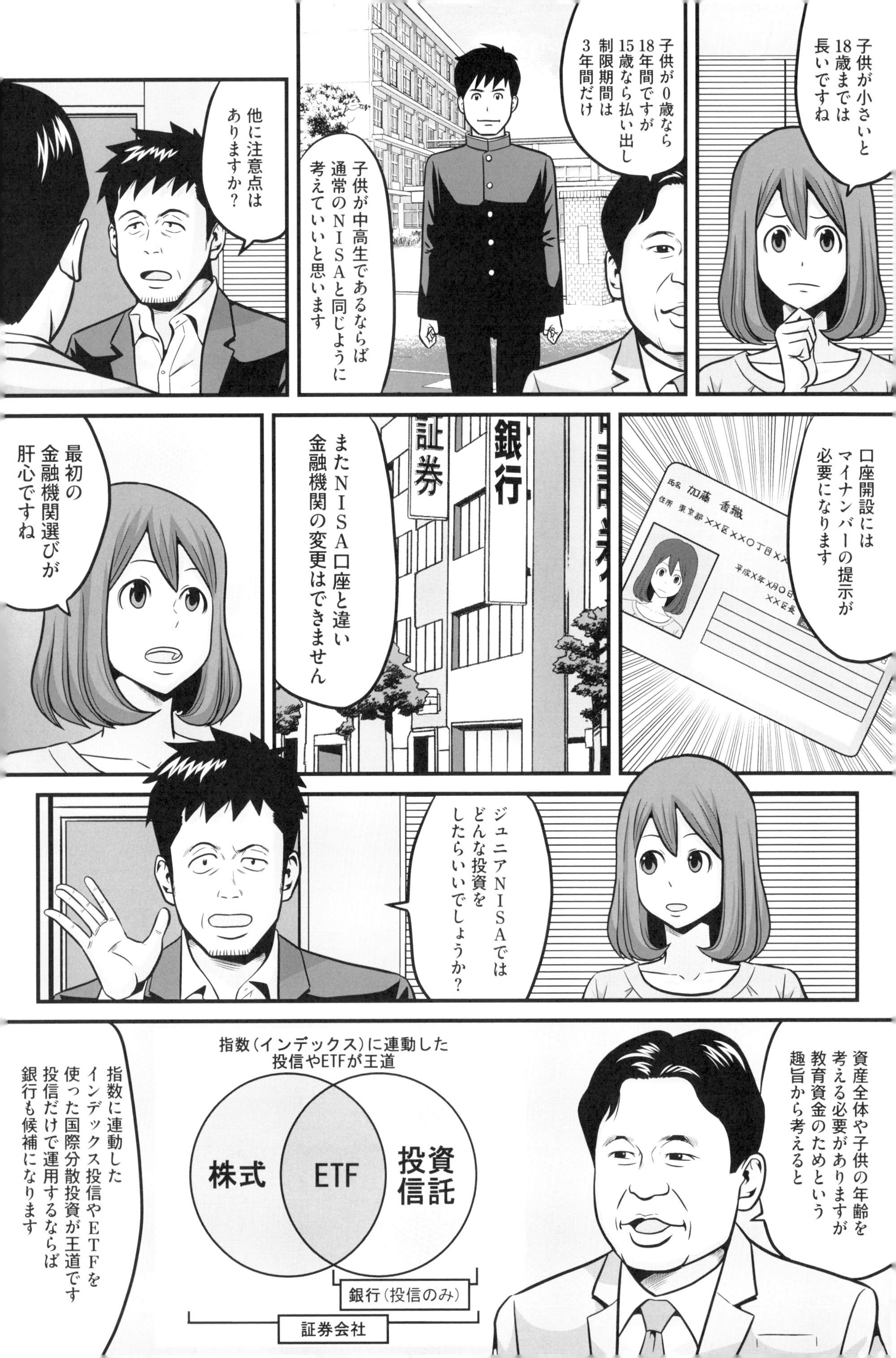

子供が小さいと18歳までは長いですね
子供が0歳なら18年間ですが15歳なら払い出し制限期間は3年間だけ
子供が中高生であるならば通常のNISAと同じように考えていいと思います
他に注意点はありますか？
氏名 加藤 香織
住所 東京都××区××○丁目××
平成×年×月○日
××区長
口座開設にはマイナンバーの提示が必要になります
銀行
証券
またNISA口座と違い金融機関の変更はできません
最初の金融機関選びが肝心ですね
ジュニアNISAではどんな投資をしたらいいでしょうか？
資産全体や子供の年齢を考える必要がありますが教育資金のためという趣旨から考えると
指数（インデックス）に連動した投信やETFが王道
株式
ETF
投資信託
銀行（投信のみ）
証券会社
指数に連動したインデックス投信やETFを使った国際分散投資が王道です投信だけで運用するならば銀行も候補になります

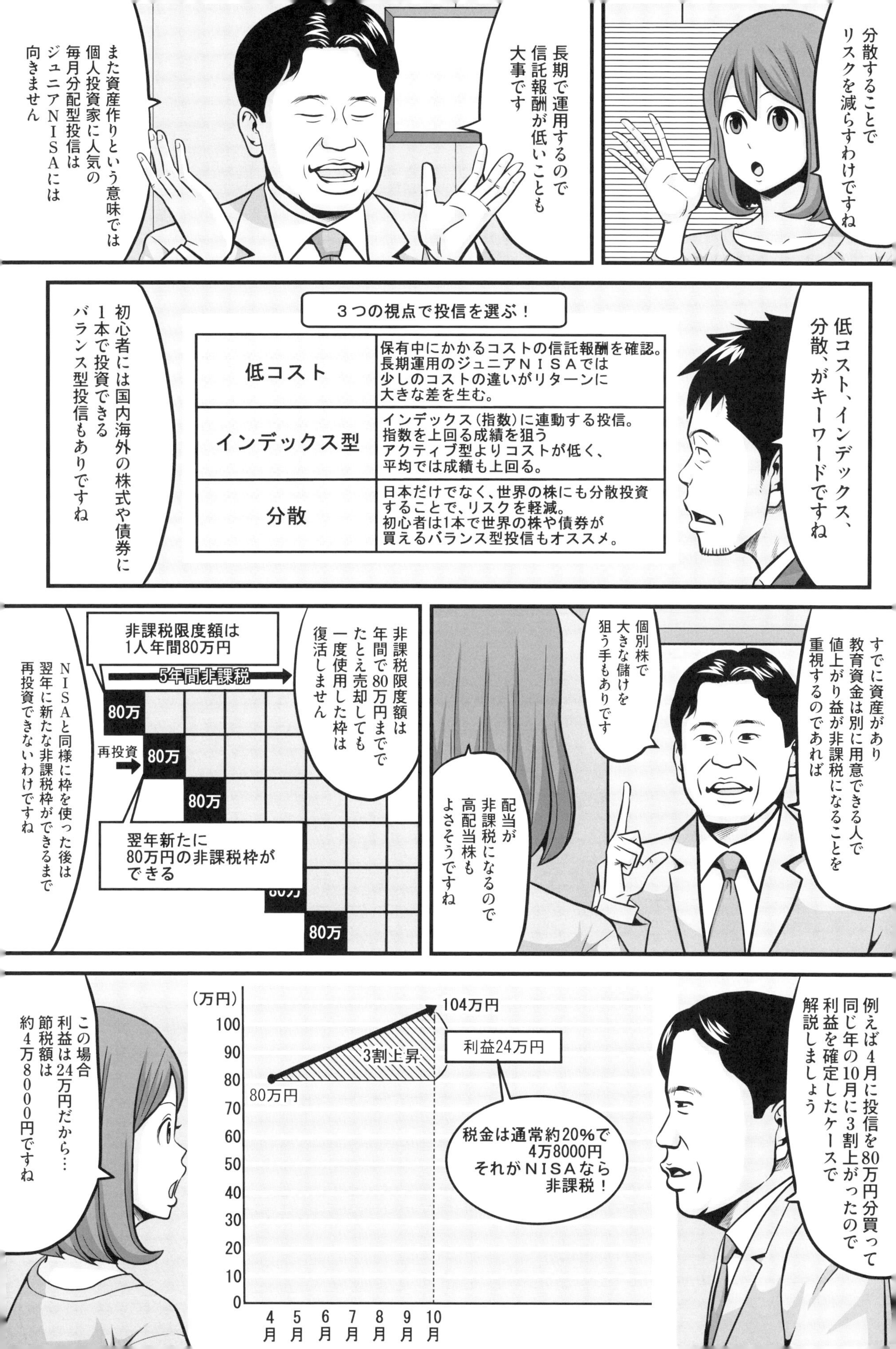
分散することでリスクを減らすわけですね
長期で運用するので信託報酬が低いことも大事です
また資産作りという意味では個人投資家に人気の毎月分配型投信はジュニアＮＩＳＡには向きません
低コスト、インデックス、分散、がキーワードですね
３つの視点で投信を選ぶ！
低コスト
保有中にかかるコストの信託報酬を確認。長期運用のジュニアＮＩＳＡでは少しのコストの違いがリターンに大きな差を生む。
インデックス型
インデックス（指数）に連動する投信。指数を上回る成績を狙うアクティブ型よりコストが低く、平均では成績も上回る。
分散
日本だけでなく、世界の株にも分散投資することで、リスクを軽減。初心者は1本で世界の株や債券が買えるバランス型投信もオススメ。
初心者には国内海外の株式や債券に1本で投資できるバランス型投信もありですね
すでに資産があり教育資金は別に用意できる人で値上がり益が非課税になることを重視するのであれば
個別株で大きな儲けを狙う手もありです
配当が非課税になるので高配当株もよさそうですね
非課税限度額は年間で80万円までで たとえ売却しても一度使用した枠は復活しません
非課税限度額は1人年間80万円
5年間非課税
80万
再投資
80万
80万
翌年新たに80万円の非課税枠ができる
80万
ＮＩＳＡと同様に枠を使った後は翌年に新たな非課税枠ができるまで再投資できないわけですね
例えば4月に投信を80万円分買って同じ年の10月に3割上がったので利益を確定したケースで解説しましょう
（万円）
104万円
100
90
80
70
60
50
40
30
20
10
0
利益24万円
3割上昇
80万円
4月 5月 6月 7月 8月 9月 10月
税金は通常約20%で4万8000円 それがＮＩＳＡなら非課税！
この場合利益は24万円だから…節税額は約４万８０００円ですね

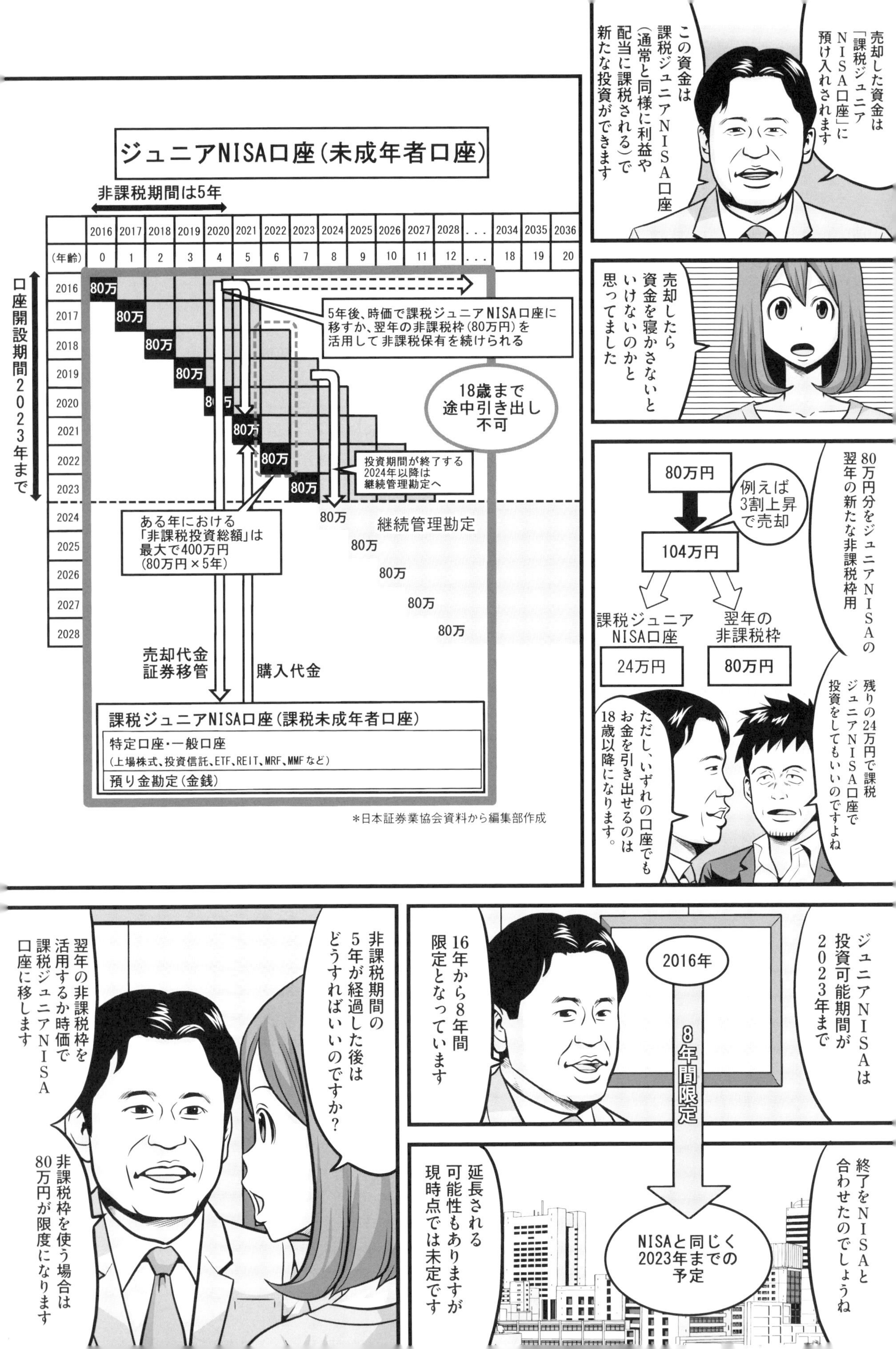
売却した資金は「課税ジュニアNISA口座」に預け入れされます
この資金は課税ジュニアNISA口座（通常と同様に利益や配当に課税される）で新たな投資ができます
売却したら資金を寝かさないといけないのかと思ってました
80万円分をジュニアNISAの翌年の新たな非課税枠用
80万円
例えば3割上昇で売却
104万円
課税ジュニアNISA口座
翌年の非課税枠
24万円
80万円
残りの24万円で課税ジュニアNISA口座で投資をしてもいいのですよね
ただし、いずれの口座でもお金を引き出せるのは18歳以降になります。
ジュニアNISA口座（未成年者口座）
非課税期間は5年
2016 2017 2018 2019 2020 2021 2022 2023 2024 2025 2026 2027 2028 . . . 2034 2035 2036
（年齢） 0 1 2 3 4 5 6 7 8 9 10 11 12 . . . 18 19 20
口座開設期間2023年まで
2016 2017 2018 2019 2020 2021 2022 2023 2024 2025 2026 2027 2028
80万
5年後、時価で課税ジュニアNISA口座に移すか、翌年の非課税枠（80万円）を活用して非課税保有を続けられる
18歳まで途中引き出し不可
投資期間が終了する2024年以降は継続管理勘定へ
ある年における「非課税投資総額」は最大で400万円（80万円×5年）
継続管理勘定
売却代金証券移管
購入代金
課税ジュニアNISA口座（課税未成年者口座）
特定口座・一般口座
（上場株式、投資信託、ETF、REIT、MRF、MMFなど）
預り金勘定（金銭）
＊日本証券業協会資料から編集部作成
ジュニアNISAは投資可能期間が2023年まで
2016年
8年間限定
16年から8年間限定となっています
終了をNISAと合わせたのでしょうね
NISAと同じく2023年までの予定
延長される可能性もありますが現時点では未定です
非課税期間の5年が経過した後はどうすればいいのですか？
翌年の非課税枠を活用するか時価で課税ジュニアNISA口座に移します
非課税枠を使う場合は80万円が限度になります

ジュニアNISAの投資可能期間が終了する24年以降は？
「継続管理勘定」という
新規の買い付けはできないものの非課税の恩恵が受けられる枠に年間80万円を限度に移すことできます
継続管理勘定？
継続管理勘定でも配当金や分配金は非課税なのですか？
その通りです
16年に0歳の赤ちゃんであれば2036年まで継続管理勘定に移管して保有を継続できます
最大で20年間も非課税の恩恵があるのは大きいですね
その通りなのですがある程度儲けが出たら一部でもいいので利益確定を検討しましょう
投信なら一部売却も簡単！
投信を80万円買い！
120万円に上昇！
80万円分を継続管理勘定で運用
3分の1の40万円分を利益確定！
課税ジュニアNISA口座へ
その点、投信であれば資金の3分の1だけ利益確定なども簡単にできます
そうか、投信なら株と違い一部売却が簡単ですね
利益確定をしないで子供が18歳になる直前に暴落したら悲惨すぎます
ジュニアNISAも利益が出てこそ非課税のメリットが受けられます
年間の投資枠に制限があるので1月や12月に売買しがちですが
80万円分買わなきゃ!!
そんなにあせって
一気に買わなくても…
安値で買うように心がけたりタイミングを分散させましょう
一括で80万円買う例を出しましたが毎月一定額を買う積立投資にも向いています
毎月一定額を買う積立投資
(円)
13000
12000
11000
10000
9000
8000
7000
6000
5000
1万円
8000円
1万2500円
8000円
5000円
1万円
毎月積み立てることで下落局面で多くの口数を買え利益が出た
基準価額の推移
＊毎月1万円を積み立てた場合
1カ月目 2カ月目 3カ月目 4カ月目 5カ月目 6カ月目
購入口数 1口 1.25口 0.8口 1.25口 2口 1口
積立金額6万円（1万円×6カ月）
取得口数　7.3口
6カ月後の評価額　7万3000円（1万円×7.3口）
基準価額は同じでも１万3000円（21.6%）儲かった！

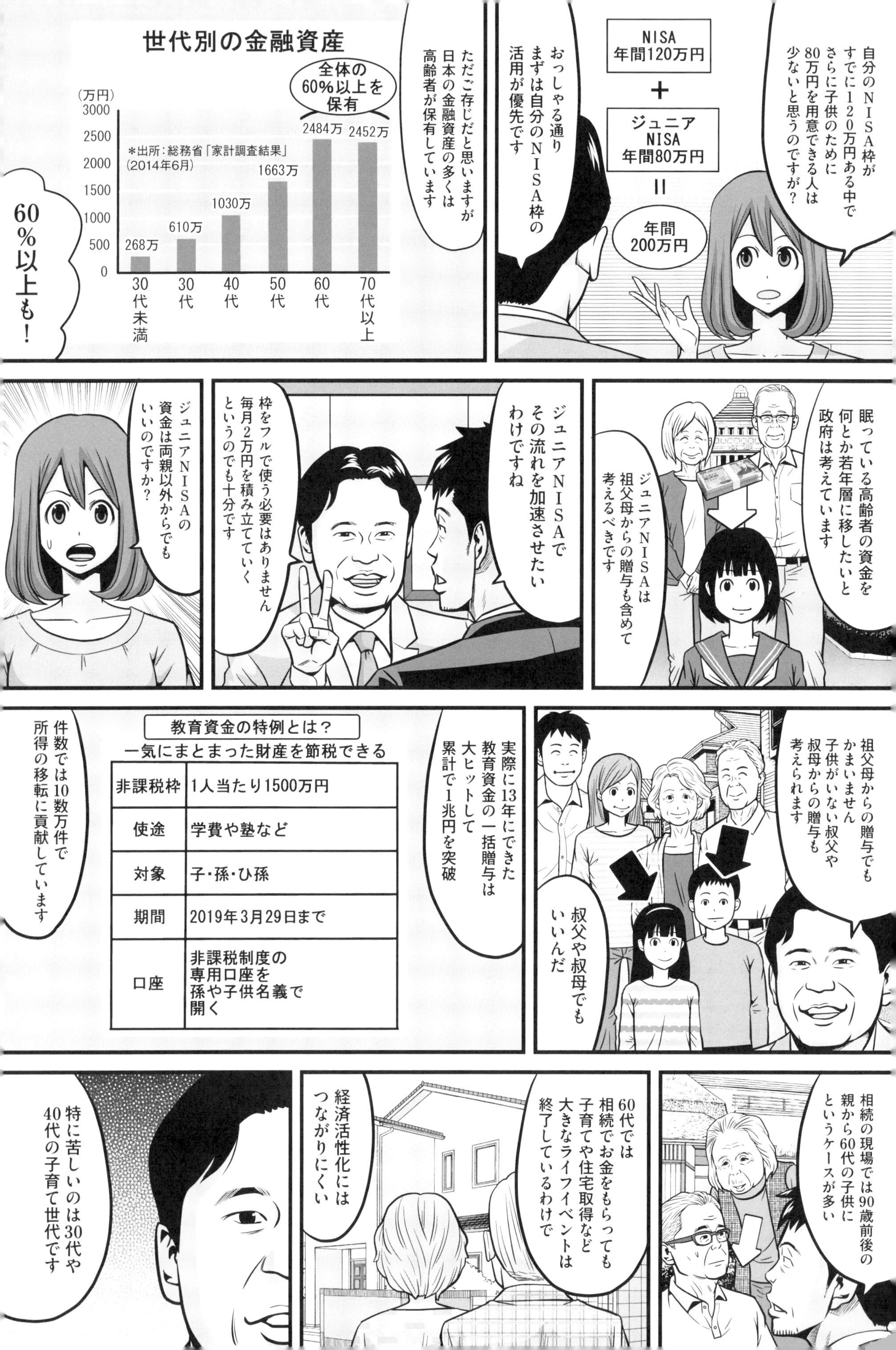
自分のNISA枠がすでに120万円ある中でさらに子供のために80万円を用意できる人は少ないと思うのですが？
NISA 年間120万円
＋
ジュニアNISA 年間80万円
＝
年間200万円
おっしゃる通りまずは自分のNISA枠の活用が優先です
ただご存じだと思いますが日本の金融資産の多くは高齢者が保有しています
世代別の金融資産
全体の60%以上を保有
(万円)
3000
2500
2000
1500
1000
500
0
＊出所：総務省「家計調査結果」(2014年6月)
268万
610万
1030万
1663万
2484万
2452万
30代未満
30代
40代
50代
60代
70代以上
60%以上も！
眠っている高齢者の資金を何とか若年層に移したいと政府は考えています
ジュニアNISAは祖父母からの贈与も含めて考えるべきです
ジュニアNISAでその流れを加速させたいわけですね
枠をフルで使う必要はありません毎月2万円を積み立てていくというのでも十分です
ジュニアNISAの資金は両親以外からでもいいのですか？
祖父母からの贈与でもかまいません子供がいない叔父や叔母からの贈与も考えられます
叔父や叔母でもいいんだ
実際に13年にできた教育資金の一括贈与は大ヒットして累計で1兆円を突破
件数では10数万件で所得の移転に貢献しています
教育資金の特例とは？
一気にまとまった財産を節税できる
相続の現場では90歳前後の親から60代の子供にというケースが多い
60代では相続でお金をもらっても子育てや住宅取得など大きなライフイベントは終了しているわけで
経済活性化にはつながりにくい
特に苦しいのは30代や40代の子育て世代です

非課税枠	1人当たり1500万円
使途	学費や塾など
対象	子・孫・ひ孫
期間	2019年3月29日まで
口座	非課税制度の専用口座を孫や子供名義で開く

給料が伸びない中で住宅ローンがあり教育にお金がかかる世代…そこにお金を動かさないといけません
デフレが長く続く中でも教育費だけは上がっているといいます
大学授業料と消費者物価指数の推移
国立大学の授業料は30年で14倍超に！
国立大学授業料
昭和50年度（1975年度）を100として比較。消費者物価指数は1.8倍の上昇だが国立大学の授業料は14.9倍に！
消費者物価指数
1400 1200 1000 800 600 400 200
S50 52 54 56 58 60 62 H元 3 5 7 9 11 13 15 17 19 21 23 25 27
（年度）
ジュニアNISAの主な目的は大学などへの進学費用の形成です
だから18歳まで引き出し制限がついているのです
あとは貯蓄から投資への流れというのも絡んでいる
投資
1億総投資家計画ですね
15年から相続税が増税されました
眠っているお金に対しては厳しく期間限定ですが贈与にはインセンティブを与えて甘くする
贈与の拡充がアメで相続税の基礎控除の減額がムチというわけです
ジュニアNISA口座に入れるお金は贈与の対象になるのですか？
対象になりますが贈与は1年間に110万円以内なら贈与税がかかりません
贈与の対象 年間110万円以内 非課税
ー
ジュニアNISA 年間80万円
＝
30万円 残る
ジュニアNISA分として80万円を贈与してもまだ30万円分残るわけですね
またジュニアNISAでは0歳から贈与が可能です
贈与したお金は贈与された相手が管理しないといけません
＊そうでないと名義預金と判断され相続税の対象になってしまいます
孫に贈与する場合は親権者である親との受贈契約が必要なんですよね
ジュニアNISAであれば名義預金と判断されずに贈与できるわけです

＊名義預金の説明は133ページ

途中で気軽に引き出せないというのも教育資金の形成にはいいかもしれませんね
ジュニアNISAとの比較でいうとライバルは学資保険になります
学資保険が人気なのは途中引出は元本割れするため、積立貯蓄よりも強制力があるからです
教育資金の形成という意味ではどっちがいいのですか?
学資保険は預貯金より金利が高く税額控除など税金面での恩恵がある一方で金利が今の低い水準で固定されます
つまりインフレに弱いのです
元本保証は魅力ですが現状の利回りは高くないわけですね
ジュニアNISAは元本は保証されませんが運用益は非課税ですし
株式はインフレに強いのが魅力です
教育資金はジュニアNISAと学資保険を組み合わせて準備するのがオススメです
先ほど話に出た教育資金の一括贈与と比較するとどうですか?
資産家が課税資産を減らすという意味では教育資金一括贈与は有効です
ただし、よほど資産が多い人は別ですが一度に贈与してしまうといざというときに自分の生活費が不安になるリスクがあります
贈与したら生活費なくなっちゃった…
お母さん…
相続税は減らせるけど金の切れ目が縁の切れ目になることもあると聞きました

ジュニアＮＩＳＡと学資保険、積立貯蓄を比較！

	ジュニアＮＩＳＡ	学資保険	積立貯蓄
収益力	○（運用次第）	△（確定利回り）	×（現状の金利は低い）
インフレへの強さ	○（運用次第）	×（現状の低い利回りで確定）	△（現状は低いが、金利が変動）
安全性	×（結果次第で元本割れも）	○（満期時の受取額が確定）	○（1000万円とその利息は保護）
強制力	○ 18歳まで引き出しに制限	○ 中途解約だと元本割れも	△ 流動性は高い分継続には意志が必要
税制メリット	◎ 売買益と配当が非課税	◎ 税額控除がある	×特になし

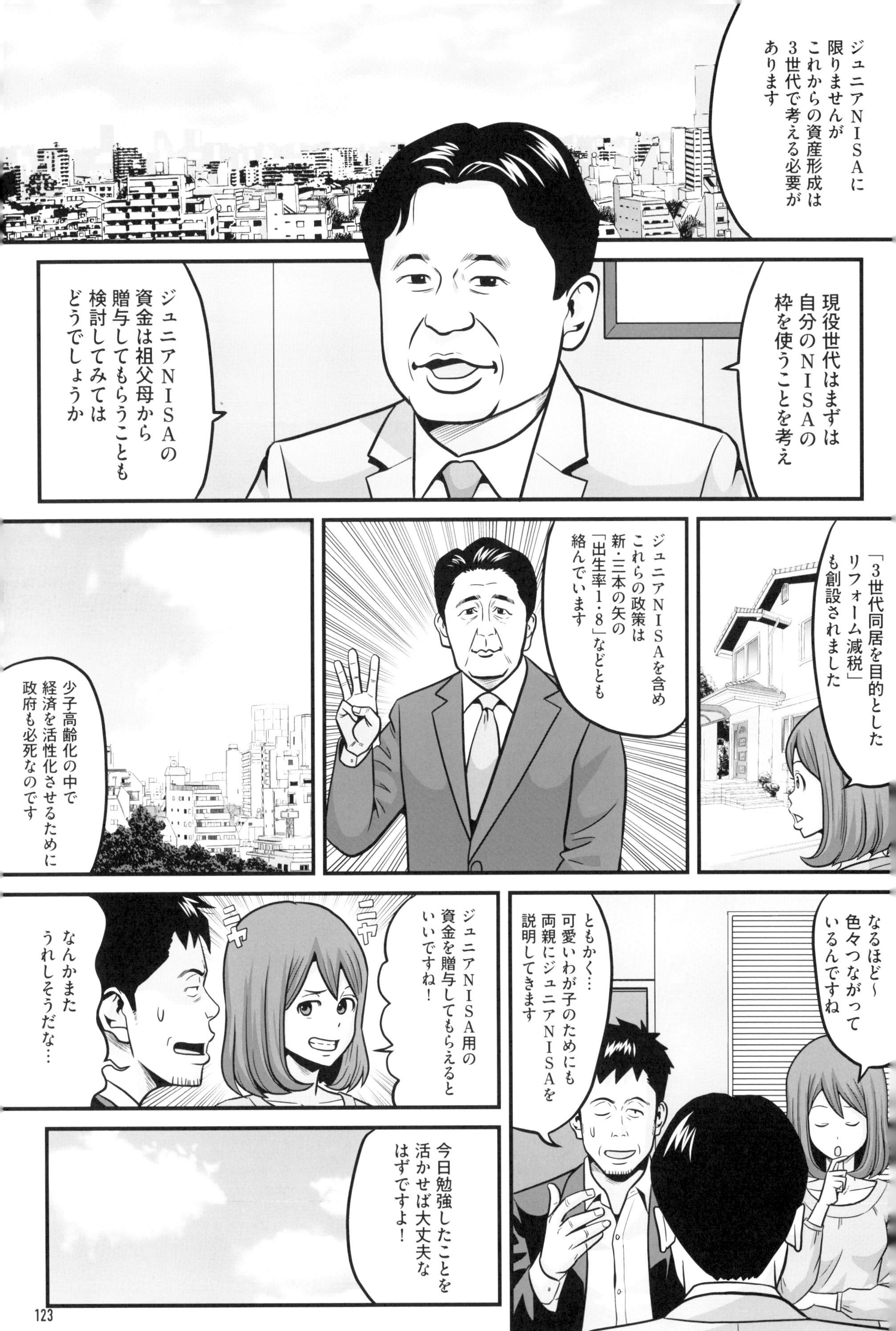

ジュニアNISAに限りませんがこれからの資産形成は3世代で考える必要があります
現役世代はまずは自分のNISAの枠を使うことを考え
ジュニアNISAの資金は祖父母から贈与してもらうことも検討してみてはどうでしょうか
「3世代同居を目的としたリフォーム減税」も創設されました
ジュニアNISAを含めこれらの政策は新・三本の矢の「出生率1・8」などとも絡んでいます
少子高齢化の中で経済を活性化させるために政府も必死なのです
なるほど～色々つながっているんですね
ともかく…可愛いわが子のためにも両親にジュニアNISAを説明してきます
ニヤ
ニヤ
ジュニアNISA用の資金を贈与してもらえるといいですね！
なんかまたうれしそうだな…
今日勉強したことを活かせば大丈夫なはずですよ！

EPISODE ⑩

少子化ゆえの高騰による
教育費増が家計を壊す日のまとめ

1 2016年4月から
ジュニアNISAがスタートした。

---

2 教育資金が主目的なため
18歳になるまで原則として
引き出すことができない。

---

3 まずは自分のNISAを活用し
ジュニアNISAは祖父母からの
援助も検討する。

EPISODE 11

相続税の大増税によって家を失う人が激増する日

暦年贈与や教育資金一括贈与、保険や不動産の活用で課税財産を減らせ！

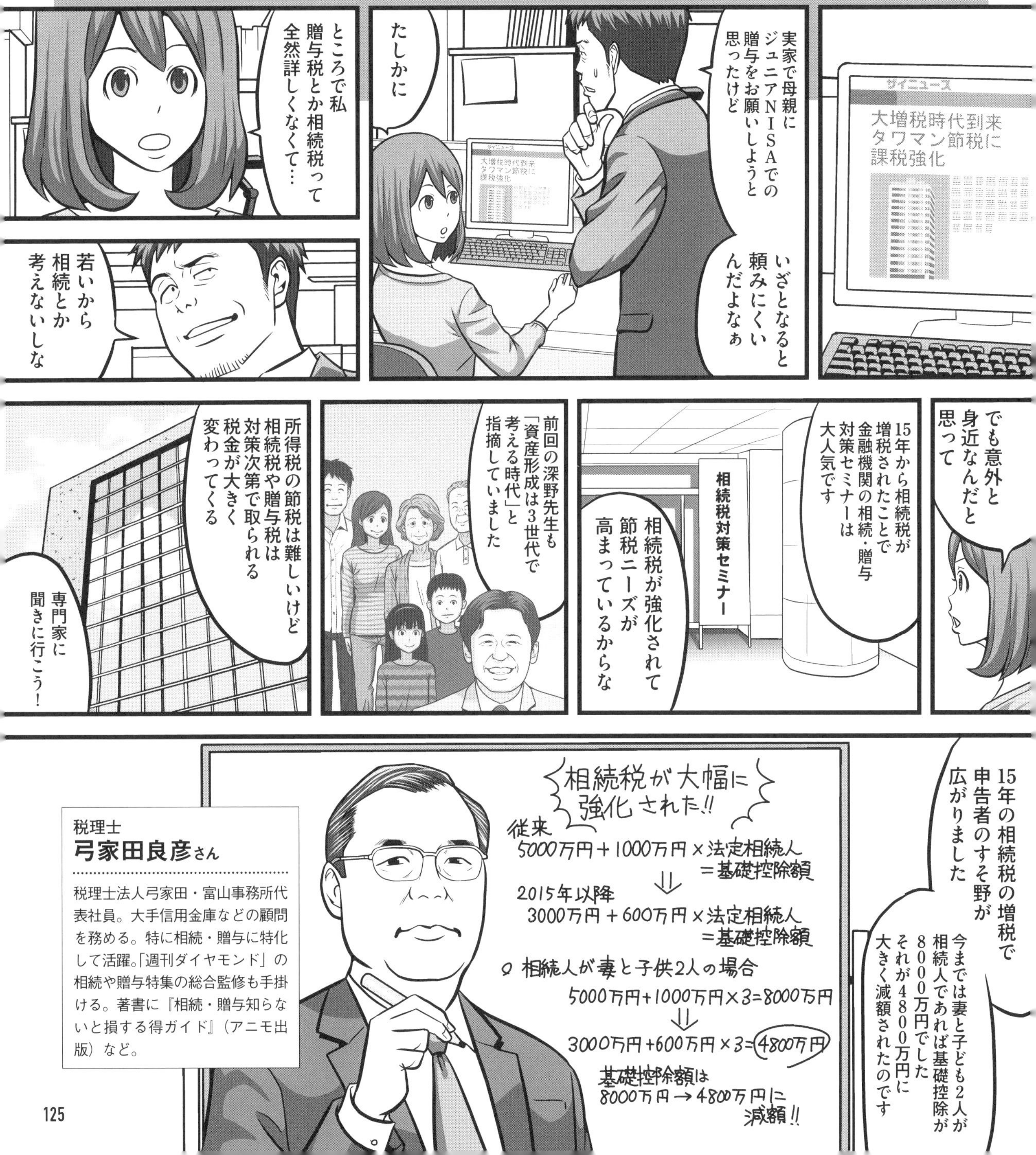

ザイニュース
大増税時代到来
タワマン節税に
課税強化
実家で母親にジュニアNISAでの贈与をお願いしようと思ったけど
いざとなると頼みにくいんだよなぁ
たしかに
ところで私贈与税とか相続税って全然詳しくなくて…
若いから相続とか考えないしな
でも意外と身近なんだと思って
15年から相続税が増税されたことで金融機関の相続・贈与対策セミナーは大人気です
相続税対策セミナー
相続税が強化されて節税ニーズが高まっているからな
前回の深野先生も「資産形成は3世代で考える時代」と指摘していました
所得税の節税は難しいけど相続税や贈与税は対策次第で取られる税金が大きく変わってくる
専門家に聞きに行こう！
15年の相続税の増税で申告者のすそ野が広がりました
今までは妻と子ども2人が相続人であれば基礎控除が8000万円でしたそれが4800万円に大きく減額されたのです
相続税が大幅に強化された!!
従来
5000万円＋1000万円×法定相続人
＝基礎控除額
⇓
2015年以降
3000万円＋600万円×法定相続人
＝基礎控除額
相続人が妻と子供2人の場合
5000万円＋1000万円×3＝8000万円
⇓
3000万円＋600万円×3＝4800万円
基礎控除額は
8000万円→4800万円に
減額!!
税理士
弓家田良彦さん
税理士法人弓家田・富山事務所代表社員。大手信用金庫などの顧問を務める。特に相続・贈与に特化して活躍。「週刊ダイヤモンド」の相続や贈与特集の総合監修も手掛ける。著書に『相続・贈与知らないと損する得ガイド』（アニモ出版）など。

相続税の速算表

法定相続人の取得額	税率	控除額
1000万円以下	10%	–
1000万円超〜3000万円以下	15%	50万円
3000万円超〜5000万円以下	20%	200万円
5000万円超〜1億円以下	30%	700万円
1億円超〜2億円以下	40%	1700万円
2億円超〜3億円以下	45%	2700万円
3億円超〜6億円以下	50%	4200万円
6億円超	55%	7200万円

各自が払う相続税の計算方法

①課税遺産総額を計算

相続税評価額－基礎控除
＝課税遺産総額

②相続税の総額を計算

課税遺産総額を法定相続分で
相続したと仮定して
相続税の総額を計算

③相続割合分を負担

②の相続税の総額に
相続割合を乗じた金額が
個々の負担する税額となる

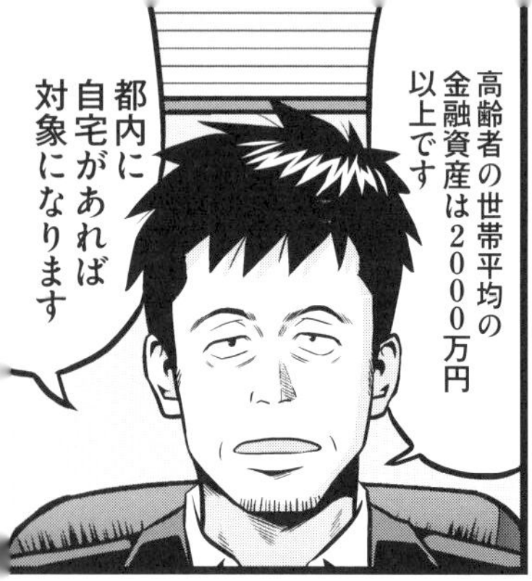

高齢者の世帯平均の金融資産は2000万円以上です
都内に自宅があれば対象になります

会社員でも対策をしないと巨額の税金を取られたり自宅を失う可能性もあるわけか…

相続税は何も対策をしていないと数百万円あるいは数千万円の税金を取られる可能性があります
しかし対策をすれば税金をゼロにできるケースも多いのが特徴です
詳しく教えてください

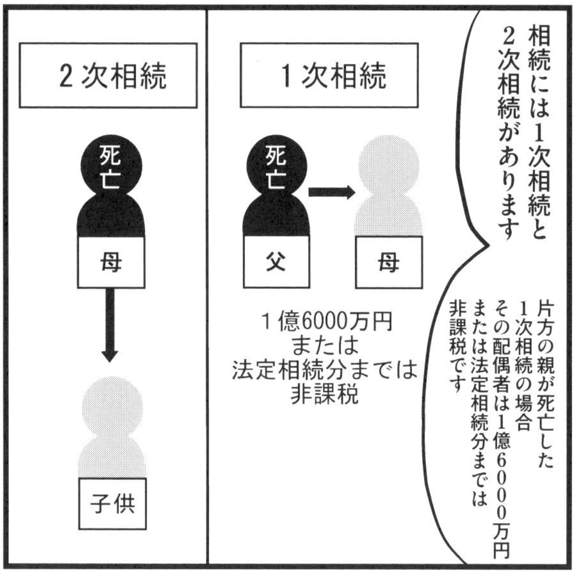

相続には1次相続と2次相続があります
片方の親が死亡した1次相続の場合その配偶者は1億6000万円または法定相続分までは非課税です
1次相続
死亡
父
母
1億6000万円
または
法定相続分までは
非課税
2次相続
死亡
母
子供

よほどの資産家以外1次相続はそれほど心配する必要がないわけですね

ただし1億6000万円まで非課税だからといっても配偶者がすべて相続するのは得策ではありません
なぜなら2次相続で子供が苦しむことになるからです

1次と2次の合計が大事！

相続税評価額1億6000万円 法定相続人　妻と子供2人		
1次相続	妻が全額相続 ↓ 相続税ゼロ	妻が1億円 子供2人が各3000万円を相続 ↓ 相続税645万円
2次相続	子供2人で1億6000万円を相続 ↓ 相続税は2140万円	子供2人で1億円を相続 ↓ 相続税は770万円
合計	2140万円	1415万円

1次と2次の合計額が大事で子供も財産の半分程度を相続したほうがいいわけですね

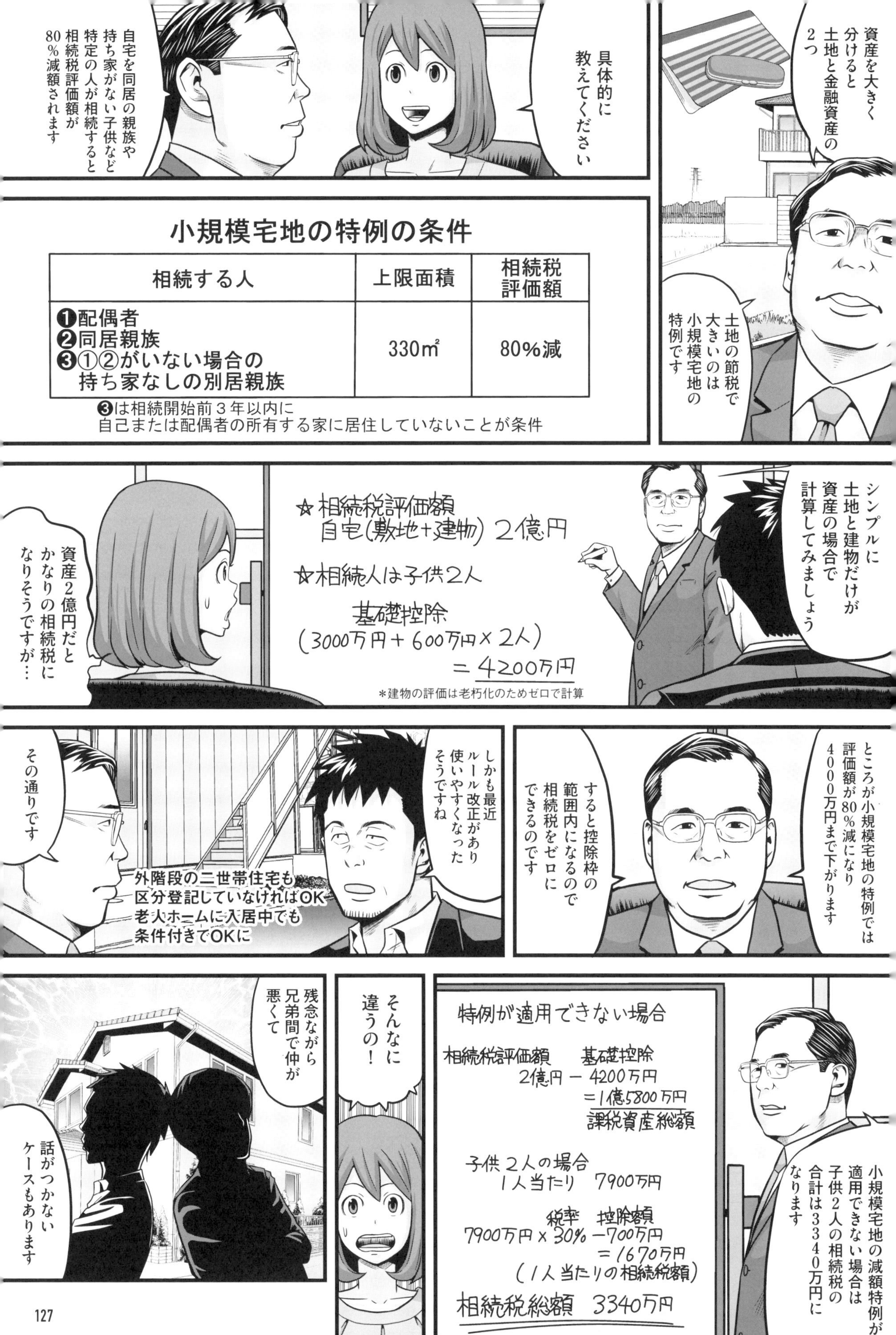
資産を大きく分けると土地と金融資産の2つ
土地の節税で大きいのは小規模宅地の特例です
具体的に教えてください
自宅を同居の親族や持ち家がない子供など特定の人が相続すると相続税評価額が80％減額されます
小規模宅地の特例の条件

相続する人	上限面積	相続税評価額
❶配偶者 ❷同居親族 ❸①②がいない場合の持ち家なしの別居親族	330㎡	80%減

❸は相続開始前３年以内に自己または配偶者の所有する家に居住していないことが条件
シンプルに土地と建物だけが資産の場合で計算してみましょう
☆相続税評価額
自宅(敷地+建物) 2億円
☆相続人は子供2人
基礎控除
(3000万円＋600万円×2人)
＝4200万円
*建物の評価は老朽化のためゼロで計算
資産2億円だとかなりの相続税になりそうですが…
ところが小規模宅地の特例では評価額が80％減になり４０００万円まで下がります
すると控除枠の範囲内になるので相続税をゼロにできるのです
しかも最近ルール改正があり使いやすくなったそうですね
外階段の二世帯住宅も区分登記していなければOK
老人ホームに入居中でも条件付きでOKに
その通りです
小規模宅地の減額特例が適用できない場合は子供2人の相続税の合計は３３４０万円になります
特例が適用できない場合
相続税評価額　基礎控除
2億円 − 4200万円
＝1億5800万円
課税資産総額
子供２人の場合
1人当たり　7900万円
税率　控除額
7900万円×30%−700万円
＝1670万円
(1人当たりの相続税額)
相続税総額　3340万円
そんなに違うの！
残念ながら兄弟間で仲が悪くて
話がつかないケースもあります

金融資産についてはどうでしょうか？
子供が３人で金融資産が８０００万円自宅の評価が５０００万円で跡継ぎが決まっているケースで考えてみましょう
金融資産 8000万円
自宅の評価 5000万円
基礎控除
3000万円＋600万円×3人
＝4800万円
子供が３人だと基礎控除は４８００万円ですね
最初の選択肢は保険の活用です
預金の場合相続税がかかりますが死亡保険金は５００万円×法定相続人まで非課税になるんですね
一時払い終身保険に加入すれば亡くなったときに払込保険料とほぼ同額がもらえます
一時払保険料
死亡保険金
解約返戻金
一生涯保障
保険期間（終身）
しかも保険のいいところは贈与と違い自分の財産を減らさずに課税評価額を減らせるのです
金融資産 死亡保険
8000万円 － 500万円×3人
＝6500万円
これで６５００万円になりましたね
次にオススメなのが教育資金の一括贈与
祖父母
孫
金融機関が領収書等をチェックし教育目的の支出であることを確認
教育資金 一括贈与
払い出し
払い出し
払い出し
預入金
1人当たり1500万円非課税
【教育費の範囲】入学金、授業料、塾習い事、通学定期代留学渡航費など
小学校入学資金
中学・高校入学資金
大学入学資金
30歳到達時使い残しがあれば残額に対して贈与税を課税
30歳まで
金融機関
金額が１人当たり１５００万円と大きく一気に減らせます
しかも使用目的が教育資金に限定され無駄遣いの心配もありません
もらう側は不自由ですがあげる側には安心感がある
贈与をする側が恐れているのは無駄遣い
その心配がないことも教育資金の一括贈与が人気化した理由です
金融資産 死亡保険
8000万円 － 500万円×3人
＝6500万円
教育資金一括贈与
6500万円 －1500万円×2人
＝3500万円
キュッ
孫２人に各１５００万円を贈与すれば３５００万円まで減ります

自宅は跡継ぎが決まっているので、小規模宅地の特例で80％減額され課税評価額は1000万円
3500万円と1000万円を足すと…
基礎控除の4800万円より少なくなり
相続税はゼロになります
金融資産　死亡保険
8000万円 − 500万円×3人
=6500万円
教育資金一括贈与
6500万円 − 1500万円×2人
=3500万円
自宅の評価
5000万円から80％減額
=1000万円
3500万円+1000万円
=4500万円
基礎控除4800万円より少ないので
相続税0!!
1億3000万円資産があっても税金がゼロに!
教育資金の一括贈与が特に向いているケースはありますか?
余命宣告された方です
孫が6人いたら最大9000万円を一気に贈与できます
一括贈与
孫
孫
孫
孫
孫
孫
1500万円
1500万円
1500万円
1500万円
1500万円
1500万円
9000万円
さらに教育資金の特例の場合相続開始前3年以内の贈与のさかのぼりもありません
相続開始前3年以内のさかのぼり?
通常の贈与の場合相続開始前3年以内の相続人に対する贈与は相続財産に含まないといけないんだ
3年前
2年前
1年前
死亡
死亡前3年以内の贈与財産には相続税がかかる
既に支払った贈与税は相続税から控除される
＊通常の贈与でも孫は相続人ではないのでさかのぼり規定はない
死ぬ間際になって慌てて贈与してもダメってことですね
教育資金の特例ではそれがないのです
なるほど…だから余命宣告された方に向いていると…
弱点はないのですか?
孫がいる家庭といない家庭で折り合いをつけにくいのが難点
「孫にあげたから残りは…」と調整がつけばいいのですが

きちんと対策すれば恐くない気がしてきました
ただし相続の前に「争族」になってしまい遺産分割協議が成立しないと特例を使えません
また贈与をする際将来を考えた時いくら手元に残すのかという判断も難しいです
贈与しすぎて生活が不安になったら本末転倒ですね
後悔しない範囲であげるのが重要です
他にもオススメの相続税対策を教えてください
やはり王道は年間１１０万円までが非課税になる暦年贈与です
相続対策のセミナーでも一番注目度が高いです
資産家にとって１１０万円は少ない気もしますが…
例えば3億円の資産がある場合約７０００万円の相続税がかかります
ですが毎年１１０万円を2人の子供とその配偶者2人、孫6人の合計10人に10年間贈与した場合約４０００万円の節税ができます
コツコツ贈与で大きな節税！
相続財産が３億円で子供2人が相続する場合

	何もしない場合	子供２人とその配偶者２人、さらに孫６人に毎年110万円を10年間贈与
贈与合計額	0円	1億1000万円
10年後の相続税額	6920万円	3040万円

3880万円も節税！
(注)相続人に対する３年以内の生前贈与加算は考慮していない
人数を多く期間を長くすれば効果は絶大なわけですね

お金持ちの相続税対策というと不動産活用のイメージがあります
最近はタワーマンションを使った節税も話題です
不動産は建物だと評価額は新築の場合で総建築費の4～6割土地だと時価の8割前後
うまく使えば節税効果は絶大ですが諸刃の剣です
そもそも不動産の活用以前に
マンションは節税マンションと増税マンションに二極化しています
節税マンションと増税マンション？
マンションの評価は戸建てと同じで建物と土地に分かれます
郊外の低層マンションの場合は土地の持ち分が多いため市場価値よりも評価額が高くなりがちなのです
郊外（それも駅から遠い）低層の公団
築30年の4階建
70㎡の3LDKの部屋
持ち分敷地面積が82㎡
土地と建物をあわせた相続税評価額は2000万円
＞
売却すると1500万円
逆転現象が発生！
土地のスペースが重要なのですね
郊外で築年数が経過していてエレベーターもないと建物の価値はほとんどありません
一方、タワーマンションは1戸当たりの土地の持ち分が小さく路線価の高いところでも土地の評価額が安くなります
【実際にあった事例】売買価格1億3000万円
専有床面積90㎡　持ち分敷地面積13㎡
①空室の場合の相続税評価額
建物（固定資産税評価額）1800万円
+土地（路線価）1600万円
合計評価額　3400万円
②賃貸した場合の相続税評価額
建物評価額（貸家の評価）
1800万円×0.7＝1260万円
土地評価額（貸家建付地の評価）
1600万円×0.79＝1264万円
評価額は2524万円
③小規模宅地（貸付事業）の減額特例を適用した場合の相続税評価額
建物評価額（同上）　1260万円
小規模宅地の減額　1264万円×0.5＝632万円
約1900万円まで減額
実際に1億3000万円で買った東京の港区の築5年のタワーマンションの課税評価額は賃貸の減額や小規模宅地の減額特例まで適用すると約1900万円になりました
1億円以上も減少！

それぞれの資産の長所や
短所を考えて選択することが
必要です

節税効果だけを狙うのはNG!

現金1億円あったら何を選べばいい?

	安全性	値上がり期待	換金性	収益性(利回り)	相続税の節税効果
都心のタワマン	△	△	△	○	◎
金	△	△	○	×	×
株	△	△	○	△	×
預貯金	○	×	◎	×	×
自己所有地にアパートを建築	△	×	×	○	◎

税務署から申告漏れを指摘されるケースは多いですか?
特に相続税は税務調査との戦いです
相続税の修正申告書
申告者の約25%に調査が入りそのうちの8割以上は修正申告をさせられます
8割も!
約5人に1人が修正させられると
なかでも多いのは名義預金です
名義預金?
名義預金とはお金をもらった人が使える状態になっていなくて名義だけが変更されているケースです
暦年贈与で子供の口座に毎年お金を振り込んでいても通帳や印鑑は本人が管理しているなどが典型例です
「本当に贈与したのか」が疑われるわけですね
普通預金
お取引内容 お支払金額(円) お預り金額(円)
振込 100,000
振込 50,000
振込
振込
名義預金の特徴は入金だけで出金がないことや
親の取引している金融機関で作られていること
また印鑑だけ変えてもだめです
たとえしらを切ったとしても…
いやぁ親父がやりやすい銀行でやっていたもので…
印鑑はどうですか?
印鑑?
あなたが本来使っている印鑑と照合しましたが
何でこの印鑑だけ違うんですか?
す…すみませんじつは…

最初に告白すれば過少申告加算税で10%の割増です
過少申告加算税
10%
本来納める税金
仮装隠蔽重加算税
40%
本来納める税金
さらに嘘をついた後に告白すると仮装隠蔽したとして重加算税の対象となり4割増しになります
最初に白旗をあげたほうがいいわけですね
疑われないためには給料が振り込まれる口座に実際に振り込んでもらうのがいいでしょう
あとは専業主婦の預金が多い場合
専業主婦もですか？
親からの相続や働いていたときに貯めたケースを除けば本来は旦那さんのお金なので申告が必要です
夫
本来は夫のお金
専業主婦の口座
申告が必要
なるほど…
旦那さんが亡くなった1次相続で専業主婦の奥さんに預金が5000万円あったとしましょう
この場合仮に税務署が調査に来てもすぐに訂正すれば配偶者の特例を使えます
5000万円は自分の分だと思っていました…
ところが嘘をつくと
1000万円しか貯金はありません
仮装隠蔽の対象となってしまい配偶者の特例が使えなくなる可能性があります
嘘はいけないですね…

税理士選びも重要ですね
税理士には正直に話をしてください
ただし税理士なら誰でもいいわけではありません
税理士事務所
年間の相続税申告は*5万件ですが税理士は7万人
相続税を扱ったことがない税理士は多いのです
へぇ～
＊2014年分（相続税の増税前）
税理士の選び方のコツを教えてください
知識はもちろんですが大事なのは取り扱った数
相続税申告の経験が豊富な税理士がいいでしょう
自分で申告するのもありですか？
相続税の申告書
基礎控除を若干超える程度で特例を使うと税金がゼロになる人は自分でやることもできます
とにかく相続対策は元気なうちから始めることが肝心です
なぜなら相続税対策は認知症になる前しかできないからです
なるほど…
いざというときのために早めの準備が大事なのですね

EPISODE ⓫

相続税の大増税によって
家を失う人が激増する日のまとめ

1 相続税が増税されたが
きちんと対策することで
税金を大きく減らすことが可能。

---

2 認知症になってからでは
相続税対策はできないので
早めに始めることが肝心。

---

3 不動産活用の前に
保険や教育資金一括贈与、
暦年贈与を検討する。

EPISODE 12

がんなどの医療費増加で家計が破綻してしまう日

まずは高額療養費制度や限度額適用認定証など公的補助を利用せよ！

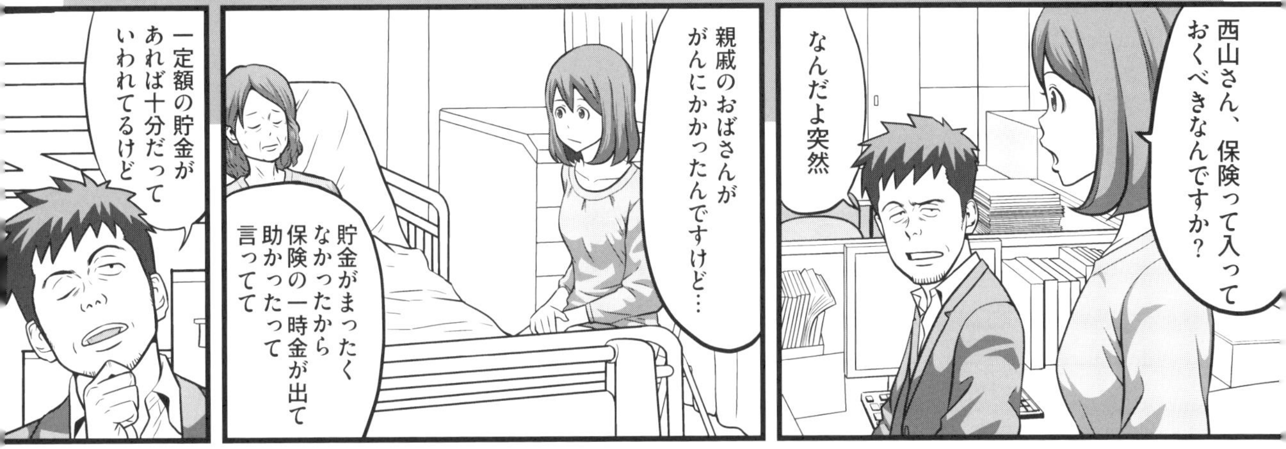

西山さん、保険って入っておくべきなんですか？
なんだよ突然
親戚のおばさんががんにかかったんですけど…
貯金がまったくなかったから保険の一時金が出て助かったって言ってて
一定額の貯金があれば十分だっていわれてるけど

なんとなく若い頃に入った医療保険に入りっぱなしなんだよな
医療の進歩で医療費が高額化しているっていいますよね
医療費高額化
医療技術の進歩影響か
治療方法によっては数百万や数千万かかるらしいな
私貯金が少ないんでがんにかかったら大変かも…
どういった準備が必要か専門家に取材するか？
そうですね

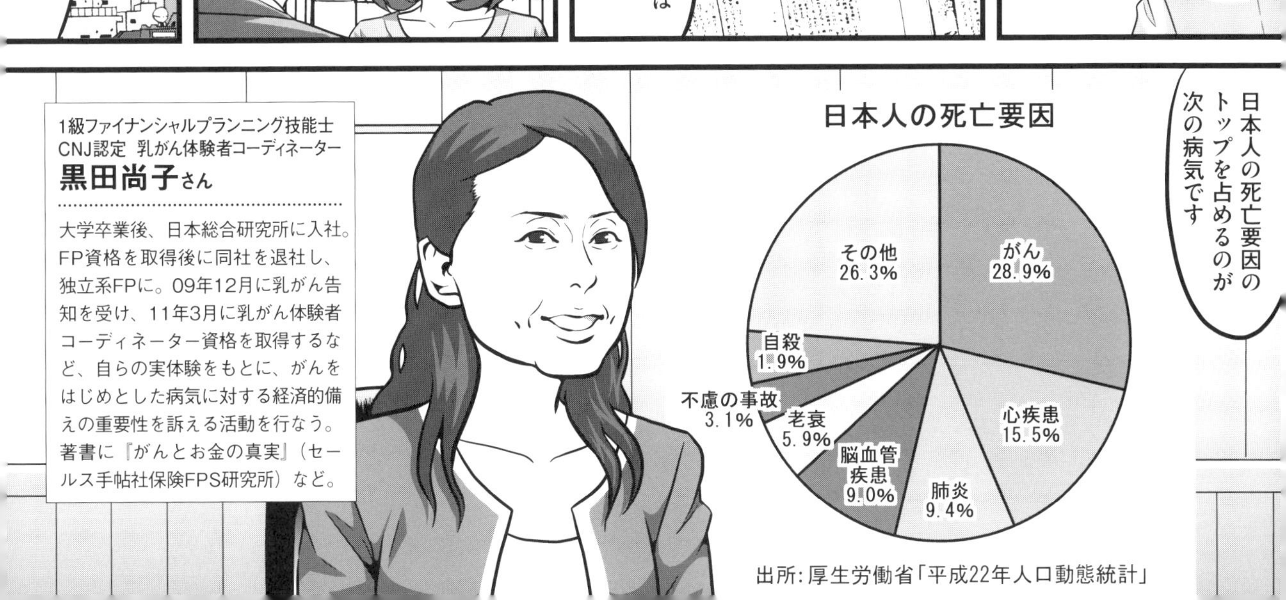

日本人の死亡要因のトップを占めるのが次の病気です
日本人の死亡要因
がん 28.9%
心疾患 15.5%
肺炎 9.4%
脳血管疾患 9.0%
老衰 5.9%
不慮の事故 3.1%
自殺 1.9%
その他 26.3%
出所：厚生労働省「平成22年人口動態統計」

1級ファイナンシャルプランニング技能士
CNJ認定 乳がん体験者コーディネーター
黒田尚子さん

大学卒業後、日本総合研究所に入社。FP資格を取得後に同社を退社し、独立系FPに。09年12月に乳がん告知を受け、11年3月に乳がん体験者コーディネーター資格を取得するなど、自らの実体験をもとに、がんをはじめとした病気に対する経済的備えの重要性を訴える活動を行なう。著書に『がんとお金の真実』（セールス手帖社保険FPS研究所）など。

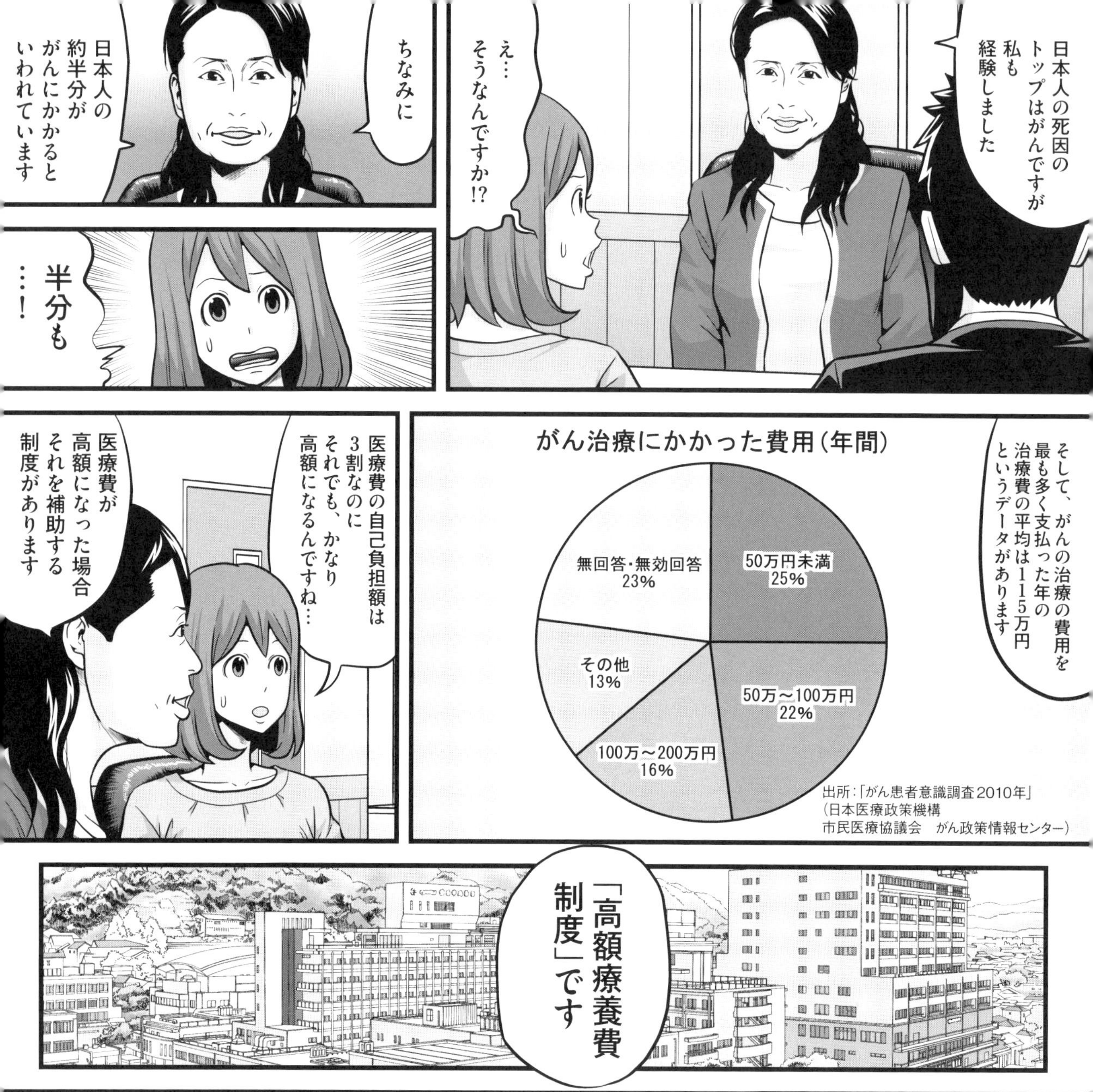
日本人の死因のトップはがんですが私も経験しました
え…そうなんですか!?
ちなみに
日本人の約半分ががんにかかるといわれています
半分も…!
そして、がんの治療の費用を最も多く支払った年の治療費の平均は115万円というデータがあります
がん治療にかかった費用(年間)
50万円未満 25%
50万～100万円 22%
100万～200万円 16%
その他 13%
無回答・無効回答 23%
出所:「がん患者意識調査2010年」(日本医療政策機構 市民医療協議会　がん政策情報センター)
医療費の自己負担額は3割なのにそれでも、かなり高額になるんですね…
医療費が高額になった場合それを補助する制度があります
「高額療養費制度」です

15年1月から70歳未満で年収が770万円以上の人の自己負担額が増えてはいますが

高額療養費制度の自己負担限度額(70歳未満の場合)

所得区分(年収)	1カ月あたりの自己負担限度額(円)	多数回該当※
約1160万円	25万2600円+(総医療費−84万2000円)×1%	14万100円
約770万円～約1160万円	16万7400円+(総医療費−55万8000円)×1%	9万3000円
約370万円～約770万円	8万100円+(総医療費−26万7000円)×1%	4万4400円
～約370万円	5万7600円	4万4400円
住民税非課税者	3万5400円	2万4600円

※多数回該当とは、高額療養費として払い戻しを受けた月数が1年間(直近12カ月)で3カ月以上あった場合に、4カ月目から自己負担額が引き下げられる制度

年収が370万円～770万円で1カ月の医療費が100万円以上かかった場合の自己負担額は8万7430円が限度額です

なので、医療費はがんの種類によっても異なりますが平均で年間20万～50万円というデータがあります
よかったぁ～それならなんとかなりそう

ただしがんの場合 医療費以外で 年間平均54万円の 費用がかかるという データもあるんです
え? 医療費以外に?
どんな費用が 発生するんですか?
その代表格が 差額ベッド代です
差額ベッド代の 1日当たりの平均徴収額
1人部屋 7563円
2人部屋 3065円
3人部屋 2812円
4人部屋 2346円
出所:厚生労働省 「主な選定療養に係る報告状況 (第282回中央社会保険医療協議会総会資料)」
これは 保険の適用外なので 全額自己負担になります
がんの平均入院日数が 10~15日だから 4人部屋でもプラス 2万~3万円か…
加えて入院中の食事代は 医療費と区別され 一定額を患者が 負担します
一般的な入院中の 1日当たりの 食事の自己負担分
15年度 780円
16年度 1080円
18年度から 1380円
16年も食事代が 引き上げられて いるんですね
病院によっては 食事が 選択できる分
特別料金が 加算されることも あります
入院中ぐらい ちょっとでもいい物を 食べたいですよね
また薬物治療の副作用や 後遺症に悩む がん患者も多いです
なので 医療用かつらを 購入したり
漢方や健康食品 サプリメントなどの 補完代替医療を 利用する人もいます

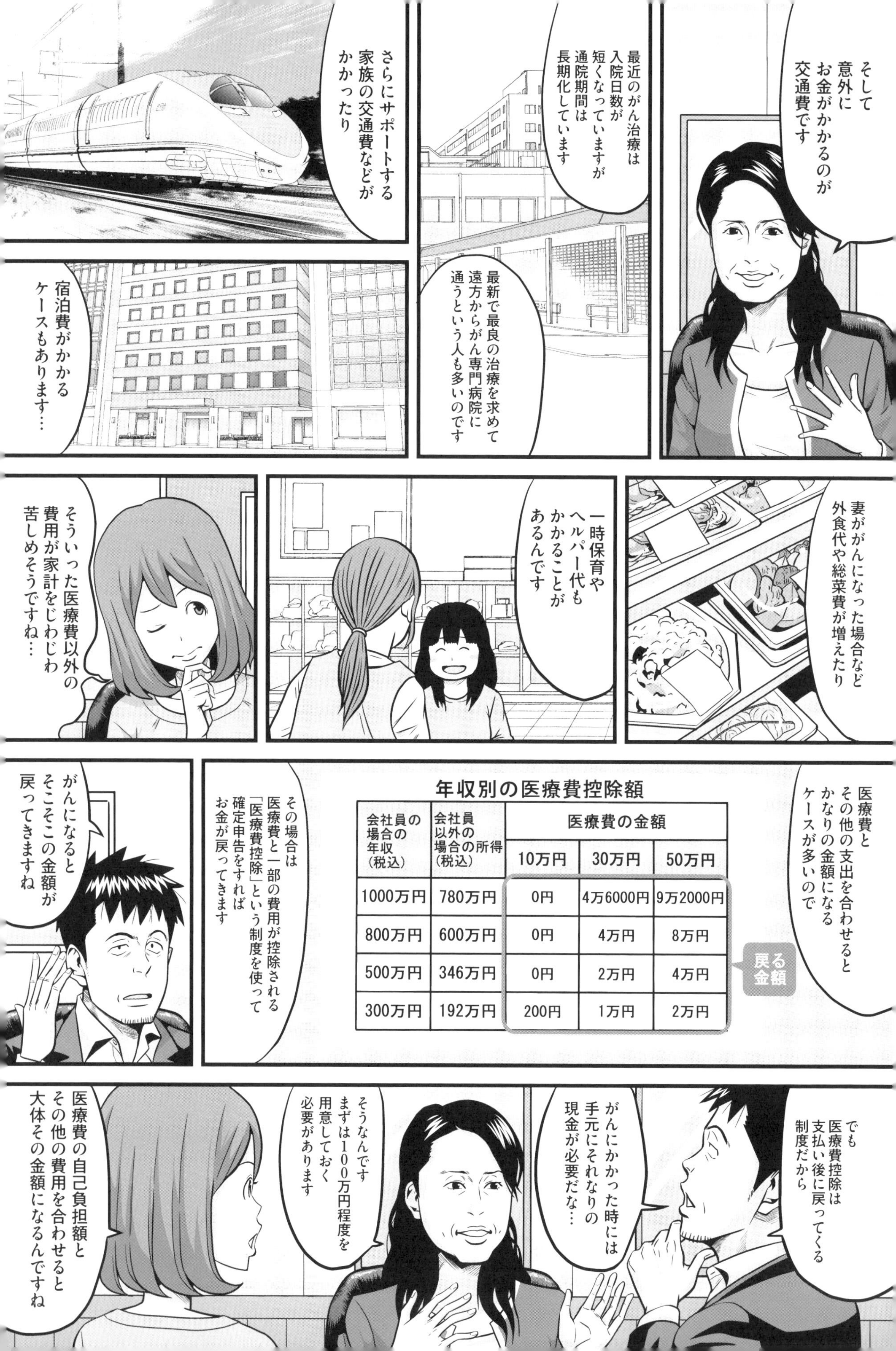

年収別の医療費控除額

会社員の場合の年収（税込）	会社員以外の場合の所得（税込）	医療費の金額		
		10万円	30万円	50万円
1000万円	780万円	0円	4万6000円	9万2000円
800万円	600万円	0円	4万円	8万円
500万円	346万円	0円	2万円	4万円
300万円	192万円	200円	1万円	2万円

戻る金額

がん治療は1年目が最も費用がかかるケースが多く平均で100万円ちょっとが必要
なので100万円あればがんの治療から
病院
退院までは乗り切れるでしょう
公的制度の利用で医療費が戻ってきても病院での支払いがかなり高額になる場合もありますよね
でも、「限度額適用認定証」を使えば
限度額適用認定 申請書
病院の窓口で支払うお金も最初から「高額療養費制度」の限度額で済みます
よかった…そういう制度があるんですね
ですが、がん患者へのアンケートでは「300万～400万円あればよかった」と回答する人が多いんです
それくらいあると数カ月くらいは仕事を休んでも心配はないだろうな
そういざという時に備えて半年分から1年分くらいの生活費の預貯金を用意しておくと安心です
ただし
仕事を辞めるのはよく考えてからにしてください

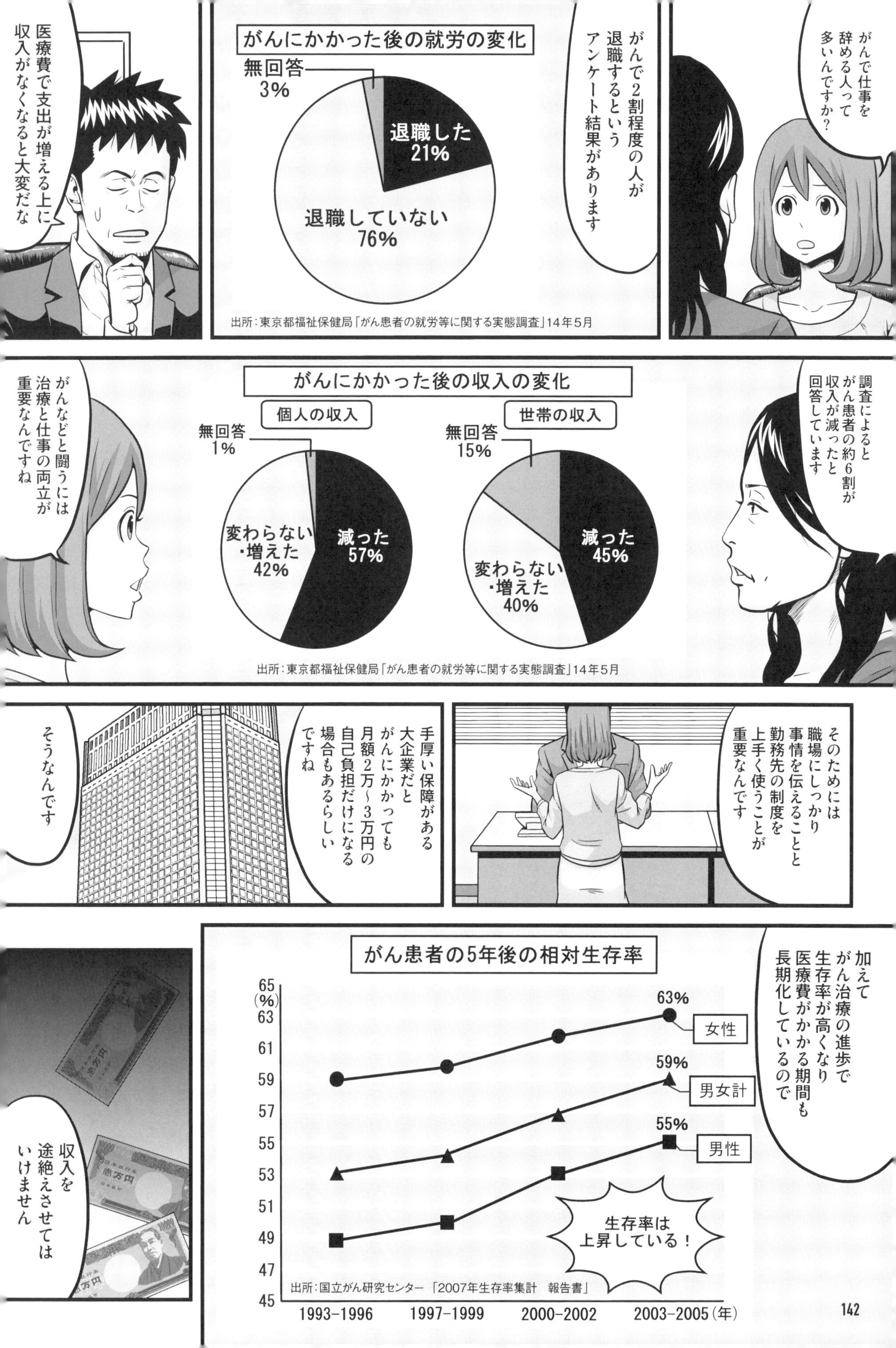

がんで仕事を辞める人って多いんですか?
がんで2割程度の人が退職するというアンケート結果があります
がんにかかった後の就労の変化
無回答 3%
退職した 21%
退職していない 76%
出所:東京都福祉保健局「がん患者の就労等に関する実態調査」14年5月
医療費で支出が増える上に収入がなくなると大変だな
調査によるとがん患者の約6割が収入が減ったと回答しています
がんにかかった後の収入の変化
個人の収入
無回答 1%
減った 57%
変わらない・増えた 42%
世帯の収入
無回答 15%
減った 45%
変わらない・増えた 40%
出所:東京都福祉保健局「がん患者の就労等に関する実態調査」14年5月
がんなどと闘うには治療と仕事の両立が重要なんですね
そのためには職場にしっかり事情を伝えることと勤務先の制度を上手く使うことが重要なんです
手厚い保障がある大企業だとがんにかかっても月額2万~3万円の自己負担だけになる場合もあるらしいですね
そうなんです
加えてがん治療の進歩で生存率が高くなり医療費がかかる期間も長期化しているので
がん患者の5年後の相対生存率
(%)
65 63 61 59 57 55 53 51 49 47 45
63% 女性
59% 男女計
55% 男性
生存率は上昇している!
出所:国立がん研究センター「2007年生存率集計 報告書」
1993-1996 1997-1999 2000-2002 2003-2005(年)
収入を途絶えさせてはいけません

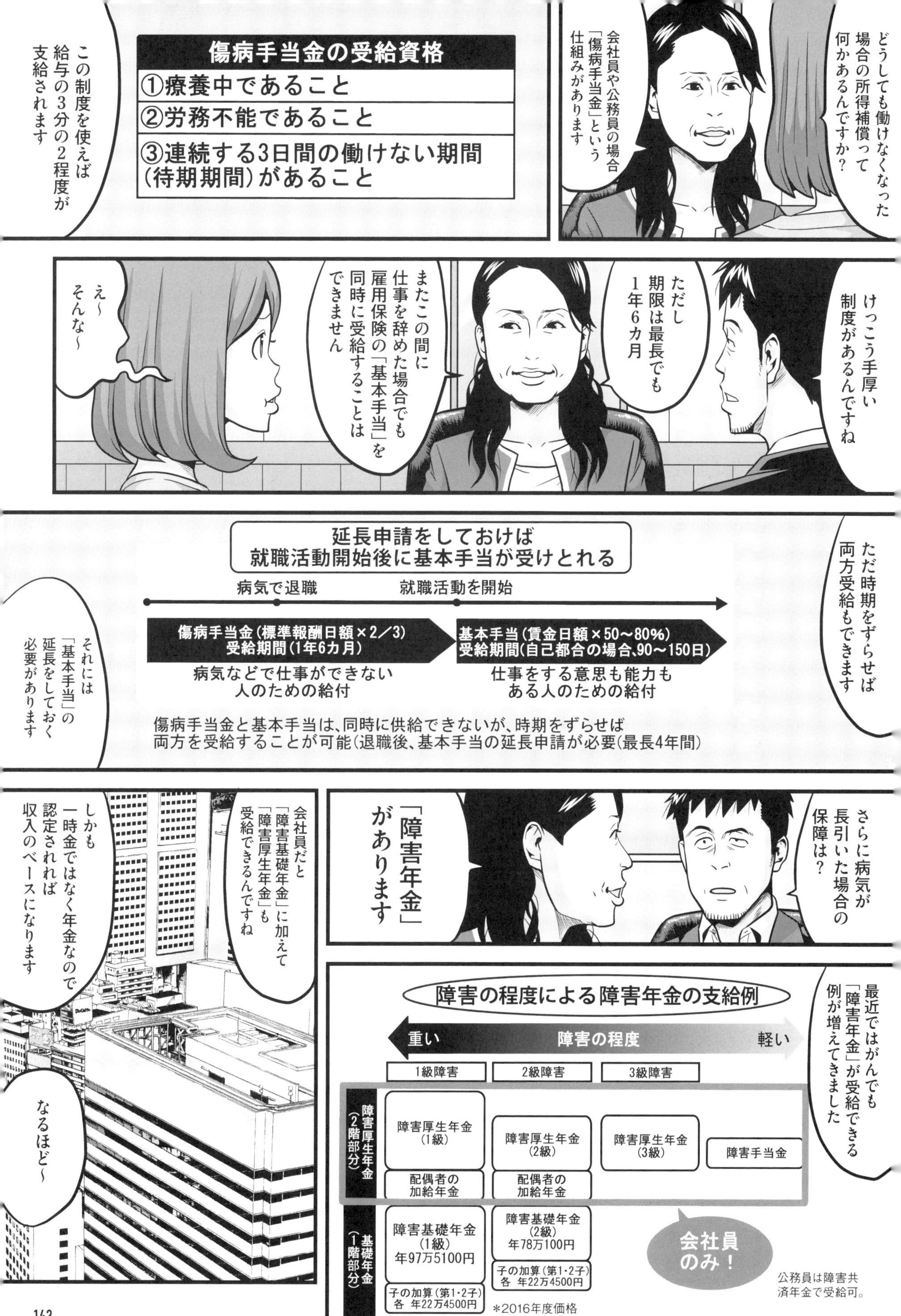
どうしても働けなくなった場合の所得補償って何かあるんですか?
会社員や公務員の場合「傷病手当金」という仕組みがあります
傷病手当金の受給資格
①療養中であること
②労務不能であること
③連続する3日間の働けない期間(待期期間)があること
この制度を使えば給与の3分の2程度が支給されます
けっこう手厚い制度があるんですね
ただし期限は最長でも1年6カ月
またこの間に仕事を辞めた場合でも雇用保険の「基本手当」を同時に受給することはできません
え～そんな～
ただ時期をずらせば両方受給もできます
延長申請をしておけば
就職活動開始後に基本手当が受けとれる
病気で退職
就職活動を開始
傷病手当金(標準報酬日額×2／3)
受給期間(1年6カ月)
病気などで仕事ができない人のための給付
基本手当(賃金日額×50～80%)
受給期間(自己都合の場合、90～150日)
仕事をする意思も能力もある人のための給付
傷病手当金と基本手当は、同時に供給できないが、時期をずらせば
両方を受給することが可能(退職後、基本手当の延長申請が必要(最長4年間)
それには「基本手当」の延長をしておく必要があります
さらに病気が長引いた場合の保障は?
「障害年金」があります
最近ではがんでも「障害年金」が受給できる例が増えてきました
障害の程度による障害年金の支給例
重い
障害の程度
軽い
1級障害
2級障害
3級障害
障害厚生年金(2階部分)
障害厚生年金(1級)
配偶者の加給年金
障害厚生年金(2級)
配偶者の加給年金
障害厚生年金(3級)
障害手当金
基礎年金(1階部分)
障害基礎年金(1級)年97万5100円
子の加算(第1・2子)各 年22万4500円
障害基礎年金(2級)年78万100円
子の加算(第1・2子)各 年22万4500円
会社員のみ!
公務員は障害共済年金で受給可。
＊2016年度価格
会社員だと「障害基礎年金」に加えて「障害厚生年金」も受給できるんですね
しかも一時金ではなく年金なので認定されれば収入のベースになります
なるほど～

かなり公的な保障が充実しているんですね
しかし用意されている制度は申請しないと使えません
実は「高額療養費制度」だって知らない人も多いんです
利用する制度によって申請先が別なのも複雑になっている理由なんですね
まずはこの図を参考にして利用できる制度と相談先を知っておきましょう

がんによる問題＆相談先一覧

問題	利用できる公的制度等	相談先
医療費がかかった	高額療養費制度（限度額適用認定証）	公的医療保険の窓口 会社員：全国健康保険協会（協会けんぽ）組合健保等 公務員：各共済 自営自由業：市区町村の国民健康課 介護福祉課など
がんで休職した	傷病手当金（健康保険）	
がんで介護状態になった	高額医療・高額介護合算制度 訪問介護、通所介護など	
がん患者の家族が介護休業した	介護休業・休暇 介護休業給付金（雇用保険）	勤務先の人事・労務担当 勤務先所在地管轄のハローワーク
がんで失業した	基本手当（雇用保険）	住所地管轄のハローワーク
医療費などを借りたい	生活福祉資金貸付制度	市区町村の社会福祉協議会
がんで障害が残った	障害年金（年金保険） 身体障害者手帳	会社員：年金事務所 街角の年金相談センター 自営自由業：市区町村の国民年金課
生活が苦しい	生活保護制度	市区町村の福祉窓口 福祉事務所
税金の還付を受けたい	医療費控除	住所地管轄の税務署
民間保険の給付やサービスを使いたい	リビング・ニーズ特約 付帯サービス （セカンドオピニオンサービス 健康相談など）	契約している保険会社の担当者 コールセンターなど
とにかく相談したい	面接、電話相談など（無料）	自治体、病院、がん相談支援センターなど

公的制度がいろいろあるってわかるとなんだか安心ですね
ただし「傷病手当金」は収入の3分の2ですし治療のために支出が増加している状況ではこれだけで家計が回るとは限りません
病気などが原因で住宅ローンを払えなくて自己破産するケースも増えているみたいですね
そう病気になることで支出増と収入減が同時に来るので
仕事をなんとか続けるなど継続的な収入確保が重要です

がん治療で保険診療が可能なのは？

標準治療（保険診療が可能）	先端治療（保険診療ができない）
●外科療法（手術）	●免疫細胞療法＊
●薬物療法（抗がん剤、ホルモン剤など）	●粒子線治療（陽子線・重粒子線）＊
●放射線療法（X線など）	●その他（日本未承認薬）

＊一部保険診療となるものもある

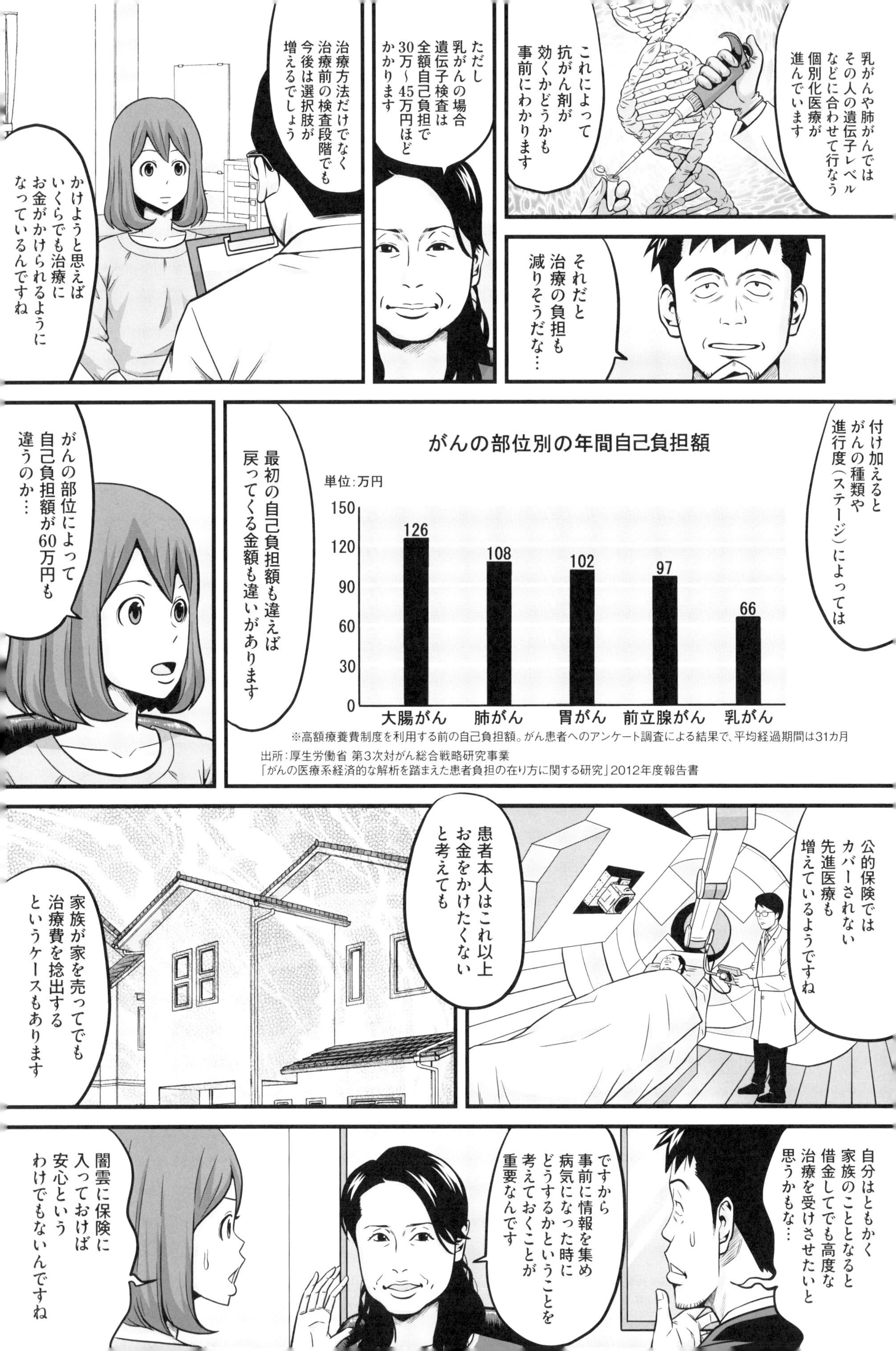
乳がんや肺がんではその人の遺伝子レベルなどに合わせて行なう個別化医療が進んでいます
これによって抗がん剤が効くかどうかも事前にわかります
それだと治療の負担も減りそうだな…
ただし乳がんの場合遺伝子検査は全額自己負担で30万～45万円ほどかかります
治療方法だけでなく治療前の検査段階でも今後は選択肢が増えるでしょう
かけようと思えばいくらでも治療にお金がかけられるようになっているんですね
付け加えるとがんの種類や進行度（ステージ）によっては
がんの部位別の年間自己負担額
単位：万円
150
120
90
60
30
0
大腸がん 126
肺がん 108
胃がん 102
前立腺がん 97
乳がん 66
※高額療養費制度を利用する前の自己負担額。がん患者へのアンケート調査による結果で、平均経過期間は31カ月
出所：厚生労働省 第3次対がん総合戦略研究事業
「がんの医療系経済的な解析を踏まえた患者負担の在り方に関する研究」2012年度報告書
最初の自己負担額も違えば戻ってくる金額も違いがあります
がんの部位によって自己負担額が60万円も違うのか…
公的保険ではカバーされない先進医療も増えているようですね
患者本人はこれ以上お金をかけたくないと考えても
家族が家を売ってでも治療費を捻出するというケースもあります
自分はともかく家族のこととなると借金してでも高度な治療を受けさせたいと思うかもな…
ですから事前に情報を集め病気になった時にどうするかということを考えておくことが重要なんです
闇雲に保険に入っておけば安心というわけでもないんですね

私もがんになった当初不安だったのですが
病院が決まり治療法が決まるなど
具体的になっていくと当初ほどの不安はなくなります
お金の準備だけでなくさまざまな情報も病気と闘ううえで重要なんですね
公的保障をベースにしながら「不足分をどうカバーするのか？」「先進医療を受けたいのかどうか？」ということを考えて貯蓄や保険を考えておきましょう
病気になった時の準備ってこうやっておけば安心ということではなく
どういう医療を受けたいかって考えておくことが重要なんですね
いざとなって慌てるよりは情報を知ったりできることをやっとくべきかもな
お前の場合まずは貯金しておくことが重要だな
そうですね
今は貯金もないし保険への加入も考えなきゃ

EPISODE ⑫

がんなどの医療費増加で
家計が破綻してしまう日のまとめ

1 死亡原因のトップはがんで
日本人の半分ががんにかかる。

---

2 高額療養費制度など
利用できる制度を押さえておく。

---

3 「お金がないから保険に
入らない」がもっともダメ。

EPISODE 13

人口減少社会の本格化でマンションが暴落する日

自宅を購入するなら、資産価値を期待せずに利用価値で割り切ろう！

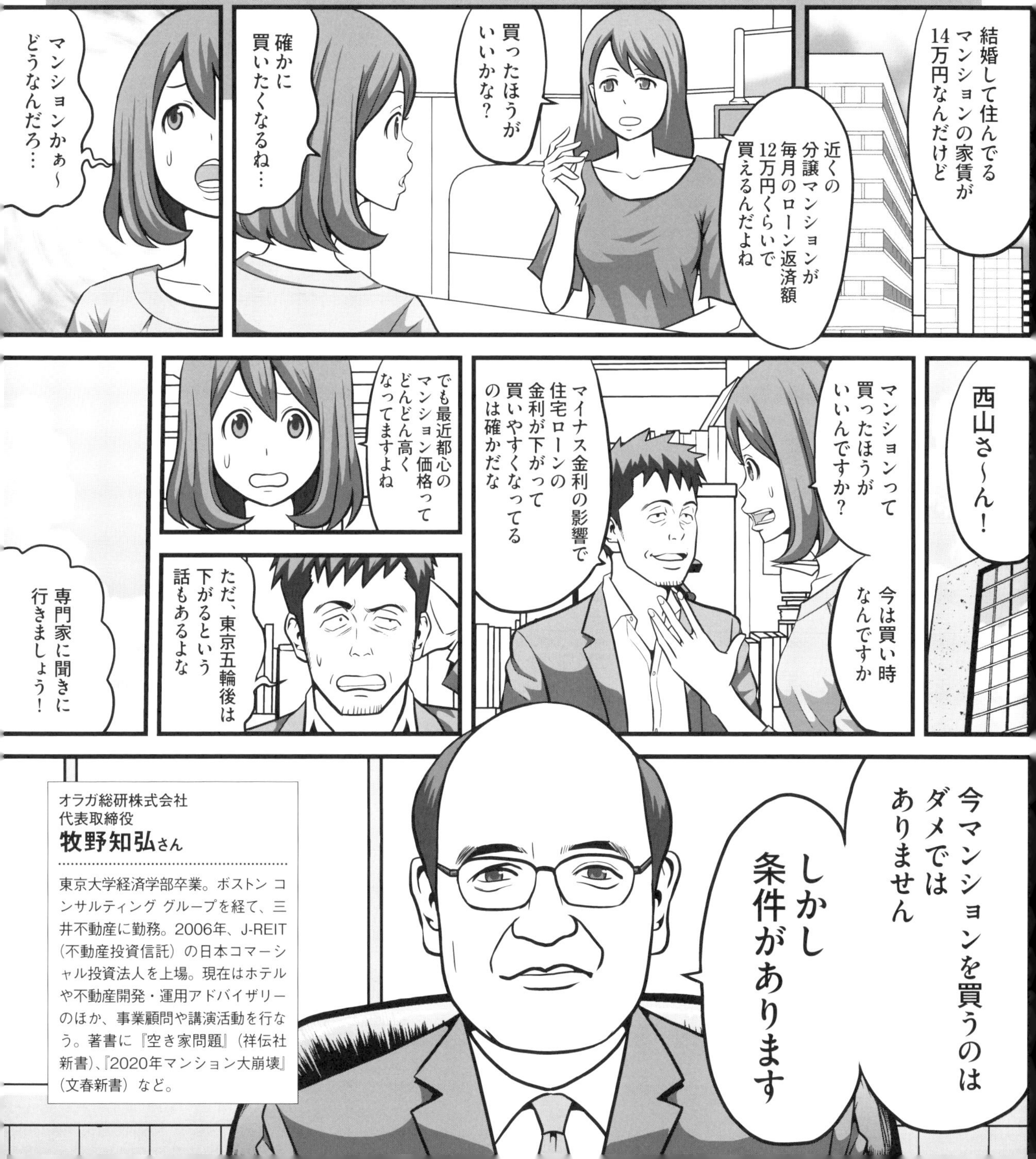

結婚して住んでるマンションの家賃が14万円なんだけど
近くの分譲マンションが毎月のローン返済額12万円くらいで買えるんだよね
買ったほうがいいかな？
確かに買いたくなるね…
マンションかぁ～どうなんだろ…
西山さ～ん！
マンションって買ったほうがいいんですか？
今は買い時なんですか
マイナス金利の影響で住宅ローンの金利が下がって買いやすくなってるのは確かだな
でも最近都心のマンション価格ってどんどん高くなってますよね
ただ、東京五輪後は下がるという話もあるよな
専門家に聞きに行きましょう！
今マンションを買うのはダメではありません
しかし条件があります

オラガ総研株式会社
代表取締役
牧野知弘さん

東京大学経済学部卒業。ボストン コンサルティング グループを経て、三井不動産に勤務。2006年、J-REIT（不動産投資信託）の日本コマーシャル投資法人を上場。現在はホテルや不動産開発・運用アドバイザリーのほか、事業顧問や講演活動を行なう。著書に『空き家問題』（祥伝社新書）、『2020年マンション大崩壊』（文春新書）など。

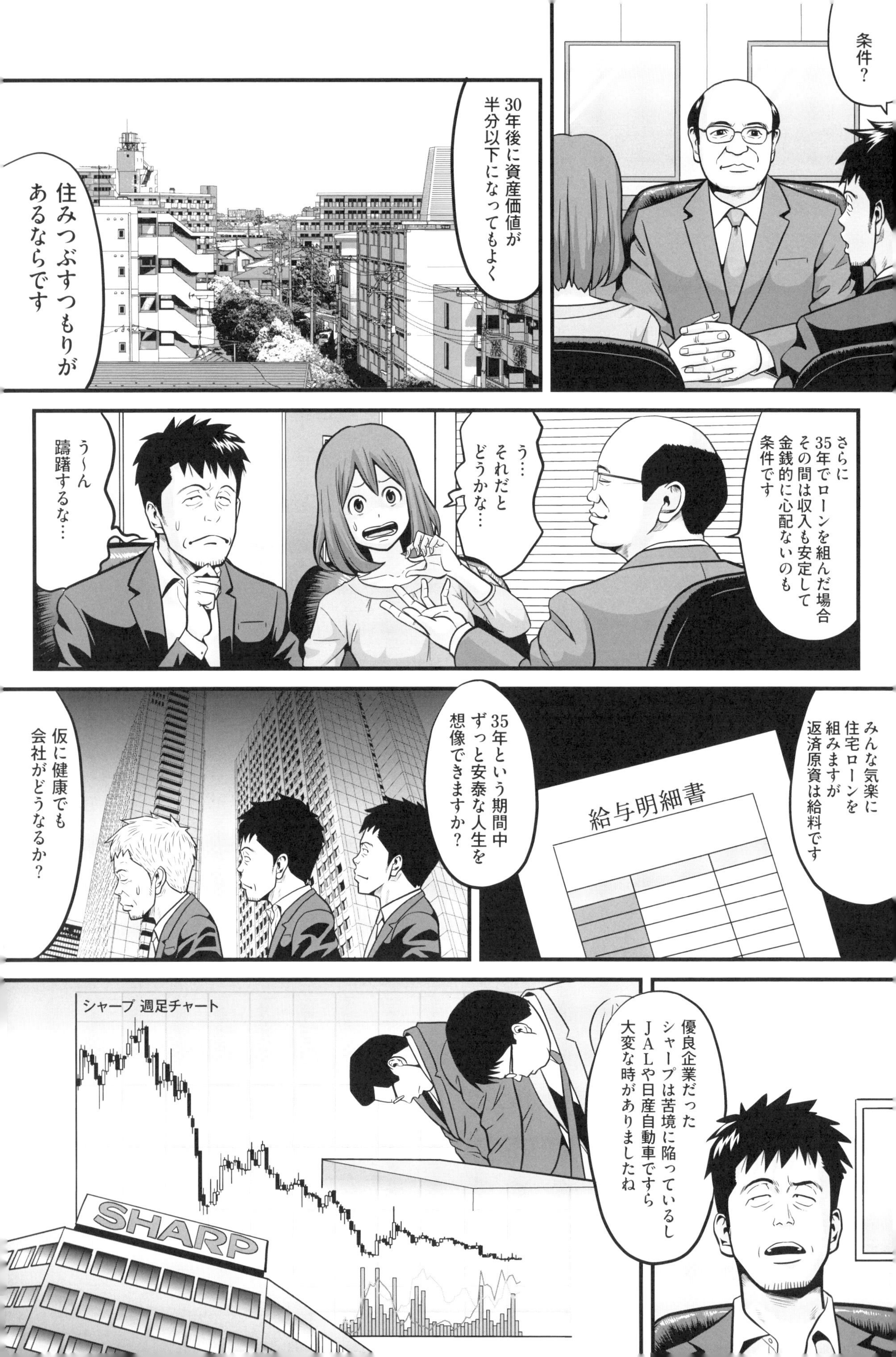

条件？
30年後に資産価値が半分以下になってもよく
住みつぶすつもりがあるならです
さらに35年でローンを組んだ場合その間は収入も安定して金銭的に心配ないのも条件です
う…それだとどうかな…
う～ん躊躇するな…
みんな気楽に住宅ローンを組みますが返済原資は給料です
給与明細書
35年という期間中ずっと安泰な人生を想像できますか？
仮に健康でも会社がどうなるか？
優良企業だったシャープは苦境に陥っているしJALや日産自動車ですら大変な時がありましたね
シャープ 週足チャート
SHARP

でも毎月14万円払う家賃と12万円のローン返済だったら2万円安くなるし
家賃14万円
12万円のローン返済
自分のものになるなら買ったほうがいいかなって思いますよね
資産にもなるし
自宅を資産として見た場合「入口」と「出口」を意識することが重要
入口＝購入価格
出口＝売却価格
多くの人が住宅ローンを借りて家を購入する「入口」しか考えていないんです

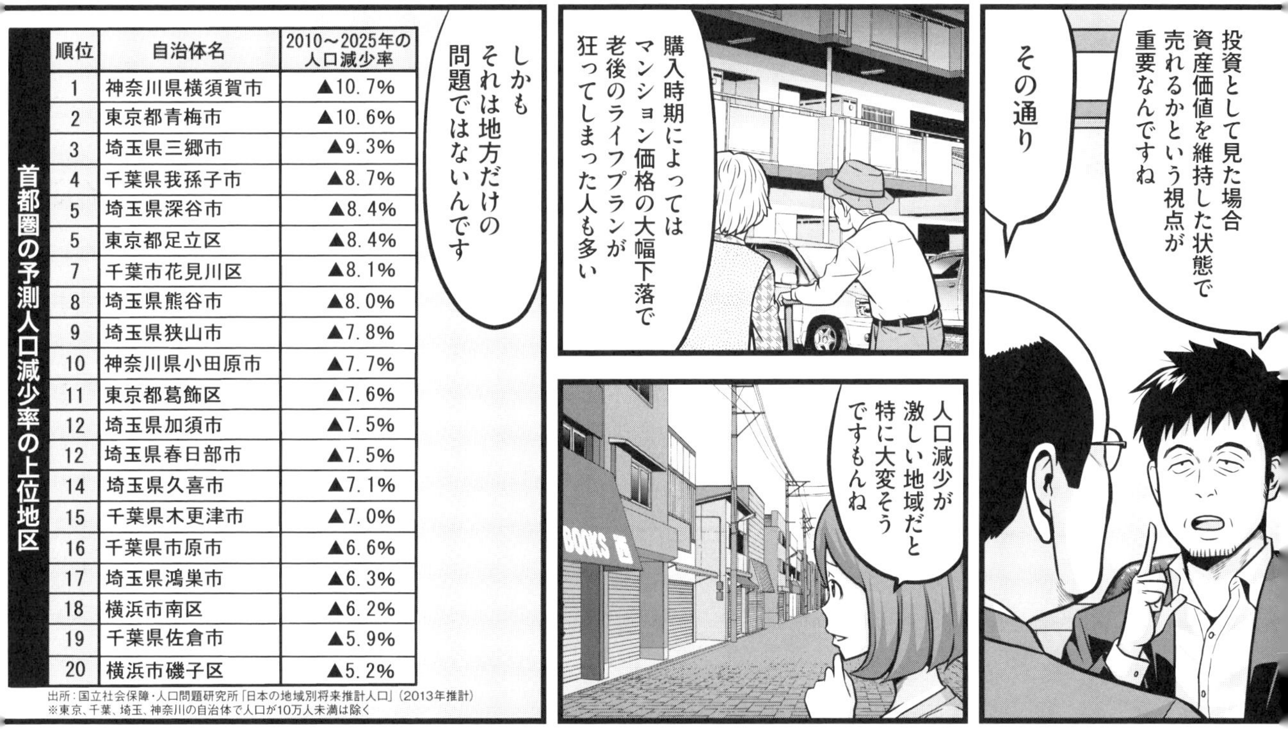
投資として見た場合資産価値を維持した状態で売れるかという視点が重要なんですね
その通り
購入時期によってはマンション価格の大幅下落で老後のライフプランが狂ってしまった人も多い
BOOKS
人口減少が激しい地域だと特に大変そうですもんね
しかもそれは地方だけの問題ではないんです

首都圏の予測人口減少率の上位地区

順位	自治体名	2010～2025年の人口減少率
1	神奈川県横須賀市	▲10.7%
2	東京都青梅市	▲10.6%
3	埼玉県三郷市	▲9.3%
4	千葉県我孫子市	▲8.7%
5	埼玉県深谷市	▲8.4%
5	東京都足立区	▲8.4%
7	千葉市花見川区	▲8.1%
8	埼玉県熊谷市	▲8.0%
9	埼玉県狭山市	▲7.8%
10	神奈川県小田原市	▲7.7%
11	東京都葛飾区	▲7.6%
12	埼玉県加須市	▲7.5%
12	埼玉県春日部市	▲7.5%
14	埼玉県久喜市	▲7.1%
15	千葉県木更津市	▲7.0%
16	千葉県市原市	▲6.6%
17	埼玉県鴻巣市	▲6.3%
18	横浜市南区	▲6.2%
19	千葉県佐倉市	▲5.9%
20	横浜市磯子区	▲5.2%

出所：国立社会保障・人口問題研究所「日本の地域別将来推計人口」（2013年推計）
※東京、千葉、埼玉、神奈川の自治体で人口が10万人未満は除く

首都圏でも駅から離れている築35～40年のマンションだと
購入額の5000万円が車約1台分の250万円程度になっている場合もあるんです
そ…そんなに下がってるんだ

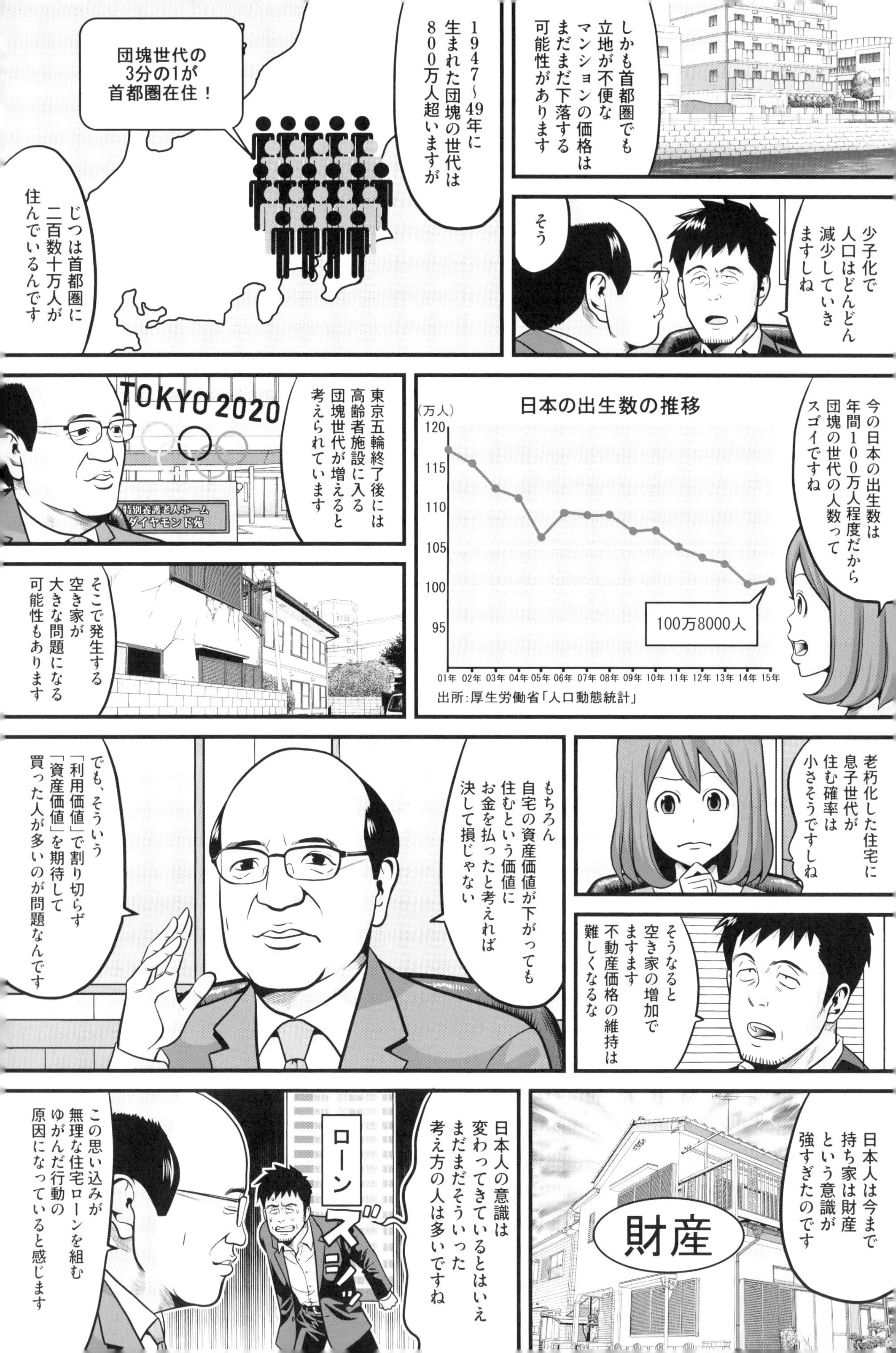

しかも首都圏でも立地が不便なマンションの価格はまだまだ下落する可能性があります
少子化で人口はどんどん減少していきますしね
そう
1947～49年に生まれた団塊の世代は800万人超いますが
団塊世代の3分の1が首都圏在住！
じつは首都圏に二百数十万人が住んでいるんです
今の日本の出生数は年間100万人程度だから団塊の世代の人数ってスゴイですね
日本の出生数の推移
（万人）
120
115
110
105
100
95
01年 02年 03年 04年 05年 06年 07年 08年 09年 10年 11年 12年 13年 14年 15年
100万8000人
出所：厚生労働省「人口動態統計」
東京五輪終了後には高齢者施設に入る団塊世代が増えると考えられています
TOKYO 2020
特別養護老人ホーム
ダイヤモンド苑
そこで発生する空き家が大きな問題になる可能性もあります
老朽化した住宅に息子世代が住む確率は小さそうですしね
そうなると空き家の増加でますます不動産価格の維持は難しくなるな
もちろん自宅の資産価値が下がっても住むという価値にお金を払ったと考えれば決して損じゃない
でも、そういう「利用価値」で割り切らず「資産価値」を期待して買った人が多いのが問題なんです
日本人は今まで持ち家は財産という意識が強すぎたのです
財産
日本人の意識は変わってきているとはいえまだまだそういった考え方の人は多いですね
ローン
ズシッ
この思い込みが無理な住宅ローンを組むゆがんだ行動の原因になっていると感じます

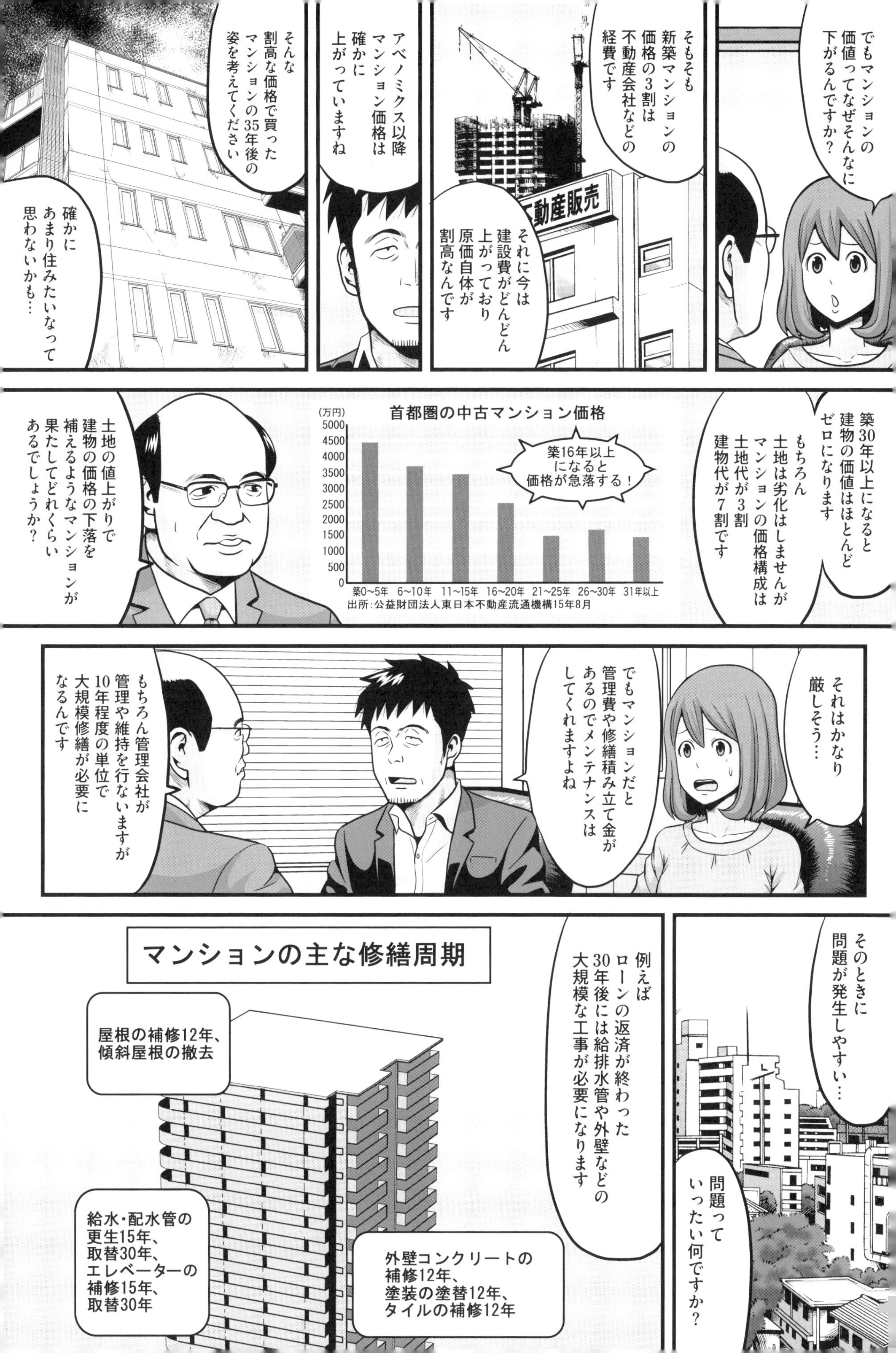
でもマンションの価値ってなぜそんなに下がるんですか？
そもそも新築マンションの価格の3割は不動産会社などの経費です
動産販売
それに今は建設費がどんどん上がっており原価自体が割高なんです
アベノミクス以降マンション価格は確かに上がっていますね
そんな割高な価格で買ったマンションの35年後の姿を考えてください
確かにあまり住みたいなって思わないかも…
築30年以上になると建物の価値はほとんどゼロになります
もちろん土地は劣化はしませんがマンションの価格構成は土地代が3割建物代が7割です
首都圏の中古マンション価格
(万円)
5000
4500
4000
3500
3000
2500
2000
1500
1000
500
0
築0～5年
6～10年
11～15年
16～20年
21～25年
26～30年
31年以上
築16年以上になると価格が急落する！
出所：公益財団法人東日本不動産流通機構15年8月
土地の値上がりで建物の価格の下落を補えるようなマンションが果たしてどれくらいあるでしょうか？
それはかなり厳しそう…
でもマンションだと管理費や修繕積み立て金があるのでメンテナンスはしてくれますよね
もちろん管理会社が管理や維持を行ないますが10年程度の単位で大規模修繕が必要になるんです
そのときに問題が発生しやすい…
問題っていったい何ですか？
例えばローンの返済が終わった30年後には給排水管や外壁などの大規模な工事が必要になります
マンションの主な修繕周期
屋根の補修12年、傾斜屋根の撤去
給水・配水管の更生15年、取替30年、エレベーターの補修15年、取替30年
外壁コンクリートの補修12年、塗装の塗替12年、タイルの補修12年

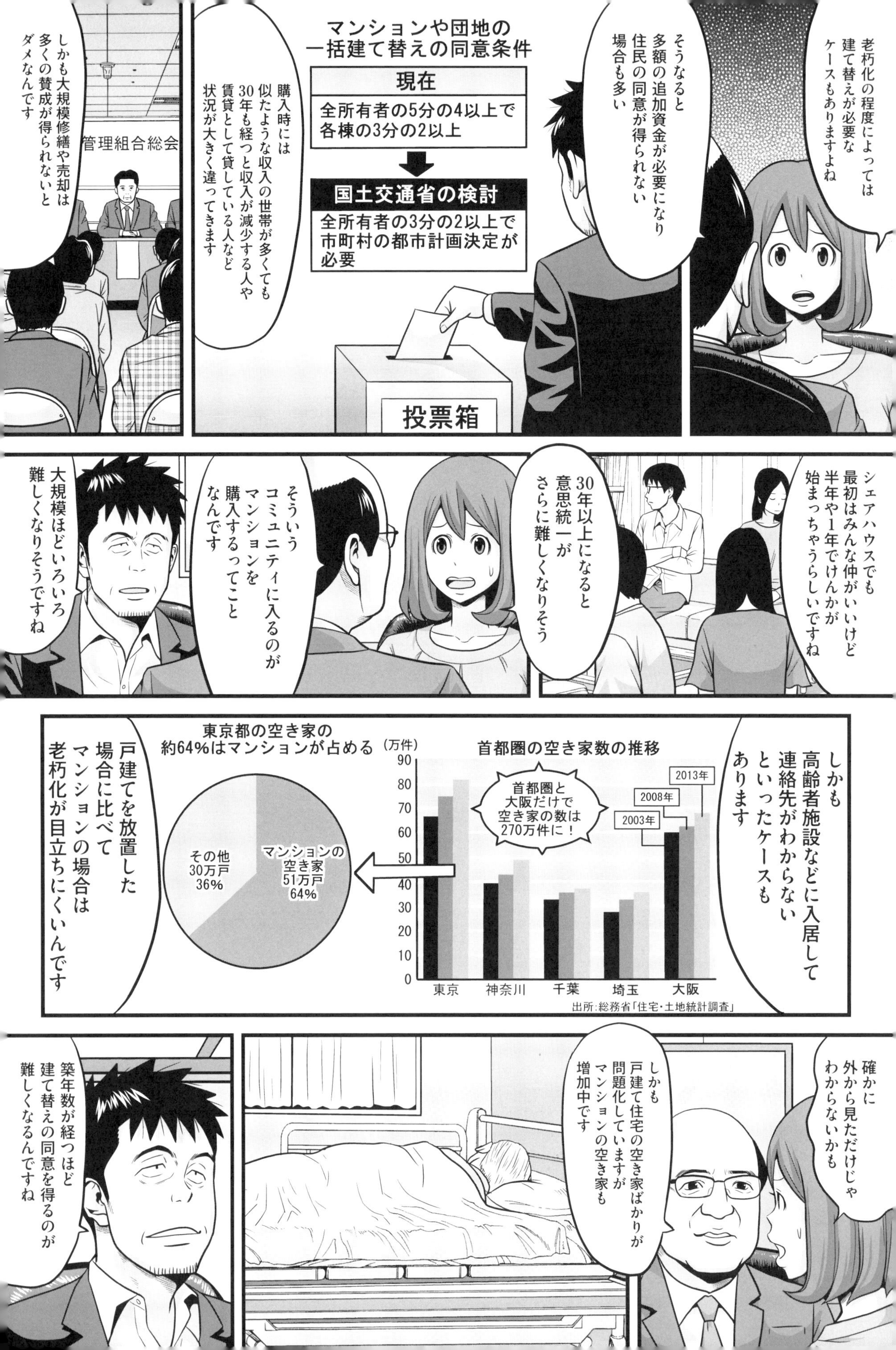
老朽化の程度によっては建て替えが必要なケースもありますよね
そうなると多額の追加資金が必要になり住民の同意が得られない場合も多い
マンションや団地の一括建て替えの同意条件
現在
全所有者の5分の4以上で各棟の3分の2以上
国土交通省の検討
全所有者の3分の2以上で市町村の都市計画決定が必要
投票箱
購入時には似たような収入の世帯が多くても30年も経つと収入が減少する人や賃貸として貸している人など状況が大きく違ってきます
管理組合総会
しかも大規模修繕や売却は多くの賛成が得られないとダメなんです
シェアハウスでも最初はみんな仲がいいけど半年や1年でけんかが始まっちゃうらしいですね
30年以上になると意思統一がさらに難しくなりそう
そういうコミュニティに入るのがマンションを購入するってことなんです
大規模ほどいろいろ難しくなりそうですね
しかも高齢者施設などに入居して連絡先がわからないといったケースもあります
首都圏の空き家数の推移
(万件)
90 80 70 60 50 40 30 20 10 0
首都圏と大阪だけで空き家の数は270万件に！
2003年
2008年
2013年
東京 神奈川 千葉 埼玉 大阪
出所:総務省「住宅・土地統計調査」
東京都の空き家の約64%はマンションが占める
マンションの空き家51万戸64%
その他30万戸36%
戸建てを放置した場合に比べてマンションの場合は老朽化が目立ちにくいんです
確かに外から見ただけじゃわからないかも
しかも戸建て住宅の空き家ばかりが問題化していますがマンションの空き家も増加中です
築年数が経つほど建て替えの同意を得るのが難しくなるんですね

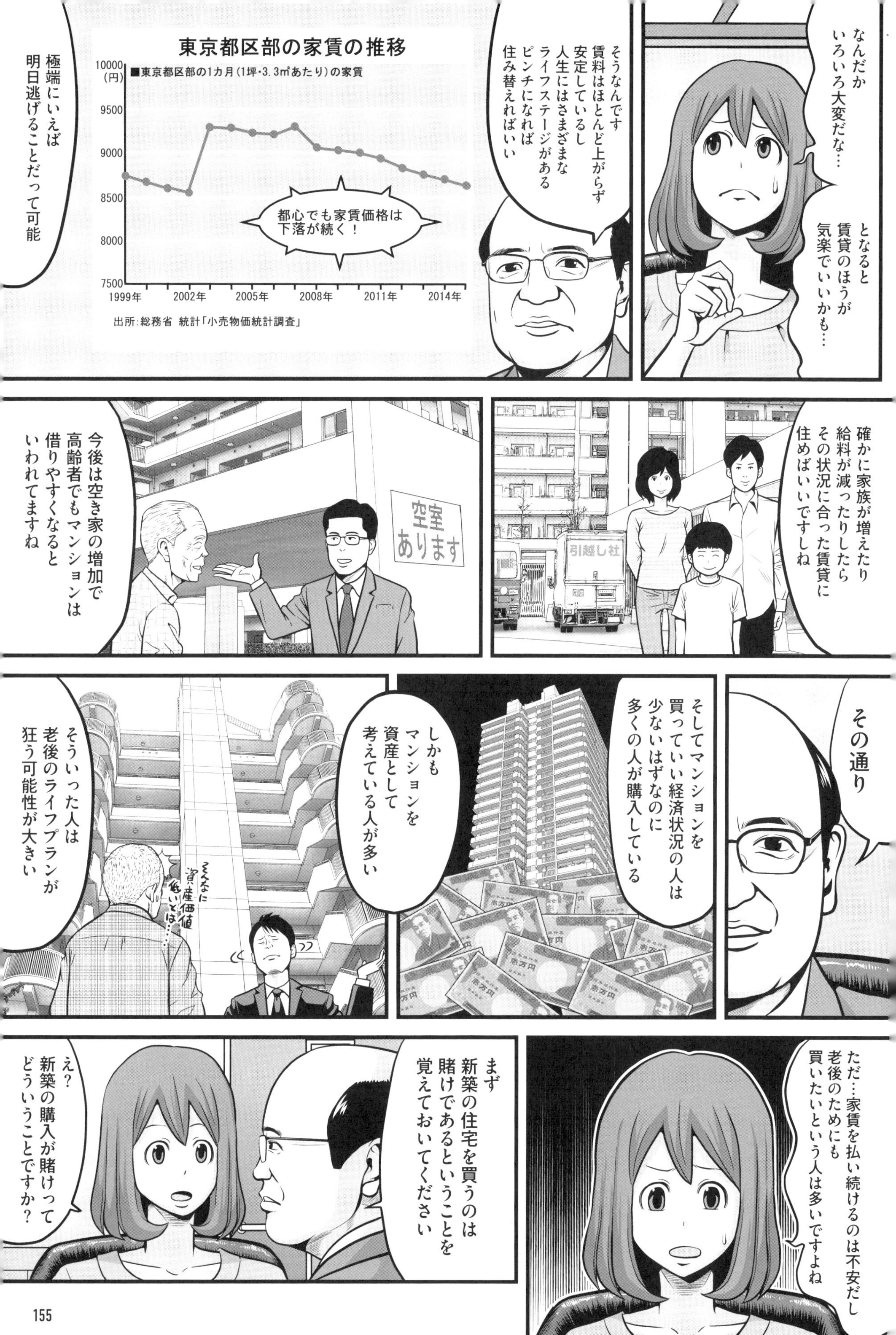
なんだか
いろいろ大変だな…
となると
賃貸のほうが
気楽でいいかも…
そうなんです
賃料はほとんど上がらず
安定しているし
人生にはさまざまな
ライフステージがある
ピンチになれば
住み替えればいい
東京都区部の家賃の推移
■東京都区部の1カ月（1坪・3.3㎡あたり）の家賃
10000（円）
9500
9000
8500
8000
7500
1999年
2002年
2005年
2008年
2011年
2014年
都心でも家賃価格は下落が続く！
出所：総務省 統計「小売物価統計調査」
極端にいえば
明日逃げることだって可能
確かに家族が増えたり
給料が減ったりしたら
その状況に合った賃貸に
住めばいいですしね
引越し社
今後は空き家の増加で
高齢者でもマンションは
借りやすくなると
いわれてますね
空室
あります
その通り
そしてマンションを
買っていい経済状況の人は
少ないはずなのに
多くの人が購入している
しかも
マンションを
資産として
考えている人が多い
そういった人は
老後のライフプランが
狂う可能性が大きい
こんなに
資産価値
低いとは……
ただ…家賃を払い続けるのは不安だし
老後のためにも
買いたいという人は多いですよね
まず
新築の住宅を買うのは
賭けであるということを
覚えておいてください
え？
新築の購入が賭けって
どういうことですか？

ある番組で共演した米国出身のタレントさんが「日本人は新築を買いたがるけど僕は怖くって買えない」って言うんです
どうしてですか？
人が住んだことがない家だとどんな欠陥があるかわからない
都市で暮らす
2DK新築分譲開始
モデルルームGRAND OPEN
そんな家には気持ちが悪くって住めないらしいんです
中古住宅の取引シェアの４カ国比較
7000
(千戸)
6000
5000
4000
3000
2000
1000
0
100%
90%
80%
70%
60%
50%
40%
30%
20%
10%
0%
住宅取引に占める中古住宅のシェア（右目盛）
日本だけ中古の比率が低い
中古住宅取引戸数（左目盛）
新築住宅着工件数（左目盛）
日本（13年）
米国（14年）
英国（12年）
フランス（13年）
出所:国土交通省
「中古住宅市場活性化・空き家活用促進・住み替え 円滑化に向けた取組について」15年8月
日本人と逆の発想ですね…
有名企業のマンションでも杭が入っていないという重大な欠陥がありましたよね…
マンション杭打ち偽装
三社を行政処分
不動産のプロはマンションなら築7〜10年を買います
そのくらいの年月が経つと初期不良は全部出ているからです
それに、マンションの場合は管理組合に行くと修繕履歴を見られます
修繕履歴
修繕履歴から何かがわかるんですか？
建物の施工具合がわかるんです
しかも中古マンションだと隣近所にどんな人が住んでいるかもわかりますよね
管理組合議事録
確かに隣に変な人が住むのはいやだし…
中古住宅のほうがそういったリスクは小さそうですね
良い物件はプロの間でやりとりされますが慎重に調べれば割高な買い物を避けられます

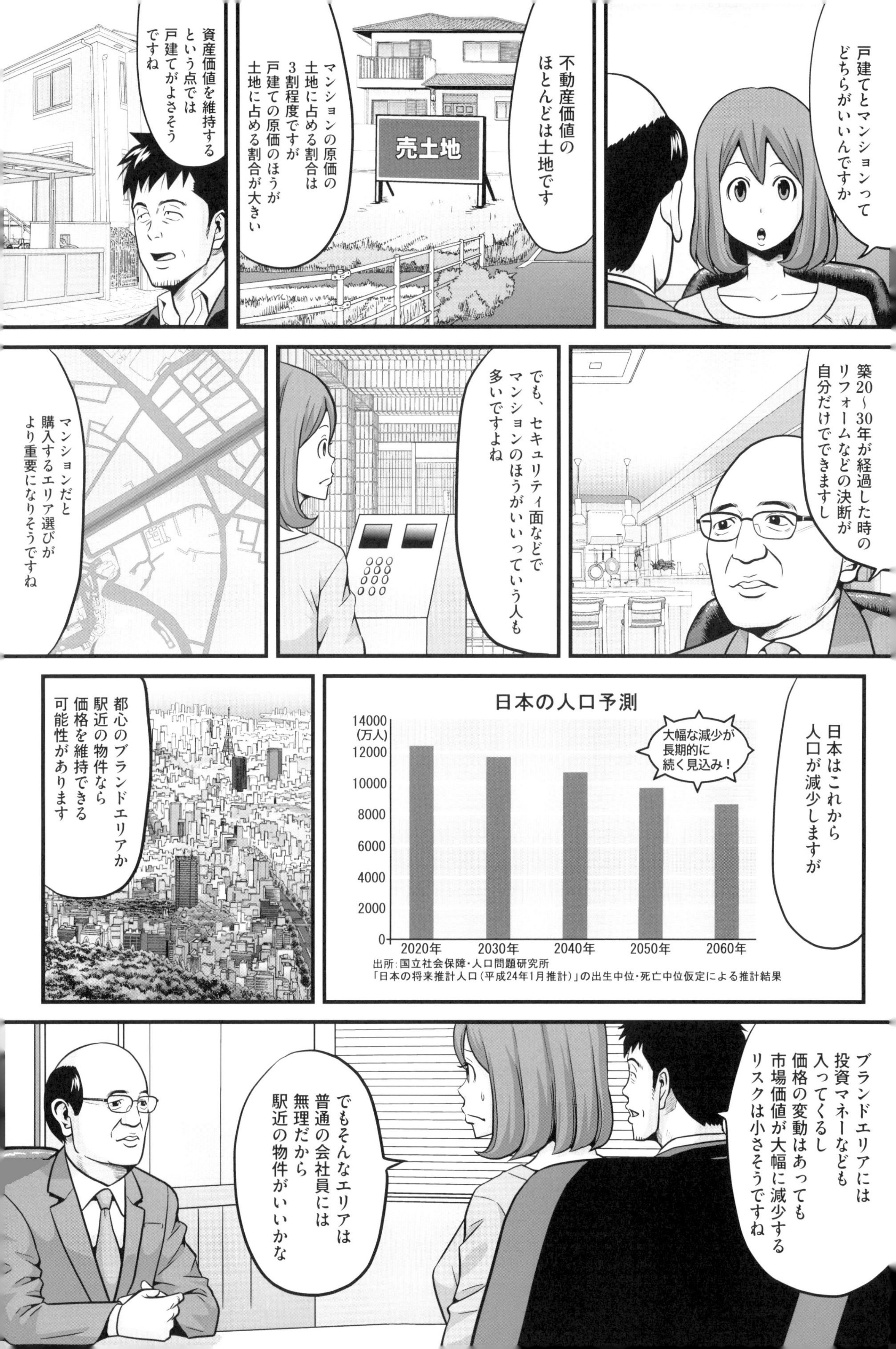

戸建てとマンションってどちらがいいんですか
不動産価値のほとんどは土地です
売土地
マンションの原価の土地に占める割合は3割程度ですが戸建ての原価のほうが土地に占める割合が大きい
資産価値を維持するという点では戸建てがよさそうですね
築20～30年が経過した時のリフォームなどの決断が自分だけでできますし
でも、セキュリティ面などでマンションのほうがいいっていう人も多いですよね
マンションだと購入するエリア選びがより重要になりそうですね
日本はこれから人口が減少しますが
日本の人口予測
14000
(万人)
12000
10000
8000
6000
4000
2000
0
2020年
2030年
2040年
2050年
2060年
大幅な減少が長期的に続く見込み！
出所：国立社会保障・人口問題研究所
「日本の将来推計人口（平成24年1月推計）」の出生中位・死亡中位仮定による推計結果
都心のブランドエリアか駅近の物件なら価格を維持できる可能性があります
ブランドエリアには投資マネーなども入ってくるし価格の変動はあっても市場価値が大幅に減少するリスクは小さそうですね
でもそんなエリアは普通の会社員には無理だから駅近の物件がいいかな

日本の都心部では鉄道を基盤とした生活圏ができているので今郊外から駅周辺に人が集積しています
自動的にコンパクトシティ化が進行しているんです
駅ビルにはいろいろな店舗が入ってるし駅周辺が便利になってますね
う〜ん、でも駅前の物件も価格が上がってるしな…
ところで牧野さんはご自宅は買われたんですか？
僕はモデルルームで見た新築の戸建てを一目惚れで買いました
買ったんですか！
現在の資産価値は購入時の半値ぐらいなので投資だったら大失敗
でも20年住んだコストだと思えばそんなのたいしたことはない
ローンも返せたし
そこで子どももスクスク育ち巣立ちました
リタイヤした後もその土地に住みたいのでお風呂やトイレなどをフルリフォームしたら築20年の家が新築みたいになった
住みたい場所に楽しく住んでメンテナンスをすれば決して高い買い物じゃないですね
住宅を資産として考えるのではなく使いつぶすという発想ですね

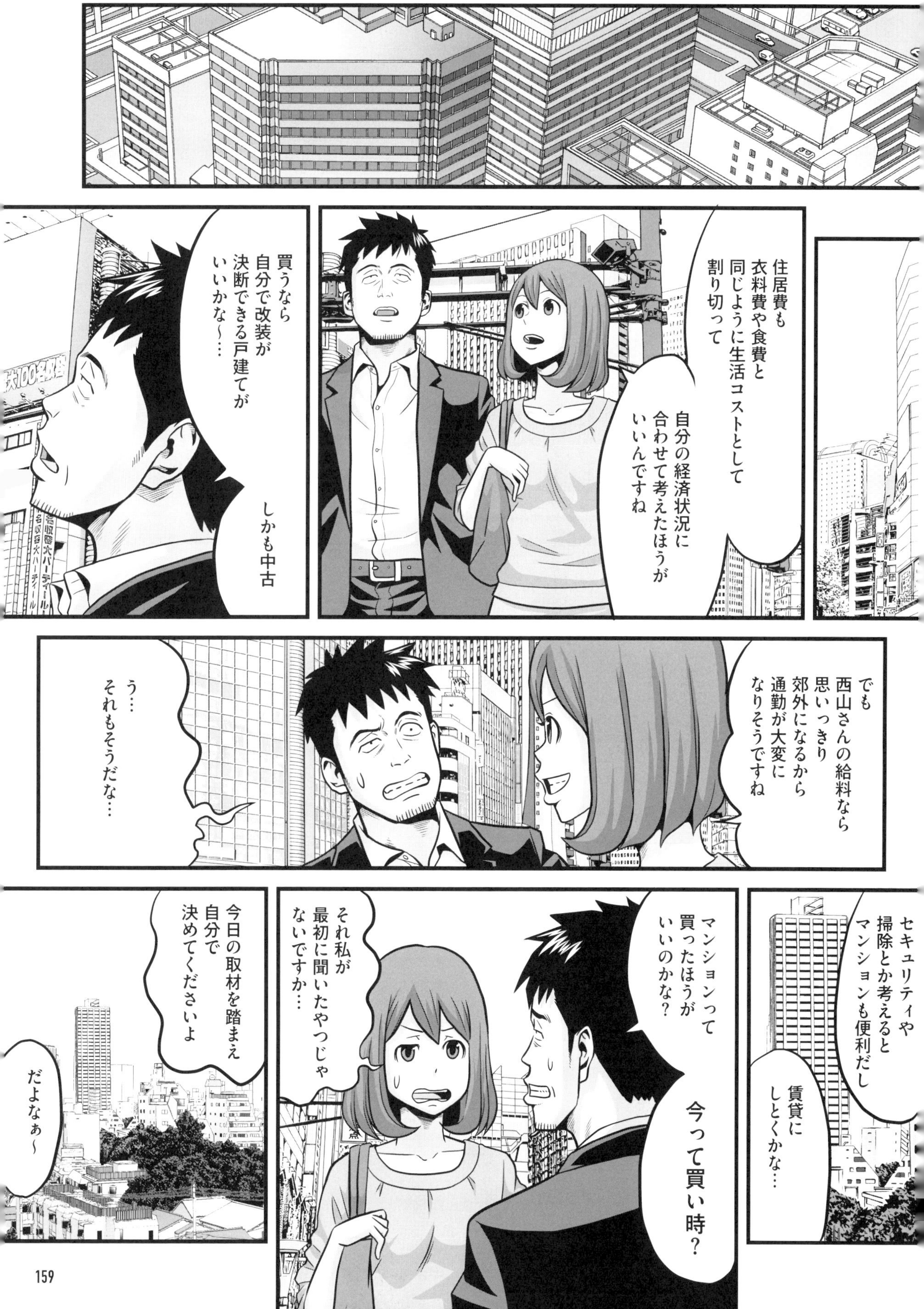
住居費も衣料費や食費と同じように生活コストとして割り切って
自分の経済状況に合わせて考えたほうがいいんですね
買うなら自分で改装が決断できる戸建てがいいかな～…
しかも中古
でも西山さんの給料なら思いっきり郊外になるから通勤が大変になりそうですね
う…それもそうだな…
セキュリティや掃除とか考えるとマンションも便利だし
賃貸にしとくかな…
マンションって買ったほうがいいのかな？
今って買い時？
それ私が最初に聞いたやつじゃないですか…
今日の取材を踏まえ自分で決めてくださいよ
だよなぁ～

EPISODE ⑬

人口減少社会の本格化でマンションが暴落する日のまとめ

1 自宅を資産として見た場合入口だけでなく出口が重要。

2 一部の人気エリア以外マンションの価格は下落する可能性が高い。

3 資産として考えるのではなく人口減少時代は住みつぶす発想が大事になる。

EPISODE 14

ふるさと納税の人気化で東京の税収が激減する日

お礼品だけでなく地方の活性化など本来の趣旨も意識しよう！

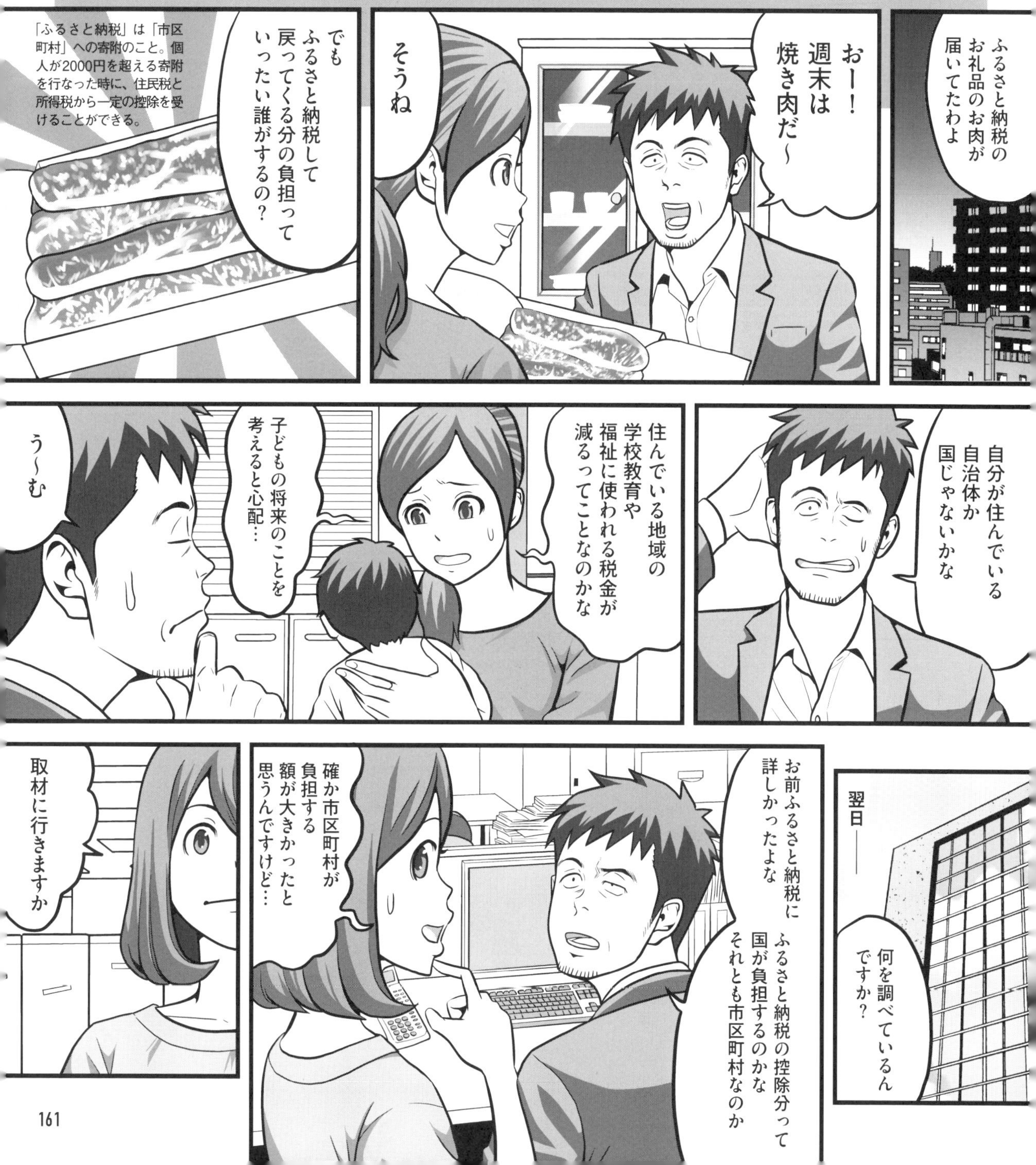

ふるさと納税の お礼品のお肉が 届いてたわよ
おー！ 週末は 焼き肉だ〜
そうね
「ふるさと納税」は「市区町村」への寄附のこと。個人が2000円を超える寄附を行なった時に、住民税と所得税から一定の控除を受けることができる。
でも ふるさと納税して 戻ってくる分の負担って いったい誰がするの？
自分が住んでいる 自治体か 国じゃないかな
住んでいる地域の 学校教育や 福祉に使われる税金が 減るってことなのかな
子どもの将来のことを 考えると心配…
う〜む
翌日——
何を調べているん ですか？
お前ふるさと納税に 詳しかったよな
ふるさと納税の控除分って 国が負担するのかな それとも市区町村なのか
確か市区町村が 負担する 額が大きかったと 思うんですけど…
取材に行きますか

「ふるさと納税」という名称ですが寄附の一種です
その寄附の控除額は国と地方自治体が負担するんです
公認会計士・税理士
大野修平さん
大学卒業後、有限責任監査法人トーマツへ入所。金融インダストリーグループにて、主に銀行、証券、保険会社の監査に従事。トーマツ退所後は、会計事務所シンシアにて開業支援、融資支援、税務顧問のほか、公認会計士、税理士の枠にとらわれず活動中。各種メディアで、ふるさと納税の仕組みなども解説。
なぜこんなに人気なのですか?
従来の寄附より自己負担分が少なくて済むからです
従来の地方自治体への寄附は寄附金額に税率を掛けた金額分の税金しか安くならないので
自己負担部分が大きかった
ふるさと納税の場合図の③の部分の「特例控除額」があるので一定の上限までは
年収や家族構成などによる寄附の上限額の範囲内の場合
ふるさと納税で控除される税金額の計算方法
ふるさと納税（寄附金）
所得税からの控除
住民税からの控除
自己負担額 2000円
ふるさと納税をした年の所得税から控除
【①所得税からの控除】
＝（ふるさと納税額－2000円）×「所得税の税率」
（総所得金額等の40%が上限）
ふるさと納税をした翌年度の住民税から控除
【②住民税からの控除（基本分）】
（ふるさと納税額－2000円）×10%（総所得金額等の30%が上限）
【③住民税からの控除（特例分）】
（ふるさと納税額－2000円）×（100%－10%（基本分）－所得税の税率）
※特例分が②の2割を超えない場合
上記部分の税金が控除されるので自己負担額は2000円ですむ
寄附金の2000円を超える部分がすべて控除されるんです
自己負担分が2000円だけなのが他の寄附と比べて人気を集めている理由のひとつなんですね
そうなんです

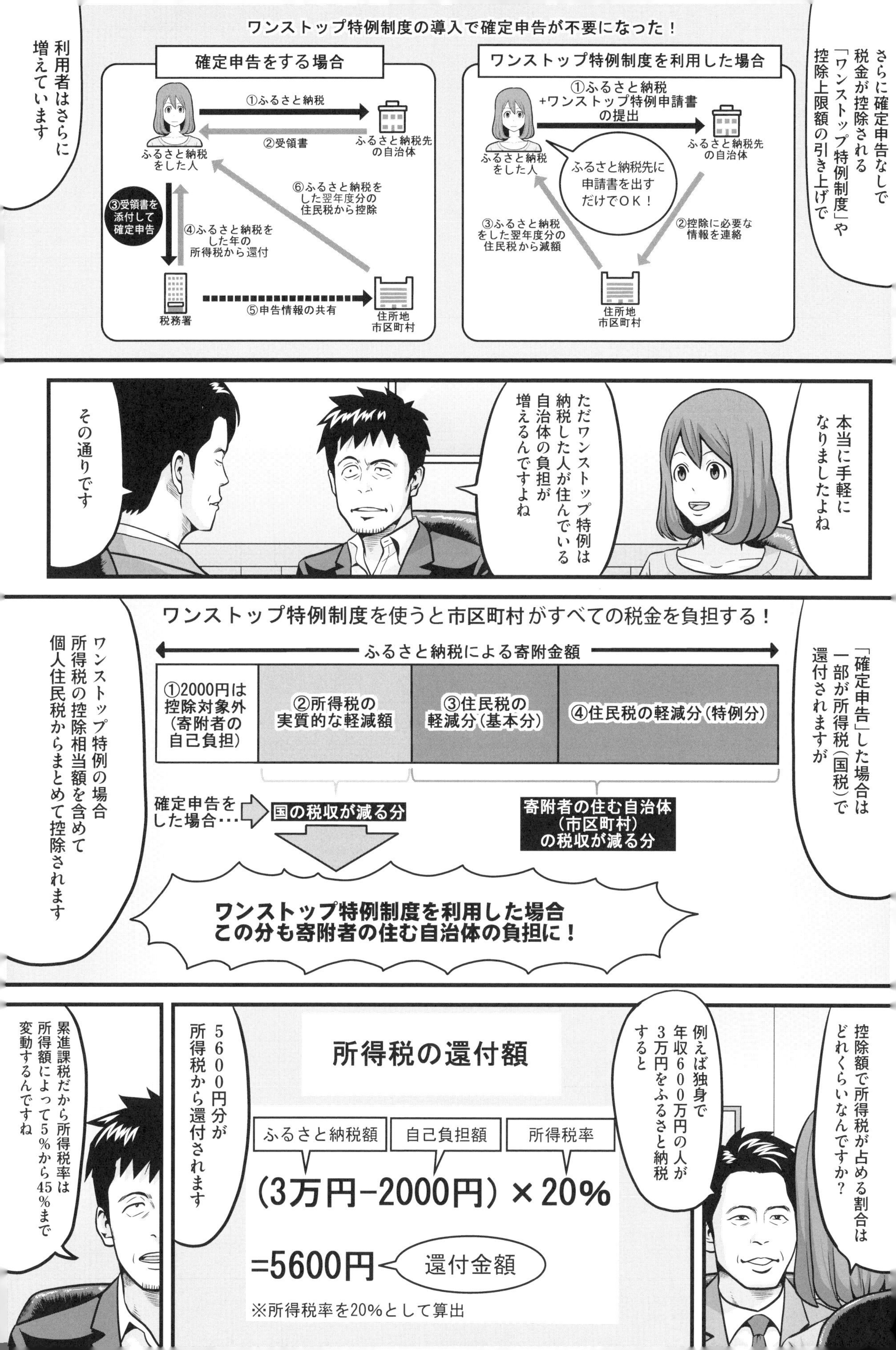
さらに確定申告なしで税金が控除される「ワンストップ特例制度」や控除上限額の引き上げで
ワンストップ特例制度の導入で確定申告が不要になった！
確定申告をする場合
ふるさと納税をした人
①ふるさと納税
②受領書
ふるさと納税先の自治体
③受領書を添付して確定申告
④ふるさと納税をした年の所得税から還付
⑥ふるさと納税をした翌年度分の住民税から控除
税務署
⑤申告情報の共有
住所地市区町村
ワンストップ特例制度を利用した場合
①ふるさと納税+ワンストップ特例申請書の提出
ふるさと納税をした人
ふるさと納税先の自治体
ふるさと納税先に申請書を出すだけでＯＫ！
③ふるさと納税をした翌年度分の住民税から減額
②控除に必要な情報を連絡
住所地市区町村
利用者はさらに増えています
本当に手軽になりましたよね
ただワンストップ特例は納税した人が住んでいる自治体の負担が増えるんですよね
その通りです
「確定申告」した場合は一部が所得税（国税）で還付されますが
ワンストップ特例制度を使うと市区町村がすべての税金を負担する！
ふるさと納税による寄附金額
①2000円は控除対象外（寄附者の自己負担）
②所得税の実質的な軽減額
③住民税の軽減分（基本分）
④住民税の軽減分（特例分）
確定申告をした場合…
国の税収が減る分
寄附者の住む自治体（市区町村）の税収が減る分
ワンストップ特例制度を利用した場合この分も寄附者の住む自治体の負担に！
ワンストップ特例の場合所得税の控除相当額を含めて個人住民税からまとめて控除されます
控除額で所得税が占める割合はどれくらいなんですか？
例えば独身で年収600万円の人が3万円をふるさと納税すると
所得税の還付額
ふるさと納税額
自己負担額
所得税率
（3万円−2000円）×20%
=5600円
還付金額
※所得税率を20%として算出
5600円分が所得税から還付されます
累進課税だから所得税率は所得額によって5%から45%まで変動するんですね

ワンストップ特例制度を使うことで
自治体の税収減での公共サービスの悪化はありえますか？
都会から地方への住民税の移転がほとんどなので影響は非常に小さいと思います
都会
地方
そもそも収入のどれくらいをふるさと納税できると思いますか？
それは収入によって変わると思うんですけど…
これがふるさと納税の上限額の目安です
例えばサラリーマンと専業主婦の家庭で高校生の子どもが1人いる場合
年収600万
満額控除の上限は年間6万円
年収が600万円でふるさと納税をした場合に2000円以外の税金が全額控除される金額の上限は6万円
年収の1％くらいですね
所得税率は年収によって変わりますが平均的には年収の20％程度
住民税率が10％程度と考えるとふるさと納税できる金額はそれほど大きくないことがわかると思います
思ったよりも少ないですね

全額控除されるふるさと納税額（年間上限）の目安

ふるさと納税をする人の給与収入	ふるさと納税をする人の家族構成		
	独身または共稼ぎ夫婦	共稼ぎ夫婦で子1人（高校生）	専業主婦(夫)の夫婦で子1人（高校生）
300万円	2万8000円	1万9000円	1万1000円
400万円	4万2000円	3万3000円	2万5000円
500万円	6万1000円	4万9000円	4万円
600万円	7万7000円	6万9000円	6万円
700万円	10万8000円	8万6000円	7万8000円
800万円	12万9000円	12万円	11万円
1000万円	17万6000円	16万6000円	15万7000円

出所：総務省「全額控除されるふるさと納税額（年間上限）の目安」
※給与所得者で、他の控除を受けていない場合。
中学生以下の子どもは人数に入れない（扶養控除がないため）。

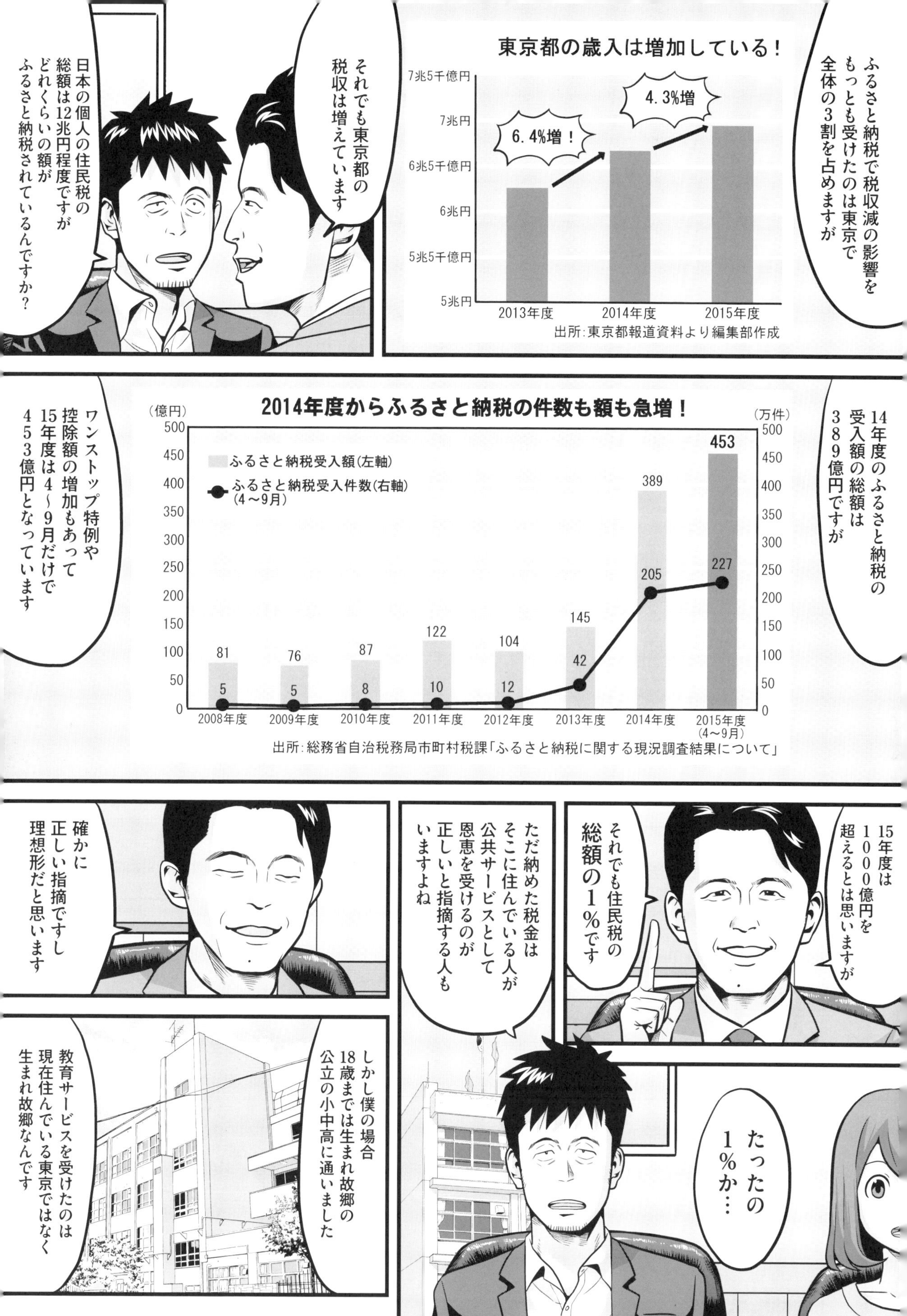
ふるさと納税で税収減の影響をもっとも受けたのは東京で全体の3割を占めますが
東京都の歳入は増加している！
7兆5千億円
7兆円
6兆5千億円
6兆円
5兆5千億円
5兆円
6.4%増！
4.3%増
2013年度
2014年度
2015年度
出所:東京都報道資料より編集部作成
それでも東京都の税収は増えています
日本の個人の住民税の総額は12兆円程度ですがどれくらいの額がふるさと納税されているんですか？
14年度のふるさと納税の受入額の総額は389億円ですが
2014年度からふるさと納税の件数も額も急増！
（億円）
（万件）
500
450
400
350
300
250
200
150
100
50
0
ふるさと納税受入額(左軸)
ふるさと納税受入件数(右軸)(4～9月)
81
76
87
122
104
145
389
453
5
5
8
10
12
42
205
227
2008年度
2009年度
2010年度
2011年度
2012年度
2013年度
2014年度
2015年度(4～9月)
出所:総務省自治税務局市町村税課「ふるさと納税に関する現況調査結果について」
ワンストップ特例や控除額の増加もあって15年度は4～9月だけで453億円となっています
15年度は1000億円を超えるとは思いますが
それでも住民税の総額の1％です
ただ納めた税金はそこに住んでいる人が公共サービスとして恩恵を受けるのが正しいと指摘する人もいますよね
確かに正しい指摘ですし理想形だと思います
たったの1％か…
しかし僕の場合18歳までは生まれ故郷の公立の小中高に通いました
教育サービスを受けたのは現在住んでいる東京ではなく生まれ故郷なんです

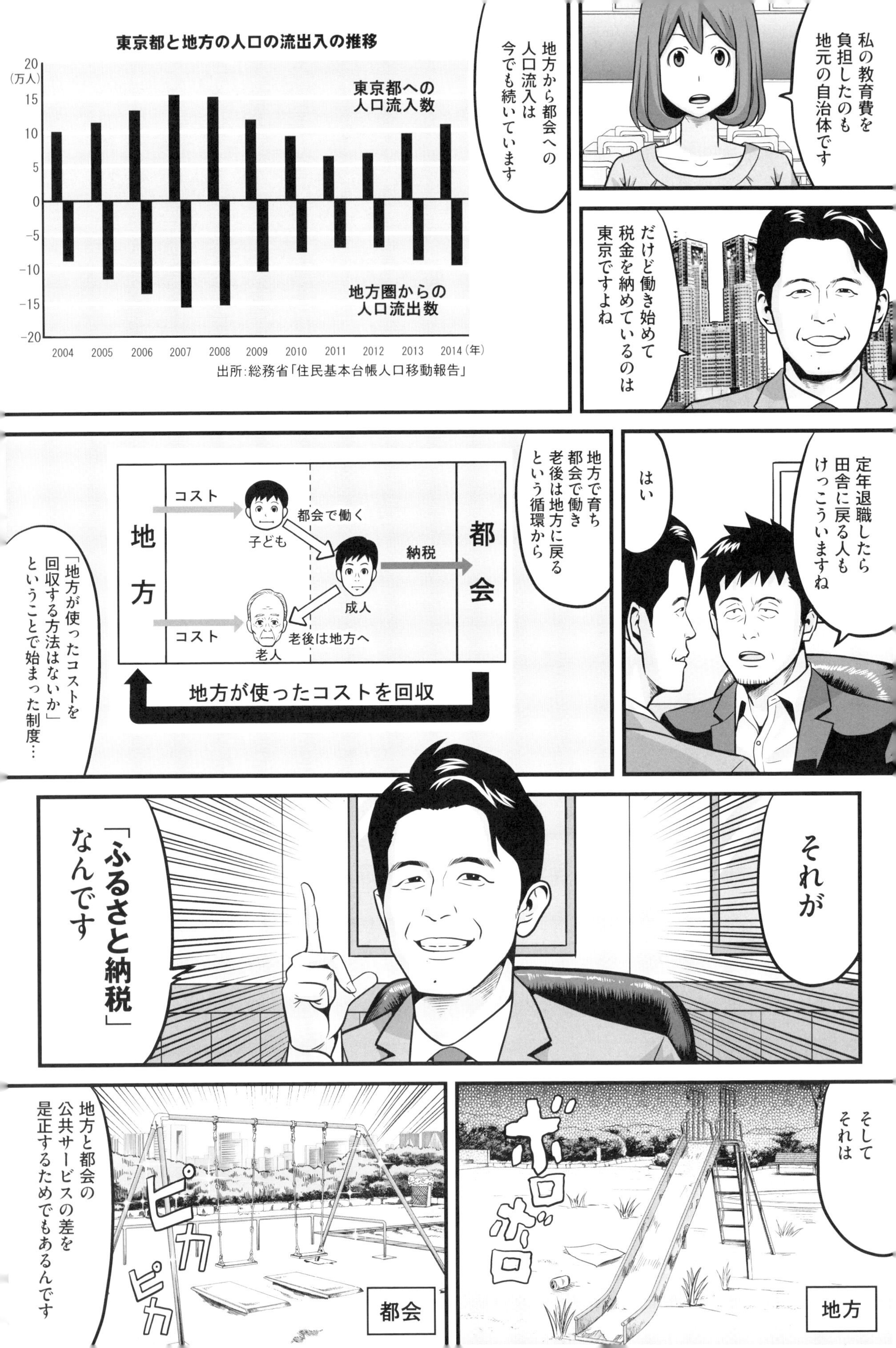
私の教育費を負担したのも地元の自治体です
だけど働き始めて税金を納めているのは東京ですよね
地方から都会への人口流入は今でも続いています
東京都と地方の人口の流出入の推移
20
(万人)
15
10
5
0
−5
−10
−15
−20
東京都への人口流入数
地方圏からの人口流出数
2004 2005 2006 2007 2008 2009 2010 2011 2012 2013 2014(年)
出所:総務省「住民基本台帳人口移動報告」
定年退職したら田舎に戻る人もけっこういますね
はい
地方で育ち都会で働き老後は地方に戻るという循環から
地方
コスト
子ども
都会で働く
成人
納税
都会
コスト
老人
老後は地方へ
地方が使ったコストを回収
「地方が使ったコストを回収する方法はないか」ということで始まった制度…
それが
「ふるさと納税」なんです
そしてそれは
ボロボロ
地方
地方と都会の公共サービスの差を是正するためでもあるんです
ピカピカ
都会

でも
自分が育った地域への
税収の還元が
目的だとすると
自分のふるさと以外にも
寄附ができるのって
おかしくないですか？
確かに
そうなんですが
納税者の
ふるさとを特定するには
大きな費用がかかります
たしかに親の転勤で
各地を転々とした
人の場合
どこがふるさとなのか
特定しづらいですね
ふるさと納税は
生まれ育った地域に
少しは税金を還元しようという
理念から始まりましたが
実際に運用しようとすると
なかなか難しいことが
わかったのです
その結果
ふるさと納税
受付中
ふるさと納税を
受け付けている自治体なら
どこにでも寄附できるという
今の制度に落ち着いたんです
一方で
都会の住民税が
多額に流出し
公共サービスの
ただ乗りにならないように
一定の限度額が
設けられたのです
なるほど～
だから
お礼の特産品目当てでも
ふるさと納税ができるんですね

豪華なお礼品が出始めてから寄附をする人がどんどん増えましたね
確かに
高額なお礼品を用意したり高い還元率をアピールするなど
高級食材!!
還元率90%
趣旨から外れお礼品合戦が過熱した時期もありました
そのため総務省からは換金性の高いものをお礼品としないよう通達が出ています
総務省
換金率アピール
換金性の高いもの
通達に強制力が無いため無視している自治体もあるようですが
そもそもの趣旨について寄附をする私たち自身が再考する時期にきています
パソコンやテレビタブレットPCなどのお礼品を
オークションなどで現金化している人もいて問題になりましたね
お礼品が高額化すると高額納税者のほうが恩恵が大きいので
富裕層優遇との批判もありますね
しかし徐々に還元率やお礼品にこだわる人は減ってきていると思います
今はむしろ
その使い道に注目が集まり始めているんです

使い道をアピールし多くの寄附金を集めている自治体もありますね
ええ
犬の殺処分をなくすという目的でふるさと納税を募集した広島県神石高原町は
予想以上のスピードで目標金額の寄附金が集まりました

ふるさと納税の使い道の人気ランキング

順位	使い道	市区町村での実例
1	子ども・子育て	札幌市の生活が困難な世帯の児童に対する特別奨学金の支給など
2	災害支援・復興	福島県の東日本大震災原子力災害からの復旧・復興支援など
3	地域・産業振興	島根県松江市の松江城を中心とした城下町のまち並みの歴史的景観の保全など
4	観光・交流・定住促進	鳥取県境港市の観光情報発信のほか「水木しげる記念館」リニューアルやイベント開催に関する事業など
5	環境保全・文化保護	京都府宇治市の歴史遺産の保全と活用宇治茶の後継者の育成など

出所:ふるさと納税を含む『自治体への寄附』を
集計・算出した総務省データをもとに「CityDO」が算出

ふるさと納税のポータルサイトを見ると震災後の16年4月に熊本へのふるさと納税件数が3万件超で
金額は10億円以上です
税金が都知事のファーストクラスの料金に使われるくらいなら
もっとちゃんとしたことに自分の税金を使ってほしい人は多いでしょうね
お礼品が人気で多額の寄附金を集めた自治体だって地域のためになる使い方をしています
例えばお礼の特産品が人気で多くの寄附を集めた北海道上士幌町では
保育園の10年間無料化や中学生まで実施していた子どもの医療費無料化を高校生にまで拡大することが可能になったんです
保育園
子育てがしやすい環境になると人口の流出も止まりそうですね
人口が増える可能性だってありますすると税収が増えますよね
なるほど…

つまり ふるさと納税は
自治体が 税収を増やして 行政サービスを 向上させるツールに なっているんですね
これまで地方自治体は 公園に危ない遊具があっても
キケン!! 注意!!
お金がない場合 注意して使いましょう という標識を作るしか ありませんでした
しかし ふるさと納税で お金を集めて 新しい遊具に 取り替えることが できるようになったんです
どう使いこなすかが 重要なんですね
ふるさと納税ができて 各自治体が
自分たちの地域を アピールする手段が できたのです
お米
清酒 ふるさと
何もアピールするものが ない自治体もありますよね
そんなことは ないと思います
例えば今治のタオルは もともとは地域の人たちが 日常で使っているものに 過ぎなかったのです
しかしこれが 世界的なブランドに なりました
ふるさと納税という PR手段ができた今
地域の産業や農作物などを 上手く掘り起こすことが 重要なのです

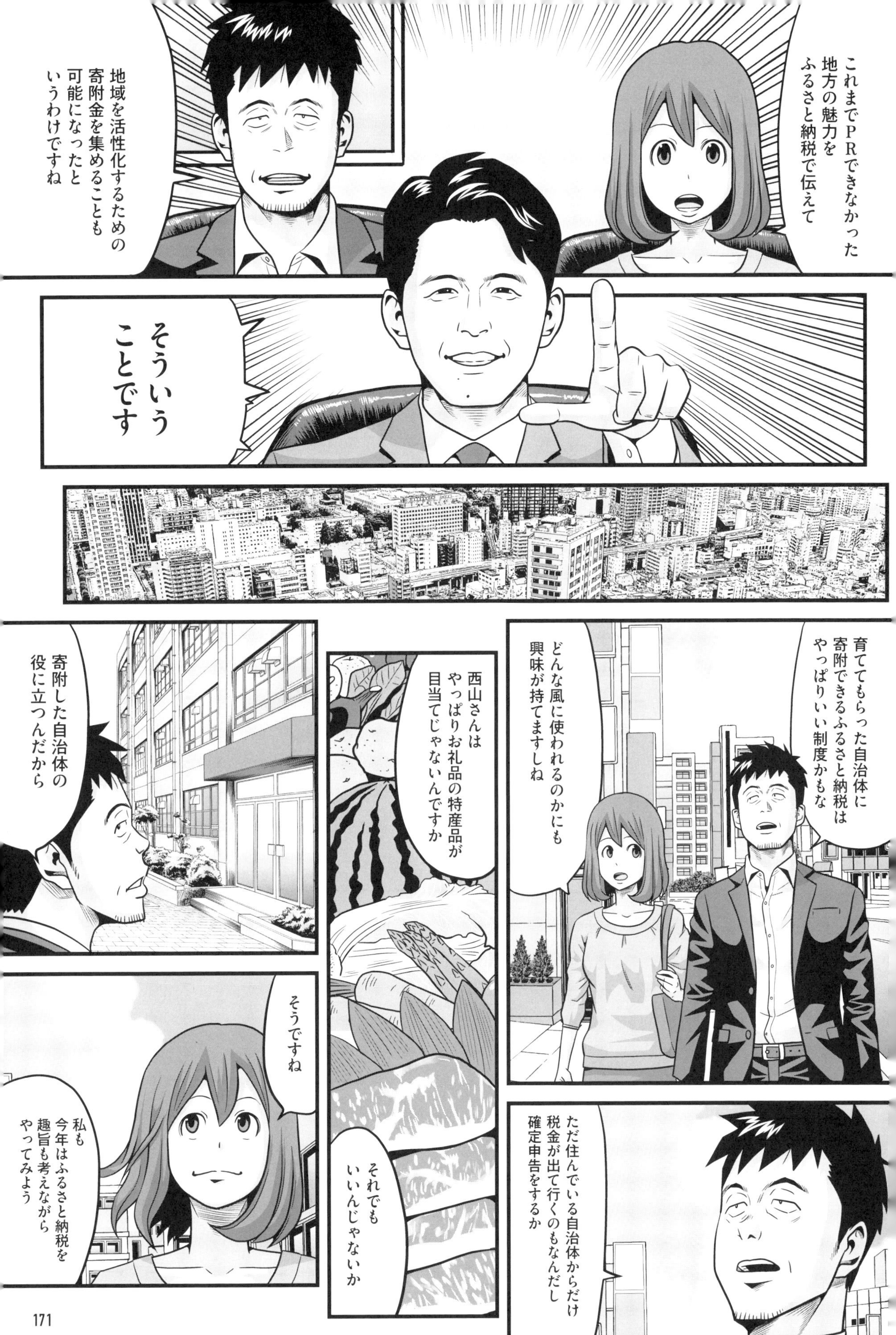

これまでPRできなかった
地方の魅力を
ふるさと納税で伝えて
地域を活性化するための
寄附金を集めることも
可能になったと
いうわけですね
そういう
ことです
育ててもらった自治体に
寄附できるふるさと納税は
やっぱりいい制度かもな
どんな風に使われるのかにも
興味が持てますしね
西山さんは
やっぱりお礼品の特産品が
目当てじゃないんですか
それでも
いいんじゃないか
寄附した自治体の
役に立つんだから
ただ住んでいる自治体からだけ
税金が出て行くのもなんだし
確定申告をするか
そうですね
私も
今年はふるさと納税を
趣旨も考えながら
やってみよう

EPISODE 14
ふるさと納税の人気化で
東京の税収が激減する日のまとめ

1 お礼品や上限額の引き上げでふるさと納税の受入額が激増。

---

2 ふるさと納税による税収減をもっとも受けたのは東京。

---

3 地方にとっては税収を増やして子育てなど行政サービスを充実させるツールになる。

あとがき

本書は『ダイヤモンド・ザイ』の
2015年6月号から2016年8月号までの
「どこから来てどこへ行くのか　日本国」の
14話分を収録したものです。
マンガの内容は掲載時のものですが、
一部を最新のデータ（16年11月10日時点）に修正しています。

刊行にあたっては、本書にご登場いただいた
13人の先生にあらためて多くのアドバイスを頂戴しました。
この場を借りて、厚く御礼申し上げます。
未曾有の少子高齢化、社会保障費の増大など
日本が置かれている厳しい現実を描いた本書が
皆様の「老後の準備」の一助になれば幸いです。

持ち家を処分したお金や退職金を使って駅近のマンションに住み替える人も増えています
主な都市のマンションの平均販売価格
14年
15年
東京都 5016万円 5518万円
神奈川県 4384万円 4953万円
埼玉県 3930万円 4146万円
千葉県 3879万円 3910万円
大阪府 3457万円 3657万円
兵庫県 3872万円 3737万円
京都府 4085万円 4597万円
奈良県 3460万円 3806万円
滋賀県 3208万円 3369万円
和歌山県 2807万円 3003万円
高齢になるほど駅や病院スーパーなどが近いほうが暮らしやすい
賃貸はどうですか？
保証人が見つけにくく家賃分は生活費が増えますが
状況に合わせて住み替えやすいのはメリットです
引っ越し
けっこうお金がかかりますね
給料も増えないしそのための貯金ができるかどうか…
老後のお金が足りないかもという人は
リバースモーゲージの利用も考えましょう
リバースモーゲージ？
自宅の土地（所有権）や家を担保に銀行からお金が借りられます
築10年以内など条件は厳しいですが
マンションが担保でも融資をしてくれる銀行もあります
自宅に住み続けてもいいんですよね
そう
借りたお金の元本は亡くなった後に自宅を処分して一括返済します
金融機関
高齢者世帯
住宅・土地を担保
融資
元本は死亡後に住宅・土地で一括返済
利息分だけを毎月払えばいいんですね
もともとは欧米で普及した制度ですが政府の後押しもあり日本でも取り扱う銀行が増えてきました
リバースモーゲージを利用する際の主な条件
収入
利息を毎月支払うタイプのリバースモーゲージの場合、年収が120万円超など、収入の条件があるのでチェック。大手銀行などで収入条件がない金融機関もある。
年齢
リバースモーゲージは高齢者向けローンなので、年齢にも条件が。金融機関によって、年齢の条件は異なるが、60歳以上80歳以下という場合が多い。55歳以上からOKの銀行も。
世帯構成
死亡後に自宅を処分するため、世帯構成にも条件がある。単身や夫婦世帯ならOKだが、原則として子どもと同居している場合は利用できないので注意しておこう。
貸付上限
担保が土地付きの一戸建ての場合、融資額の上限は査定額の7～8割程度というケースが多い。また、1億円以内といった金額の条件がある場合も。
銀行によって条件が異なりお金の使用目的などが決まっていることもあるんです
リフォーム費用や老人ホームの一時金にしか使えない場合もあるとか
そうです
担保価値や収入など銀行ごとに条件が異なります
収入の条件もあるんだ！
151 ZAi 2016年12月号

［漫画家・イラストレーター］

西アズナブル

福井県出身。堀江貴文さん原作のマンガ『刑務所いたけど何か質問ある?』（文藝春秋）が話題に。ホリエモンのLINEスタンプも担当。ヤングチャンピオンで『西アズナブルのアデショナルタイムズ』を連載。twitter（https://twitter.com/nishi_aznable）やNewsPicksでも積極的に情報を発信中。

［監修者一覧］

EPISODE①・②
信州大学教授　真壁昭夫
EPISODE③
政策研究大学院大学名誉教授　松谷明彦
EPISODE④
家計の見直し相談センター代表　藤川太
EPISODE④・⑤
東洋大学ライフデザイン学部准教授　高野龍昭
EPISODE⑤
WINKS代表取締役　山田静江
EPISODE⑥
明治大学専門職大学院長　市川宏雄
EPISODE⑦
生活設計塾クルー取締役　清水香
EPISODE⑧・⑨
アライアンス・バースタイン
株式・オルタナティブ部マネジング・ディレクター　後藤順一郎
EPISODE⑩
ファイナンシャルリサーチ代表　深野康彦
EPISODE⑪
税理士法人弓家田・富山事務所代表社員　弓家田良彦
EPISODE⑫
1級ファイナンシャルプランニング技能士　黒田尚子
EPISODE⑬
オラガ総研代表取締役　牧野知弘
EPISODE⑭
公認会計士・税理士　大野修平

（敬称略）

めちゃくちゃ売れてる
マネー誌ザイが作った
ノンフィクションマンガ!
日本の「老後」が崩壊する日

2016年12月8日　第1刷発行

漫　画　　西アズナブル
編　集　　ダイヤモンド・ザイ編集部
発行所　　ダイヤモンド社
〒150-8409　東京都渋谷区神宮前6-12-17
電話　03-5778-7248（編集部）
03-5778-7240（販売部）
http://www.diamond.co.jp/

装　丁　　河南祐介（FANTAGRAPH）
本文デザイン　河南祐介（FANTAGRAPH）
図版作成　　地主南雲
制作進行　　ダイヤモンド・グラフィック社
印　刷　　勇進印刷（本文）・共栄メディア（カバー）
製　本　　ブックアート
編集担当　　篭島裕亮

ISBN 978-4-478-10145-2

すらすら読める!

あらゆる世代のための「攻め」と「守り」の総合マネー誌

ダイヤモンド・ザイは毎月21日発売!

毎号、株、投信、FXをはじめとする金融商品をマンガや図解をふんだんに使ってわかりやすく解説。また、金融商品以外にも税金や相続、不動産、節約などの情報も満載。難しいと思いがちなマネー情報がすらすらわかる、投資のビギナーから経験者まで幅広く読まれているマネー誌です。